新工会会计制度培训用书

新工会会计制度
账务处理与案例解析

《新工会会计制度：账务处理与案例解析》编委会 编著

财务处理·案例解析·制度原文

立信会计出版社
LIXIN ACCOUNTING PUBLISHING HOUSE

图书在版编目(CIP)数据

新工会会计制度:账务处理与案例解析/《新工会会计制度:账务处理与案例解析》编委会编著. —上海:立信会计出版社,2021.11(2024.12重印)
新工会会计制度培训用书
ISBN 978-7-5429-6970-5

Ⅰ.①新… Ⅱ.①新… Ⅲ.①工会—会计制度—中国 Ⅳ.①D412.67

中国版本图书馆 CIP 数据核字(2021)第 220602 号

策划编辑　　孙　勇　毕芸芸
责任编辑　　孙　勇　毕芸芸

新工会会计制度——账务处理与案例解析
XINGONGHUI KUAIJI ZHIDU ZHANGWU CHULI YU ANLI JIEXI

出版发行	立信会计出版社
地　　址	上海市中山西路 2230 号　　邮政编码　200235
电　　话	(021)64411389　　传　　真　(021)64411325
网　　址	www.lixinaph.com　　电子邮箱　lixinaph2019@126.com
网上书店	http://lixin.jd.com　　http://lxkjcbs.tmall.com
经　　销	各地新华书店
印　　刷	常熟市人民印刷有限公司
开　　本	787 毫米×1092 毫米　　1/16
印　　张	16.75
字　　数	387 千字
版　　次	2021 年 11 月第 1 版
印　　次	2024 年 12 月第 3 次
书　　号	ISBN 978-7-5429-6970-5/D
定　　价	72.00 元

如有印订差错,请与本社联系调换

前　言

为了适应工会组织财务改革的需要,进一步规范工会会计核算,提高会计信息质量,财政部修订发布了《工会会计制度》(财会〔2021〕7号),自2022年1月1日起施行。《工会会计制度》的修订,能够加强工会预算管理、规范工会核算工作、提高工会会计信息质量,是我国工会会计制度的一次重大变革。

《工会会计制度》是规范各级工会组织会计行为和会计核算的会计法规,适应了各级工会财会工作的实际需要,对促进各级工会组织更好地发挥维护职工权益的职能,特别是对加强工会财务会计管理规范化建设,具有非常重要的意义。

本次《工会会计制度》的修订,在会计科目、收入核算、支出核算、资产核算、结转结余核算等方面发生了较大变化。为更好地引导和帮助广大工会会计实务工作者全面理解、准确掌握新制度修订的背景、修订的内容、重大变化等,做好新旧会计制度衔接工作,推动新制度顺利落地实施,提高工会组织的会计核算水平和会计信息质量,满足新时代工会财务管理工作需要,我们组织编写了《新工会会计制度:账务处理与案例解析》一书。

《新工会会计制度:账务处理与案例解析》具体介绍工会的会计核算以及会计报表编制。第1章和第2章主要对工会资产的会计核算进行介绍,包括工会流动资产及非流动资产会计核算等内容;第3章和第4章介绍工会负债及净资产的会计核算;第5章和第6章介绍工会收支的会计核算;第7章主要介绍工会会计报表。

本书在内容上,体现了以下几个特点:

第一,依据新制度,解析详细。本书以2021年4月14日财政部修订发布的《工会会计制度》为依据,严格按照新工会会计制度以及其他相关法律法规的要求进行编写,舍弃了旧制度的内容,对传统内容进行全面升级,以防读者产生困惑。同时对新制度中增设的"无形资产""待处理财产损溢""长期待摊费用""累计折旧""累计摊销"等科目,进行了翔实的讲解,能够帮助工会会计工作者理解和应用新制度,以便他们掌握工会真实资产价值,加强资产管理。

第二,体系完备,内容合理。在内容设置上,本书全面列举了工会组织的各项经济业务;在内容层次上,本书对工会经济业务进行了细致的划分,通过业务概述、账务处理、案例解析等三个模块详解各项经济业务的核算,解析清晰、通俗易懂、案例丰富。

第三,案例翔实,实用性强。为了让读者能够将书中所学运用到实际的工作中,本书在每个科目的每项账务处理之后附上大量的实务案例以及对应的案例解析,有利于读者更加透彻地理解账务处理。全书层次分明、条理清晰、重点突出。同时,为进一步满足工会日常财务工作需要,针对热点、焦点问题,本书还详细讲解了工会的财务管理工作。

本书堪称工会财务人员的"百宝书",也是工会财务人员了解新制度、学习新制度、用好新制度的必备工具书,是执行新工会会计制度必备的培训教材。

兰州财经大学会计学院的邢铭强教授编写了本书的提纲和第1～4章的主要内容;索晓辉老师编写了第5、第6章的主要内容;国家开发投资集团有限公司审计部的高级会计师石磊编写了第7章和本书所有的案例,并对全书进行了审校。

在本书编写过程中,我们参考了相关的教材和资料以及相关专家的观点,并加以借鉴,在此谨向这些作者致以诚挚的谢意!

由于编者水平有限,书中难免存在疏漏之处,恳请读者批评指正。

编者

2021年11月

目 录

第1章 工会流动资产的会计核算 ················· 1
  1.1 库存现金 ································· 1
    1.1.1 提现和存现 ························· 1
    1.1.2 支付差旅费 ························· 2
    1.1.3 其他涉及现金收支的业务 ············· 3
    1.1.4 受托代管现金 ······················· 4
    1.1.5 现金溢余与短缺 ····················· 5
  1.2 银行存款 ································· 6
    1.2.1 银行存款的存取 ····················· 6
    1.2.2 工会拨缴经费的归集和其他相关收入的取得 ··· 7
    1.2.3 银行转账支付支出 ··················· 8
    1.2.4 银行存款利息 ······················· 9
    1.2.5 受托代管银行存款 ·················· 10
    1.2.6 外币业务 ·························· 11
  1.3 国库集中支付 ···························· 12
    1.3.1 财政授权支付 ······················ 12
    1.3.2 财政直接支付 ······················ 15
  1.4 应收上级经费 ···························· 17
  1.5 应收下级经费 ···························· 19
  1.6 其他应收款 ······························ 20
  1.7 库存物品 ································ 22
    1.7.1 库存物品的取得 ···················· 22
    1.7.2 库存物品的发出 ···················· 24
    1.7.3 库存物品的盘点 ···················· 26

第2章 工会非流动资产的会计核算 ················ 28
  2.1 在建工程 ································ 28
    2.1.1 建筑安装工程投资 ·················· 28

2.1.2　设备投资 ･･･ 31
　　2.1.3　待摊投资 ･･･ 33
　　2.1.4　其他投资 ･･･ 36
　　2.1.5　待核销基建支出 ･･･････････････････････････････････ 37
　　2.1.6　基建转出投资 ･････････････････････････････････････ 39
　　2.1.7　代建制项目 ･･･････････････････････････････････････ 40
2.2　固定资产 ･･ 42
　　2.2.1　固定资产的取得 ･･･････････････････････････････････ 42
　　2.2.2　计提折旧 ･･･ 46
　　2.2.3　与固定资产有关的后续支出 ･････････････････････････ 47
　　2.2.4　处置固定资产 ･････････････････････････････････････ 48
　　2.2.5　盘点固定资产 ･････････････････････････････････････ 50
2.3　无形资产 ･･ 51
　　2.3.1　无形资产的取得 ･･･････････････････････････････････ 51
　　2.3.2　计提摊销 ･･･ 53
　　2.3.3　处置无形资产 ･････････････････････････････････････ 54
　　2.3.4　盘点无形资产 ･････････････････････････････････････ 57
2.4　投资 ･･ 58
　　2.4.1　债券投资 ･･･ 58
　　2.4.2　股权投资 ･･･ 59
2.5　长期待摊费用 ･･ 63
　　2.5.1　发生长期待摊费用 ･････････････････････････････････ 63
　　2.5.2　在受益期间摊销长期待摊费用 ･･･････････････････････ 64
　　2.5.3　将剩余长期待摊费用一次性转销 ･････････････････････ 65
2.6　待处理财产损溢 ･･ 65
　　2.6.1　短缺或溢余库存现金 ･･･････････････････････････････ 65
　　2.6.2　予以核销的其他应收款、股权投资、无形资产 ･････････ 67
　　2.6.3　盘盈、盘亏或报废、毁损的资产 ･････････････････････ 68
　　2.6.4　处理过程中取得的收入和费用 ･･･････････････････････ 69

第3章　工会负债的会计核算 ････････････････････････････････････ 71
3.1　应付职工薪酬 ･･ 71
　　3.1.1　计算确认当期应付职工薪酬 ･････････････････････････ 71
　　3.1.2　向职工支付工资、津贴补贴等薪酬 ･･･････････････････ 72

    3.1.3 其他业务 ··· 72
  3.2 应付上级经费 ·· 74
  3.3 应付下级经费 ·· 75
    3.3.1 年末清算对下级工会的补助 ··· 76
    3.3.2 采用税务代收、财政划拨方式收缴工会经费 ························· 76
  3.4 其他应付款 ·· 78
  3.5 代管经费 ·· 80

第4章 工会净资产的会计核算 ·· 81
  4.1 资产基金 ·· 81
    4.1.1 确认资产基金 ·· 81
    4.1.2 领用和发出库存物品 ··· 82
    4.1.3 在建工程完工交付使用 ··· 83
    4.1.4 计提固定资产折旧、无形资产摊销及分摊长期待摊费用 ······· 84
    4.1.5 以库存物品、固定资产、无形资产对外进行股权投资 ·········· 84
    4.1.6 对外捐赠、无偿调出库存物品、固定资产、无形资产 ·········· 86
  4.2 专用基金 ·· 87
  4.3 工会资金结转 ·· 88
    4.3.1 发生会计差错更正,收回以前年度支出——工会资金结转 ····· 88
    4.3.2 经批准对工会资金结余资金改变用途 ································· 89
    4.3.3 期末结转 ··· 89
    4.3.4 年末,冲销有关明细科目余额 ··· 91
    4.3.5 年末,对工会结转资金各项目执行情况进行分析 ················ 91
  4.4 工会资金结余 ·· 92
    4.4.1 发生会计差错更正,收回以前年度支出——工会资金结余 ····· 93
    4.4.2 经批准对工会结余资金改变用途 ·· 93
    4.4.3 以货币资金对外投资 ··· 94
    4.4.4 期末结转 ··· 95
    4.4.5 年末,对工会结转资金各项目执行情况进行分析 ················ 97
    4.4.6 年末,冲销有关明细科目余额 ··· 97
  4.5 财政拨款结转 ·· 98
    4.5.1 发生会计差错更正,收回以前年度支出——财政拨款结转 ····· 99
    4.5.2 经批准对财政拨款结余资金改变用途 ································· 99
    4.5.3 期末结转 ··· 100

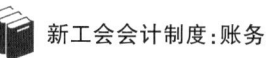

	4.5.4 年末,冲销有关明细科目余额	101
	4.5.5 年末,对各项目执行情况进行分析	102
4.6	财政拨款结余	103
	4.6.1 发生会计差错更正,收回以前年度支出——财政拨款结余	103
	4.6.2 上缴或注销财政拨款结余资金或额度	104
	4.6.3 经批准对工会结余资金改变用途	105
	4.6.4 年末,对财政拨款结转各项目执行情况进行分析	105
	4.6.5 年末,冲销有关明细科目余额	106
4.7	预算稳定调节基金	107

第5章　工会收入的会计核算 ····· 109

- 5.1 会费收入 ····· 109
- 5.2 拨缴经费收入 ····· 110
  - 5.2.1 采用自主拨缴方式收缴工会经费 ····· 110
  - 5.2.2 采用税务代收、财政划拨方式收取工会经费 ····· 111
  - 5.2.3 期末结转 ····· 113
- 5.3 上级补助收入 ····· 114
- 5.4 政府补助收入 ····· 116
  - 5.4.1 财政拨款收入 ····· 116
  - 5.4.2 非同级财政拨款收入 ····· 119
  - 5.4.3 期末结转 ····· 119
- 5.5 行政补助收入 ····· 120
- 5.6 附属单位上缴收入 ····· 122
- 5.7 投资收益 ····· 123
- 5.8 其他收入 ····· 125
  - 5.8.1 取得银行存款利息收入、接受捐赠等业务 ····· 125
  - 5.8.2 有偿调出、出售固定资产和无形资产 ····· 126
  - 5.8.3 期末结转 ····· 128
- 5.9 动用预算稳定调节基金 ····· 128

第6章　工会支出的会计核算 ····· 130

- 6.1 职工活动支出 ····· 130
- 6.2 职工活动组织支出 ····· 132

6.3 职工服务支出 ·· 134
6.4 维权支出 ·· 136
6.5 业务支出 ·· 139
6.6 行政支出 ·· 141
6.7 资本性支出 ·· 144
 6.7.1 购置、有偿调入固定资产、无形资产等 ·· 144
 6.7.2 自行建造房屋建筑物等固定资产、对固定资产进行大型修缮 ············ 146
 6.7.3 发生长期待摊费用 ··· 147
 6.7.4 期末结转 ·· 148
6.8 补助下级支出 ··· 149
6.9 对附属单位的支出 ··· 151
6.10 其他支出 ·· 152
 6.10.1 每日现金账款核对中发现现金短缺 ·· 153
 6.10.2 核销预计无法收回的其他应收款 ··· 153
 6.10.3 接受捐赠、无偿调入或对外捐赠、无偿调出资产 ························ 154
 6.10.4 报废、毁损的实物资产,处理收支结清 ····································· 155
 6.10.5 对外捐赠 ·· 155
 6.10.6 提取权益保障金以外的专用基金 ··· 156
 6.10.7 期末确认外币汇兑损益 ··· 157
 6.10.8 期末结转 ·· 157
6.11 安排预算稳定调节基金 ··· 158

第7章 工会会计报表 ·· 160

7.1 工会会计报表概述 ·· 160
 7.1.1 工会会计报表的定义和分类 ··· 160
 7.1.2 工会会计报表的编制原则 ·· 160
 7.1.3 编制工会会计报表的重要意义 ·· 161

7.2 资产负债表 ·· 161
 7.2.1 编制说明 ·· 161
 7.2.2 报表格式 ·· 164
 7.2.3 编制举例 ·· 165

7.3 收入支出表 ·· 172
 7.3.1 编制说明 ·· 172
 7.3.2 报表格式 ·· 174

新工会会计制度：账务处理与案例解析

  7.3.3 编制举例 ······ 176
 7.4 财政拨款收入支出表 ······ 180
  7.4.1 编制说明 ······ 180
  7.4.2 报表格式 ······ 181
 7.5 国有资产情况表 ······ 182
  7.5.1 编制说明 ······ 182
  7.5.2 报表格式 ······ 183
 7.6 成本费用表 ······ 184
  7.6.1 编制说明 ······ 184
  7.6.2 报表格式 ······ 185
 7.7 附注 ······ 186

附 件 ······ 187

第1章
工会流动资产的会计核算

1.1 库存现金

库存现金具有使用方便,收付频繁,容易被丢失、被侵占挪用,不能随保留时间的推移而增值的特点,是工会流动性最强的资产。因此,为了保证现金使用的合法性和合理性,各级工会应当严格遵循国家《现金管理暂行条例》等有关现金管理的规定,建立健全单位现金内部控制制度。

1.1.1 提现和存现

1) 业务概述

各级工会的库存现金,是指存于工会内部用于日常零星开支的货币资金。工会为了应付日常的零星开支,需经常保持一定数量的库存现金。当库存现金超出限额时,需要存入银行;当库存现金不足时,需要从银行补足。

2) 账务处理

从银行等金融机构提取现金,按照实际提取的金额,借记"库存现金"科目,贷记"银行存款"科目;将现金存入银行等金融机构,按照实际存入的金额,借记"银行存款"科目,贷记"库存现金"科目。

提现和存现相关的账务处理如表 1-1 所示。

表 1-1　　　　　　　　　　提现和存现相关的账务处理

会计事项	账务处理
提取现金	借:库存现金 　贷:银行存款
存入现金	借:银行存款 　贷:库存现金

3) 案例解析

【例 1-1】 A 市总工会 2×22 年 2 月 5 日开出现金支票,从银行提取现金 3 000 元。

该市总工会的账务处理如下：

借：库存现金　　　　　　　　　　　　　　　　　　　　　3 000
　　贷：银行存款　　　　　　　　　　　　　　　　　　　　　3 000

1.1.2　支付差旅费

1）业务概述

职工出差时，可能需要事先按照一定标准借出一定数量的库存现金，等出差回来后，按照实际报销金额计入费用，剩余的现金需要退回；超出事先借款额度的职工垫付资金，合理部分应当补足。

2）账务处理

因内部职工出差等原因借出现金，按照实际借出的金额，借记"其他应收款"科目，贷记"库存现金"科目；收到出差人员交回的差旅费剩余款并结算时，按照实际收回的金额，借记"库存现金"科目，按照应报销的金额，借记"行政支出"等有关科目，按照实际借出的金额，贷记"其他应收款"科目。

支付差旅费相关的账务处理如表1-2所示。

表1-2　　　　　　　　　　支付差旅费相关的账务处理

会计事项	账务处理
内部职工出差等借出现金	借：其他应收款 　　贷：库存现金
收到出差人员交回的差旅费剩余款并结算	借：库存现金 　　行政支出 　　贷：其他应收款

3）案例解析

【例1-2】　2×22年3月10日，A市总工会刘某因出差预支现金700元。3月18日，刘某报销差旅费500元（其中：交通费300元，伙食补助费200元），退回现金200元。

该市总工会的账务处理如下：

① 2×22年3月10日：

借：其他应收款——刘某　　　　　　　　　　　　　　　　700
　　贷：库存现金　　　　　　　　　　　　　　　　　　　　　700

② 2×22年3月18日：

借：库存现金　　　　　　　　　　　　　　　　　　　　　200
　　行政支出——商品和服务支出——差旅费　　　　　　　500
　　贷：其他应收款——刘某　　　　　　　　　　　　　　　　　500
　　　　应付其他个人收入　　　　　　　　　　　　　　　　　　200

（说明：出差人员的伙食补助费、市内交通费要通过"应付其他个人收入"科目反映）

借：应付其他个人收入　　　　　　　　　　　　　　　　200
　　贷：其他应收款——刘某　　　　　　　　　　　　　　　　200

1.1.3 其他涉及现金收支的业务

1) 业务概述

根据《现金管理暂行条例》的规定，现金的使用范围主要有：职工工资、津贴（这里指企业、事业单位和机关、团体、部队支付给职工的工资和工资性津贴）；个人劳务报酬（这里指由个人向企业、事业单位和机关、团体、部队等提供劳务而由企业、事业单位和机关、团体、部队等向个人支付的劳务报酬）；根据国家制度条例的规定，颁发给个人的科学技术、文化艺术、体育等方面的各种奖金；各种劳保、福利费用以及国家规定的对个人的其他支出，如退休金、抚恤金、学生助学金、职工困难生活补助；收购单位向个人收购农副产品和其他物资的价款，如金银、工艺品、废旧物资的价款；出差人员必需随身携带的差旅费；结算起点（1 000元人民币）以下的零星支出（超过结算起点的应实行银行转账结算，结算起点的调整由中国人民银行确定报国务院备案）；中国人民银行确定需要用现金支付的其他支出。

2) 账务处理

因其他业务收到现金，按照实际收到的金额，借记"库存现金"科目，贷记有关科目；支出现金，按照实际支出的金额，借记有关科目，贷记"库存现金"科目。

其他涉及现金收支的业务相关的账务处理如表1-3所示。

表1-3　　　　　　　　其他涉及现金收支的业务相关的账务处理

会计事项	账务处理
因其他业务收到现金	借：库存现金 　　贷：应收账款/其他收入
因其他业务支出现金	借：行政支出/维权支出/职工活动支出 　　贷：库存现金

3）案例解析

【例 1-3】 2×22 年 4 月 2 日，A 市总工会购买办公用品 100 元。

该市总工会的账务处理如下：

借：行政支出——商品和服务支出——办公费　　　　　　　　100
　　贷：库存现金　　　　　　　　　　　　　　　　　　　　　　100

1.1.4　受托代管现金

1）业务概述

受托代管现金是指在受托代理交易或事项中形成的，由受托方从委托方取得的，代为转交委托方或第三方的现金。受托方并不拥有受托代管现金的所有权和处分权，仅仅充当代为储存保管或代为转交的中介角色。

2）账务处理

受托方收到受托代管的现金时，按照实际收到的金额，借记"库存现金——代管经费"科目，贷记"代管经费"科目；支付受托代管的现金时，按照实际支付的金额，借记"代管经费"科目，贷记"库存现金——代管经费"科目。

受托代管现金相关的账务处理如表 1-4 所示。

表 1-4　　　　　　　　　　受托代管现金相关的账务处理

会计事项	账务处理
收到受托代管的现金	借：库存现金——代管经费 　　贷：代管经费
支付受托代管的现金	借：代管经费 　　贷：库存现金——代管经费

3）案例解析

【例 1-4】 2×22 年 5 月 8 日，A 市总工会收到甲企业交付的受托代管现金 50 000 元。2×22 年 6 月 3 日，A 市总工会将受托代管的现金支付给甲企业。

该市总工会的账务处理如下。

① 收到受托代管现金时：

借：库存现金——代管经费　　　　　　　　　　　　　　　50 000
　　贷：代管经费　　　　　　　　　　　　　　　　　　　　　50 000

② 支付受托代管的现金时：

借：代管经费　　　　　　　　　　　　　　　　　　　　　50 000
　　贷：库存现金——代管经费　　　　　　　　　　　　　　　　50 000

1.1.5　现金溢余与短缺

1) 业务概述

为了及时准确地反映库存现金的余额,加强监督,保护现金的安全,出纳人员每日应对现金进行清点,除此之外,单位内部审计人员还应当定期或不定期地检查以确保现金的账实相符。现金清查的主要手段是实地盘点。清查小组盘点现金时,出纳人员应当在场,盘点后将实存数与账存数核对,并编制"库存现金盘点报告表",列明实存、账存和余缺金额。如有余缺,应查明原因,并及时请领导审批。

2) 账务处理

在每日账款核对中,若发现有待查明原因的现金溢余或短缺的,应当通过"待处理财产损溢"科目核算。属于现金溢余的,应当按照实际溢余的金额,借记"库存现金"科目,贷记"待处理财产损溢"科目；属于现金短缺的,应当按照实际短缺的金额,借记"待处理财产损溢"科目,贷记"库存现金"科目。

现金溢余与短缺相关的账务处理如表 1-5 所示。

表 1-5　　　　　　　　　　现金溢余与短缺相关的账务处理

会计事项	账务处理
现金溢余	借：库存现金 　　贷：待处理财产损溢
现金短缺	借：待处理财产损溢 　　贷：库存现金

3) 案例解析

【例 1-5】　2×22 年 7 月 5 日,A 市总工会盘点库存现金时发现短款 700 元。

该市总工会的账务处理如下：

借：待处理财产损溢　　　　　　　　　　　　　　　　　　　　700
　　贷：库存现金　　　　　　　　　　　　　　　　　　　　　　700

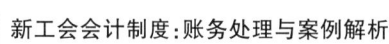

【例 1-6】 2×22 年 8 月 17 日,A 市总工会盘点库存现金时发现长款 80 元。

该市总工会的账务处理如下:

借：库存现金　　　　　　　　　　　　　　　　　　　　　　　　80
　　贷：待处理财产损溢　　　　　　　　　　　　　　　　　　　　80

1.2　银 行 存 款

银行存款具有灵活性高、随存随取、低风险、安全性高等特点,是工会保管货币资金等资产经常使用的一种方式。为了加强工会货币资金管理,确保工会资产的安全,各级工会应当严格按照《银行结算账户管理规定》开立银行账户,办理存款、取款和结算,依法独立管理经费。各项收入、支出和往来款项都必须全部纳入工会账户进行管理和核算,不得账外设账,违规转移资金和设立小金库。严禁出租、出借或转让工会账户给其他单位或个人使用。严禁利用工会账户替其他单位或个人套取现金。严禁利用工会账户搞非法活动或为其他单位转移资金提供条件。支票预留印鉴和密码,应由财务负责人或授权人和出纳人员分别掌握,不得向其他部门或个人借用、泄露。对外支出款项应当按照职责权限建立逐级审批制度。出纳人员应当逐笔序时登记银行存款日记账,定期核对银行账户,使银行存款账面余额与银行对账单相符,如发生不符,应及时查明原因,作出处理。开通网上银行业务并办理款项支付的工会,应当按照《网上银行业务管理暂行办法》的规定和内部控制的要求,建立健全相关制度。

1.2.1　银行存款的存取

1) 业务概述

银行存款是指工会存入银行或其他金融机构的货币资金。工会根据业务需要,在其所在地银行开设账户,运用所开设的账户,进行存款、取款以及各种收支转账业务的结算。

2) 账务处理

将现金存入银行等金融机构,按照实际存入的金额,借记"银行存款"科目,贷记"库存现金"科目。从银行等金融机构提取现金,按照实际提取的金额,借记"库存现金"科目,贷记"银行存款"科目。

银行存款的存取相关的账务处理如表 1-6 所示。

第1章 工会流动资产的会计核算

表 1-6　　　　　　　　　银行存款的存取相关的账务处理

会计事项	账务处理
存入银行	借：银行存款 　贷：库存现金
提取现金	借：库存现金 　贷：银行存款

3）案例解析

【例 1-7】 2×22 年 2 月 15 日，A 市总工会将现金 2 500 元存入银行。

该市总工会的账务处理如下：

借：银行存款——基本存款户　　　　　　　　　　　　　　　　　2 500
　贷：库存现金　　　　　　　　　　　　　　　　　　　　　　　　2 500

【例 1-8】 2×22 年 2 月 17 日，A 市总工会从银行提取现金 1 500 元。

该市总工会的账务处理如下：

借：库存现金　　　　　　　　　　　　　　　　　　　　　　　　1 500
　贷：银行存款——基本存款户　　　　　　　　　　　　　　　　　1 500

【例 1-9】 2×22 年 2 月 18 日，A 市总工会从基本存款户转款 65 000 元存 1 年期定期存款。

该市总工会的账务处理如下：

借：银行存款——定期存款户　　　　　　　　　　　　　　　　　65 000
　贷：银行存款——基本存款户　　　　　　　　　　　　　　　　　65 000

1.2.2　工会拨缴经费的归集和其他相关收入的取得

1）业务概述

工会可以根据实际情况在"银行存款"科目下设置"经费集中户"等二级明细科目。设置"经费集中户"科目的工会，应当先在经费集中户中归集工会经费，再按规定将属于本级工会的经费转入本级工会基本存款户，属于上级或下级工会的经费上缴上级工会或转拨下级工会。

2）账务处理

通过银行转账方式取得工会拨缴经费和其他相关收入，按照实际收到的金额，借记"银行存款"科目，按照应确认收入的金额，贷记"拨缴经费收入""上级补助收入""政府补助收入""行政补助收入"等科目,按照应付上下级工会的金额,贷记"应付上级经费""应付下级经费"科目。

取得工会拨缴经费和其他相关收入相关的账务处理如表1-7所示。

表 1-7　　　　　取得工会拨缴经费和其他相关收入相关的账务处理

会计事项	账务处理
通过银行转账方式取得工会拨缴经费和其他相关收入	借:银行存款 　贷:拨缴经费收入/上级补助收入/政府补助收入/行政补助收入 　　　应付上级经费/应付下级经费

3) 案例解析

【例1-10】 2×22年2月19日,A市总工会收到某基层工会上缴工会经费1 000元,其中,市总工会留成经费638.30元,应上缴省总工会361.70元。

该市总工会的账务处理如下:

借:银行存款——经费集中户　　　　　　　　　　　　　　　　1 000.00
　贷:拨缴经费收入——××基层工会　　　　　　　　　　　　　638.30
　　　应付上级经费　　　　　　　　　　　　　　　　　　　　361.70

【例1-11】 A市总工会2×22年1月14日收到某学校工会上缴工会经费80 000元,其中,本级留成经费50 000元,应上缴省总工会30 000元。

该市总工会的账务处理如下:

借:银行存款——经费集中户　　　　　　　　　　　　　　　　80 000
　贷:拨缴经费收入　　　　　　　　　　　　　　　　　　　　50 000
　　　应付上级经费　　　　　　　　　　　　　　　　　　　　30 000

【例1-12】 2×22年2月27日,A市总工会将经费集中户中的经费存款30 000元转入基本存款户。

该市总工会的账务处理如下:

借:银行存款——基本存款户　　　　　　　　　　　　　　　　30 000
　贷:银行存款——经费集中户　　　　　　　　　　　　　　　30 000

1.2.3　银行转账支付支出

1) 业务概述

各级工会为了维持正常的运作,需要购买在生产过程或提供劳务的过程中耗用的材料和物料以及固定资产等,同时也需要支付工会活动产生的各种费用,这些活动需要工会支付银行存款,从而导致银行存款的减少。

2) 账务处理

通过银行转账方式支付各项支出,按照实际支出的金额,借记"职工活动支出""维权支出""业务支出"等科目,贷记"银行存款"科目。

银行转账支付支出相关的账务处理如表 1-8 所示。

表 1-8　　　　　　　　　银行转账支付支出相关的账务处理

会计事项	账务处理
通过银行转账方式支付各项支出	借:职工活动支出/维权支出/业务支出 　贷:银行存款

3) 案例解析

【例 1-13】 2×22 年 2 月 20 日,A 市总工会召开全市工会工作会议,转账支付会议费 4 500 元。

该市总工会的账务处理如下:

借:业务支出——会议费　　　　　　　　　　　　　　　4 500
　　贷:银行存款——基本存款户　　　　　　　　　　　　　　4 500

1.2.4　银行存款利息

1) 业务概述

银行存款利息是指银行向工会支付的利息。存款利息金额的大小因存款种类和期限的长短而不同。存款的期限越长,工会取得的利息收入越高。活期存款最不稳定,所以工会取得的利息收入也最低。

2) 账务处理

工会收到银行存款利息,按照实际收到的金额,借记"银行存款"科目,贷记"其他收入"科目。

收取银行存款利息相关的账务处理如表 1-9 所示。

表 1-9　　　　　　　　　收取银行存款利息相关的账务处理

会计事项	账务处理
收到银行存款利息	借:银行存款 　贷:其他收入

3）案例解析

【例 1-14】 2×22 年 2 月 23 日，A 市总工会收到定期存款利息 6 500 元。

该市总工会的账务处理如下：

借：银行存款——基本存款户　　　　　　　　　　　　　　　6 500
　　贷：其他收入　　　　　　　　　　　　　　　　　　　　　　6 500

1.2.5　受托代管银行存款

1）业务概述

工会有受托代管资金业务的，应当在"银行存款"科目下设置"代管经费"明细科目，核算工会受托代管的银行存款。"银行存款"科目期末借方余额，反映工会尚未支用的银行存款。

2）账务处理

收到受托代管的银行存款时，按照实际收到的金额，借记"银行存款——代管经费"科目，贷记"代管经费"科目；支付受托代管的银行存款时，按照实际支付的金额，借记"代管经费"科目，贷记"银行存款——代管经费"科目。

受托代管银行存款相关的账务处理如表 1-10 所示。

表 1-10　　　　　　　　受托代管银行存款相关的账务处理

会计事项	账务处理
收到受托代管的银行存款	借：银行存款——代管经费 　贷：代管经费
支付受托代管的银行存款	借：代管经费 　贷：银行存款——代管经费

3）案例解析

【例 1-15】 2×22 年 4 月 25 日，A 市总工会收到受托代管的甲企业银行存款 95 000 元。2×22 年 5 月 1 日，A 市总工会将受托代管的 95 000 元银行存款交付给甲企业。

该市总工会的账务处理如下：

① 收到受托代管银行存款时：

借：银行存款——代管经费　　　　　　　　　　　　　　　　95 000
　　贷：代管经费　　　　　　　　　　　　　　　　　　　　　　95 000

② 交付受托代管银行存款时：

借：代管经费　　　　　　　　　　　　　　　　　　　　　　　　95 000
　　贷：银行存款——代管经费　　　　　　　　　　　　　　　　　95 000

1.2.6　外币业务

1) 业务概述

在记录外币银行存款业务时，工会应当按照当日中国人民银行颁布的人民币外汇汇率，将外币金额折合为人民币记账，并登记外币金额和折合率。年度终了，应将外币账户余额按照期末人民币外汇汇率折合为人民币，作为外币账户期末人民币余额。汇率调整后的各种外币账户人民币余额与原账面余额的差额，作为汇兑损益列入"其他支出"科目。

2) 账务处理

以外币购买物资、设备等，按照购入当日的即期汇率将支付的外币折算为人民币金额，借记"职工活动支出""维权支出"等科目，贷记本科目的外币账户；同时，借记"库存物品"等科目，贷记"资产基金"科目。

以外币收取相关款项等，按照收入确认当日的即期汇率将收取的外币折算为人民币金额，借记"银行存款"科目的外币账户，贷记有关收入科目。

期末，根据各外币银行存款账户，按照期末汇率调整后的人民币余额与原账面人民币余额的差额，作为汇兑损益，借记或贷记"银行存款"科目，贷记或借记"其他支出"科目。

外币业务相关的账务处理如表1-11所示。

表1-11　　　　　　　　　　　　外币业务相关的账务处理

会计事项	账务处理
以外币购买物资、设备等	借：职工活动支出 　　维权支出 　　贷：银行存款[外币账户] 借：库存物品 　　贷：资产基金
以外币收取相关款项等	借：银行存款[外币账户] 　　贷：拨缴经费收入/上级补助收入/政府补助 　　　　收入/行政补助收入
期末，根据各外币银行存款账户，按照期末汇率调整后的人民币余额与原账面人民币余额的差额，作为汇兑损益	借：银行存款 　　贷：其他支出 （或相反科目）

3) 案例解析

【例1-16】　2×22年2月23日，A市总工会收到外资捐款10 000美元，当日美元汇

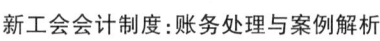

率为1∶8.0。

该市总工会的账务处理如下：

借：银行存款——其他存款户　　　　　　　　　　　　　　80 000
　　贷：其他收入　　　　　　　　　　　　　　　　　　　　　　80 000

【例1-17】　接[例1-16]2×22年12月30日，美元户存款仍为10 000美元，汇率为1∶7.80，则汇兑损失为2 000元人民币。

该市总工会的账务处理如下：

借：其他支出　　　　　　　　　　　　　　　　　　　　　　2 000
　　贷：银行存款——其他存款户　　　　　　　　　　　　　　2 000

1.3　国库集中支付

各级财政正逐步实行国库集中支付制度改革以加强对财政性资金的管理与监督。国库集中支付，是指以国库单一账户体系为基础，以健全的财政支付信息系统和银行间实时清算系统为依托，所有预算单位需要购买商品或支付劳务款项时，由预算单位提出申请，经国库集中支付机构审核后，再将资金通过单一账户体系支付给收款人的制度。国库集中支付分为财政授权支付和财政直接支付两种方式。

1.3.1　财政授权支付

1）业务概述

财政授权支付是指预算单位根据财政部门授权，按照部门预算和用款计划确定资金用途，自行开具支付令送代理银行，通过国库单一账户体系中的单位零余额账户或特设专户，将财政性资金支付到收款人或用款单位账户。财政授权支付的支出范围是指除财政直接支付支出以外的全部支出。

2）账务处理

（1）收到额度与实际支出

收到代理银行转来的"财政授权支付到账通知书"时，根据通知书所列金额，借记"零余额账户用款额度"科目，贷记"政府补助收入"科目。实际发生支出时，按照实际支出的金额，借记"维权支出""行政支出""资本性支出"等科目，贷记"零余额账户用款额度"科目。

收到额度与实际支出相关的账务处理如表1-12所示。

表 1-12　收到额度与实际支出相关的账务处理

会计事项	账务处理
收到代理银行转来的"财政授权支付额度到账通知书"	借：零余额账户用款额度 　贷：政府补助收入
实际发生支出	借：维权支出/行政支出/资本性支出 　贷：零余额账户用款额度

(2) 注销额度

财政部门按预算指标数下达零余额账户用款额度，工会组织未用完已下达零余额用款额度的，本年度终了，注销额度时，按照工会尚未使用的零余额账户用款额度下达数，借记"财政应返还额度——财政授权支付"科目，贷记"零余额账户用款额度"科目。

财政部门实际下达的零余额账户用款额度小于工会预算指标数的，本年度终了，按照财政部门未下达的零余额账户用款额度指标数，借记"财政应返还额度——财政授权支付"科目，贷记"政府补助收入"科目。

注销额度相关的账务处理如表 1-13 所示。

表 1-13　注销额度相关的账务处理

会计事项	账务处理
年末，根据代理银行提供的对账单判断注销额度	借：财政应返还额度——财政授权支付 　贷：零余额账户用款额度
如果工会本年度财政授权支付预算指标数大于零余额账户用款额度下达数，确认财政应返还额度	借：财政应返还额度——财政授权支付 　贷：政府补助收入

(3) 恢复额度

下年初，根据代理银行提供的"财政授权支付额度恢复到账通知书"作相关恢复额度的账务处理，借记"零余额账户用款额度"科目，贷记"财政应返还额度——财政授权支付"科目。工会收到财政部门批复的上年末未下达零余额账户用款额度，借记"零余额账户用款额度"科目，贷记"财政应返还额度——财政授权支付"科目。

恢复额度相关的账务处理如表 1-14 所示。

表 1-14　恢复额度相关的账务处理

会计事项	账务处理
根据代理银行提供的"财政授权支付额度恢复到账通知书"恢复财政授权支付额度	借：零余额账户用款额度 　贷：财政应返还额度——财政授权支付
收到财政部门批复的上年末未下达零余额账户用款额度	借：零余额账户用款额度 　贷：财政应返还额度——财政授权支付

3) 案例解析

(1) 收到额度与实际支出

【例1-18】 2×22年1月8日,A市总工会收到零余额账户开户行——工商银行转来"财政授权支付额度到账通知书",A市财政补助市总工会春节送温暖经费2 500 000元。

该市总工会的账务处理如下:

借:零余额账户用款额度　　　　　　　　　　　　　　　2 500 000
　　贷:政府补助收入　　　　　　　　　　　　　　　　　　　2 500 000

【例1-19】 2×22年1月10日,A市总工会从零余额账户支付送温暖款2 300 000元。

该市总工会的账务处理如下:

借:维权支出——送温暖费　　　　　　　　　　　　　　2 300 000
　　贷:零余额账户用款额度　　　　　　　　　　　　　　　　2 300 000

(2) 注销额度

【例1-20】 2×22年12月31日,A市总工会根据工商银行提供的零余额账户对账单全年零余额账户余额为50 000元,作注销额度处理。

该市总工会的账务处理如下:

2×22年12月31日:

借:财政应返还额度——财政授权支付　　　　　　　　　　50 000
　　贷:零余额账户用款额度　　　　　　　　　　　　　　　　　50 000

【例1-21】 2×22年12月31日,根据财政预算,A市财政本年度应拨付A市总工会送温暖经费3 500 000元,本年度实际拨付3 000 000元。年末,A市总工会需确认财政应返还额度500 000元。

该市总工会的账务处理如下:

2×22年12月31日:

借:财政应返还额度——财政授权支付　　　　　　　　　　500 000
　　贷:政府补助收入　　　　　　　　　　　　　　　　　　　　500 000

(3) 恢复额度

【例1-22】 接[例1-20],2×23年1月1日,根据代理银行提供的"财政授权支付额度恢复到账通知书"恢复财政授权支付额度50 000元。

该市总工会的账务处理如下:

```
借：零余额账户用款额度                                    50 000
    贷：财政应返还额度——财政授权支付                        50 000
```

【例 1-23】 接［例 1-21］，2×23 年 1 月 1 日，收到财政部门批复的上年末未下达零余额账户用款额度 500 000 元。

该市总工会的账务处理如下：

```
借：零余额账户用款额度                                   500 000
    贷：财政应返还额度——财政授权支付                       500 000
```

1.3.2 财政直接支付

1) 业务概述

财政直接支付是指预算单位按照部门预算和用款计划确定的资金用途提出支付申请，经财政国库执行机构审核后开出支付令送代理银行，通过国库单一账户体系中的财政零余额账户或预算外资金支付专户，直接将财政性资金支付到收款人或收款单位账户。财政直接支付的范围大致包括工资支出、工程采购支出、物品和其他直接支出。财政支付给工会离退休人员及部分在职人员的工资主要采取直接支付的方式。

2) 账务处理

(1) 财政直接支付方式下发生支出

财政直接支付方式下，根据收到的"财政直接支付入账通知书"及相关原始凭证，按照通知中直接支付的入账金额，借记有关支出科目，贷记"政府补助收入——财政拨款收入"科目。形成非货币性资产的，应当同时按照确定的资产成本，借记相关资产科目，贷记"资产基金"科目。

财政直接支付方式下相关的账务处理如表 1-15 所示。

表 1-15　　　　　　　财政直接支付方式下相关的账务处理

会计事项	账务处理
财政直接支付方式下发生支出	借：维权支出/行政支出/资本性支出 　　贷：政府补助收入——财政拨款收入 若形成非货币性资产的，同时： 借：固定资产/无形资产/库存物品 　　贷：资产基金

(2) 年终结余资金的处理

年末，根据本年度财政直接支付预算指标数大于当年财政直接支付实际支出数的差额，借记"财政应返还额度——财政直接支付"科目，贷记"政府补助收入"科目。工会使用以前年度财政直接支付额度支付款项时,借记"维权支出""行政支出""资本性支出"等科目的相关明细科目,贷记"财政应返还额度——财政直接支付"科目。

年终结余资金相关的账务处理如表1-16所示。

表1-16　　　　　　　　　　年终结余资金相关的账务处理

会计事项	账务处理
年末,根据本年度财政直接支付预算指标数大于当年财政直接支付实际支出数的差额	借:财政应返还额度——财政直接支付 　贷:政府补助收入
工会使用以前年度财政直接支付额度支付款项	借:维权支出/行政支出/资本性支出 　贷:财政应返还额度——财政直接支付

3) 案例解析

(1) 财政直接支付方式下发生支出

【例1-24】　A市总工会离退休人员工资由财政直接支付,2×22年2月7日收到本级财政统发工资记账通知,发放离退休人员工资20 000元。

该市总工会的账务处理如下:

借:行政支出——对个人和家庭的补助　　　　　　　　　　　　　20 000
　贷:政府补助收入——财政拨款收入　　　　　　　　　　　　　　　20 000

(2) 年终结余资金的处理

【例1-25】　2×22年12月31日,根据财政预算,A市财政本年度应支付A市总工会离退休人员工资200 000元,实际支付198 000元。年末,A市总工会需确认2 000元财政应返还额度。

该市总工会的账务处理如下:

借:财政应返还额度——财政直接支付　　　　　　　　　　　　　2 000
　贷:政府补助收入　　　　　　　　　　　　　　　　　　　　　　　2 000

下年度财政支付时。

借:行政支出——对个人和家庭的补助　　　　　　　　　　　　　2 000
　贷:应付工资(离退休费)　　　　　　　　　　　　　　　　　　　2 000

同时,

借:应付工资(离退休费)　　　　　　　　　　　　　　　　　　　2 000
　贷:财政应返还额度——财政直接支付　　　　　　　　　　　　　2 000

1.4 应收上级经费

1) 业务概述

应收上级经费是指本级工会应收未收的上级工会应拨付(或转拨)工会经费和补助,包括应收上级补助、应收上级转拨经费和应收建会筹备金。

2) 账务处理

年末,根据上级工会补助通知中的相关金额,借记"应收上级经费——应收上级补助"科目,贷记"上级补助收入"科目。收到上级工会拨来的补助时,按照实际收到的金额,借记"银行存款"科目,贷记"应收上级经费——应收上级补助"科目。

年末,根据上级工会经费转拨通知中的相关金额,借记"应收上级经费——应收上级转拨经费"科目,按规定属于本级工会的部分,贷记"拨缴经费收入"科目,按规定应转拨下级工会的部分,贷记"应付下级经费——应付下级转拨经费"科目。收到上级工会转拨的工会经费时,按照实际收到的金额,借记"银行存款"科目,贷记"应收上级经费——应收上级转拨经费"科目。

应收上级经费相关的账务处理如表1-17所示。

表1-17　　　　　　　　应收上级经费相关的账务处理

会计事项	账务处理
年末,根据上级工会补助通知中的相关金额	借:应收上级经费——应收上级补助 贷:上级补助收入
收到上级工会拨来的补助	借:银行存款 贷:应收上级经费——应收上级补助
年末,根据上级工会经费转拨通知中的相关金额	借:应收上级经费——应收上级转拨经费 贷:拨缴经费收入 　　应付下级经费——应付下级转拨经费
收到上级工会转拨的工会经费	借:银行存款 贷:应收上级经费——应收上级转拨经费

3) 案例解析

【例1-26】 2×22年年末,C省总工会收到全国总工会通知,全国总工会应拨给C省总工会回拨经费2 000 000元,超收补助3 000 000元,专项补助4 000 000元。截至2×22年12月31日,C省总工会尚未收到款项。

该省总工会的账务处理如下:

① 2×22 年 12 月 31 日：

借：应收上级经费——应收上级补助　　　　　　　　　　　9 000 000
　　贷：上级补助收入——回拨补助　　　　　　　　　　　　2 000 000
　　　　　　　　　　——超收补助　　　　　　　　　　　　3 000 000
　　　　　　　　　　——专项补助　　　　　　　　　　　　4 000 000

② 次年收到全国总工会的拨来补助时：

借：银行存款——基本存款户　　　　　　　　　　　　　　9 000 000
　　贷：应收上级经费——应收上级补助　　　　　　　　　　9 000 000

【例 1-27】 2×22 年 12 月 31 日，假设 A 县基层工会经费留成比例为 50%，上缴 A 县总工会 50%[A 县总工会留成 30%，上缴 B 市总工会 10%，C 省总工会 10%（含全总 5%）]，该县地税、交警等省直机关单位的工会经费由 C 省财政厅统一划拨。12 月 31 日，A 县总工会收到 C 省总工会转来通知：2×22 年 A 县地税、交警等省直机关单位工资总额为 400 万元，应划拨 2% 的工会经费为 80 000 元。2×22 年 12 月 31 日，C 省财政厅已将基层工会留成经费 40 000 元直接划拨到基层工会账户，40 000 元划拨到 C 省总工会账户，按比例计算，应转拨 24 000 元给 A 县总工会，转拨 8 000 元给 B 市总工会，C 省总工会留成 4 000 元，应上缴全国总工会 4 000 元。C 省总工会拟在 2×23 年 1 月 5 日前下拨和上缴经费。

C 省总工会的账务处理如下：

① 2×22 年 12 月 31 日：

借：银行存款——经费集中户　　　　　　　　　　　　　　　40 000
　　贷：拨缴经费收入　　　　　　　　　　　　　　　　　　　4 000
　　　　应付下级经费——应付下级转拨经费　　　　　　　　32 000
　　　　应付上级经费——应上缴经费　　　　　　　　　　　　4 000

② 次年支付时：

借：应付下级经费——应付下级转拨经费　　　　　　　　　　32 000
　　应付上级经费——应上缴经费　　　　　　　　　　　　　　4 000
　　贷：银行存款——经费集中户　　　　　　　　　　　　　36 000

B 市总工会的账务处理如下：

① 2×22 年 12 月 31 日：

借：应收上级经费——应收上级转拨经费　　　　　　　　　　32 000
　　贷：拨缴经费收入　　　　　　　　　　　　　　　　　　　8 000
　　　　应付下级经费——应付下级转拨经费　　　　　　　　24 000

② 次年收到时：

借：银行存款——经费集中户　　　　　　　　　　　　　32 000
　　贷：应收上级经费——应收上级转拨经费　　　　　　　　　　32 000

③ 次年支付时：

借：应付下级经费——应付下级转拨经费　　　　　　　24 000
　　贷：银行存款——经费集中户　　　　　　　　　　　　　　24 000

A县总工会的账务处理如下：

① 2×22年12月31日：

借：应收上级经费——应收上级转拨经费　　　　　　　24 000
　　贷：拨缴经费收入　　　　　　　　　　　　　　　　　　24 000

② 次年收到时：

借：银行存款——经费集中户　　　　　　　　　　　　　24 000
　　贷：应收上级经费——应收上级转拨经费　　　　　　　　　　24 000

1.5　应收下级经费

1）业务概述

应收下级经费是指工会应收下级工会的上缴工会经费和建会筹备金。

2）账务处理

年末，根据下级工会经费收缴报告表中的相关金额，借记"应收下级经费"科目，按规定属于本级工会的部分，贷记"拨缴经费收入"科目，按规定应上缴上级工会的部分，贷记"应付上级经费"科目。收到下级工会的上缴经费时，借记"银行存款"科目，贷记"应收下级经费"科目。

应收下级经费相关的账务处理如表1-18所示。

表1-18　　　　　　　应收下级经费相关的账务处理

会计事项	账务处理
年末，根据下级工会经费收缴报告表中的金额	借：应收下级经费 　　贷：拨缴经费收入 　　　　应付上级经费
收到下级工会的上缴经费	借：银行存款 　　贷：应收下级经费

3）案例解析

【例 1-28】 2×22 年年末，B 市总工会应收未收本市各基层工会上缴经费共 400 000 元，假设 B 市总工会经费留成比例为 60%，上缴 C 省总工会 40%，截至 12 月 31 日尚未收到款项。次年 1 月 3 日到账。

该市总工会的账务处理如下：

① 2×22 年 12 月 31 日：

借：应收下级经费——应收经费　　　　　　　　　　　400 000
　　贷：拨缴经费收入　　　　　　　　　　　　　　　240 000
　　　　应付上级经费——应上缴经费　　　　　　　　160 000

② 次年收到时：

借：银行存款——经费集中户　　　　　　　　　　　　400 000
　　贷：应收下级经费——应收经费　　　　　　　　　400 000

1.6 其他应收款

其他应收款是指工会除应收上下级经费以外的其他应收及暂付款项，如暂时借出的差旅费、备用金、应收的各种赔款、应向职工收取的各种垫付款项、保证金等。

1）业务概述

为了核算工会除应收上下级经费以外的其他应收及暂付款项，工会应当设置"其他应收款"科目，该科目借方登记其他应收及暂付款项，贷方登记已收回的其他应收及暂付款项，期末借方余额反映尚未收回的其他应收及暂付款项。

2）账务处理

发生其他应收及暂付款项时，借记"其他应收款"科目，贷记"库存现金""银行存款"等科目。结算收回或核销转列支出时，按照收回的金额，借记"库存现金""银行存款"等科目，按照列入支出的金额，借记有关支出科目，按照结算总额，贷记"其他应收款"科目。

逾期 3 年以上、因债务人原因尚未收回的其他应收款，报经批准认定确实无法收回的应予以核销。转入待处理资产时，按照待核销的其他应收款金额，借记"待处理财产损溢"科目，贷记"其他应收款"科目。报经批准予以核销时，借记"其他支出"科目，贷记"待处理财产损溢"科目。核销的呆账，应在备查簿中保留登记。已核销呆账重新收回的，按照实际收到的款项，借记"银行存款"等科目，贷记"其他收入"科目。

其他应收款相关的账务处理如表 1-19 所示。

表 1-19　　其他应收款相关的账务处理

会计事项	账务处理
发生其他应收及暂付款项	借：其他应收款 　　贷：库存现金/银行存款
结算收回或核销转列支出	借：库存现金/银行存款 　　维权支出/行政支出/资本性支出 　　贷：其他应收款
逾期3年以上、因债务人原因尚未收回的其他应收款： ① 转入待处理资产 ② 报经批准予以核销 ③ 已核销呆账重新收回	① 借：待处理财产损溢 　　贷：其他应收款 ② 借：其他支出 　　贷：待处理财产损溢 ③ 借：银行存款 　　贷：其他收入

3）案例解析

【例 1-29】 2×22 年 2 月 1 日,A 市总工会张某外出培训学习,预借现金 1 000 元。2 月 10 日,张某学习归来,报销差旅费 700 元,培训学习资料费 200 元,退回现金 100 元。

该市总工会的账务处理如下：

① 2×22 年 2 月 1 日：

借：其他应收款——张某　　　　　　　　　　　　　　　　　　　　　　1 000
　　贷：库存现金　　　　　　　　　　　　　　　　　　　　　　　　　　1 000

② 2×22 年 2 月 10 日：

借：库存现金　　　　　　　　　　　　　　　　　　　　　　　　　　　　100
　　业务支出——培训费　　　　　　　　　　　　　　　　　　　　　　　200
　　行政支出——商品和服务支出——差旅费　　　　　　　　　　　　　　700
　　贷：其他应收款——张某　　　　　　　　　　　　　　　　　　　　　1 000

【例 1-30】 2×22 年 3 月 8 日,A 市总工会办公室张某借备用金 800 元,财务部门开出现金支票。4 月 12 日,张某报销接待费 500 元,并交回备用金 300 元。

该市总工会的账务处理如下：

① 2×22 年 3 月 8 日：

借：其他应收款——备用金(张某)　　　　　　　　　　　　　　　　　　800
　　贷：银行存款——基本存款户　　　　　　　　　　　　　　　　　　　800

② 2×22 年 4 月 12 日：

借：行政支出——商品或服务支出——招待费　　　　　　　　　　　　　500
　　库存现金　　　　　　　　　　　　　　　　　　　　　　　　　　　　300
　　贷：其他应收款——备用金(张某)　　　　　　　　　　　　　　　　　800

【例 1-31】 2×22 年 4 月 5 日,A 市总工会刘某借活动费 3 000 元,但到 2×22 年年末未报账核销。经查,刘某已于 2×22 年 7 月辞职,不知去向。该笔活动费经领导批准作呆账处理,保留备查簿。2×23 年刘某出现后,主动向 A 市工会退回了借款 3 000 元。

该市总工会的账务处理如下:

① 2×22 年 4 月 5 日:

借:其他应收款——刘某　　　　　　　　　　　　　　　3 000
　　贷:银行存款　　　　　　　　　　　　　　　　　　　　3 000

② 2×22 年年末,转入待处理资产时:

借:待处理财产损溢　　　　　　　　　　　　　　　　　3 000
　　贷:其他应收款——刘某　　　　　　　　　　　　　　3 000

③ 2×22 年年末,核销该呆账:

借:其他支出　　　　　　　　　　　　　　　　　　　　3 000
　　贷:待处理财产损溢　　　　　　　　　　　　　　　　3 000

④ 2×23 年收回借款时:

借:银行存款　　　　　　　　　　　　　　　　　　　　3 000
　　贷:其他收入　　　　　　　　　　　　　　　　　　　　3 000

1.7　库　存　物　品

库存物品是指工会取得的将在日常活动中耗用的材料、物品及达不到固定资产标准的工具、器具等。工会随买随用的物品,可以在购入时直接计入支出,不通过本科目核算。

1.7.1　库存物品的取得

1) 业务概述

工会在取得库存物品时应当按照其实际成本入账。购入、有偿调入的库存物品以实际支付的价款记账。工会接受捐赠、无偿调入的库存物品,其成本按照有关凭据注明的金额加上相关税费、运输费等确定;没有相关凭据,但按照规定经过资产评估的,其成本按照评估价值加上相关税费、运输费等确定;没有相关凭据、也未经过评估的,其成本比照同类或类似资产的价格加上相关税费、运输费等确定。如无法采用上述方法确定资产成本的,按照名义金额(人民币 1 元)入账,相关税费、运输费等计入当期支出。

第 1 章　工会流动资产的会计核算

2）账务处理

购入物品验收入库,按照确定的成本,借记本科目,贷记"资产基金——库存物品"科目;同时,按照实际支付的金额,借记"职工活动支出""维权支出""行政支出"等科目,贷记"银行存款""零余额账户用款额度""政府补助收入"等科目。购入物品时,借记"库存物品"科目,贷记"银行存款"等科目。

接受捐赠、无偿调入的库存物品,按照确定的成本,借记"库存物品"科目,贷记"资产基金——库存物品"科目;同时,按照实际支付的相关税费、运输费等金额,借记"其他支出"科目,贷记"银行存款""零余额账户用款额度""政府补助收入"等科目。

取得库存物品的相关的账务处理如表 1-20 所示。

表 1-20　　　　　　　　　取得库存物品的相关的账务处理

会计事项	账务处理
购入物品验收入库	借：库存物品 　　贷：资产基金——库存物品 借：职工活动支出/维权支出/行政支出 　　贷：银行存款/零余额账户用款额度/政府补助收入
接受捐赠、无偿调入的库存物品	借：库存物品 　　贷：资产基金——库存物品 借：其他支出 　　贷：银行存款/零余额账户用款额度/政府补助收入

3）案例解析

【例 1-32】　2×22 年 7 月 30 日,A 市总工会购入办公室文具一批,转账支付款 1 000 元,已验收入库。

该市总工会的账务处理如下：

借：库存物品——办公用品　　　　　　　　　　　　　　　　　1 000
　　贷：银行存款——基本存款户　　　　　　　　　　　　　　　　1 000

【例 1-33】　2×22 年 8 月 5 日,A 市总工会接受捐赠一批库存物品,其公允价值为 2 000 元,同时支付增值税 260 元。

该市总工会的账务处理如下：

借：库存物品　　　　　　　　　　　　　　　　　　　　　　　2 000
　　贷：资产基金——库存物品　　　　　　　　　　　　　　　　　2 000
借：其他支出　　　　　　　　　　　　　　　　　　　　　　　　260
　　贷：银行存款　　　　　　　　　　　　　　　　　　　　　　　260

1.7.2 库存物品的发出

1) 业务概述

各级工会开展业务活动、按照规定自主出售或加工物品等领用、发出库存物品。领用、发出库存物品，应当根据实际情况采用先进先出法、加权平均法或者个别计价法确定发出存货的实际成本。计价方法一经确定，不得随意变更。

2) 账务处理

开展业务活动等领用、发出库存物品时，按照领用、发出库存物品的实际成本，借记"资产基金——库存物品"科目，贷记"库存物品"科目。

经批准对外出售库存物品时，按照出售库存物品的实际成本，借记"资产基金——库存物品"科目，贷记"库存物品"科目。按照出售过程中取得的价款，借记"银行存款"等科目，贷记"其他收入"科目，按规定应上缴同级财政的，贷记"其他应付款"科目。出售过程中工会发生的税费等支出，借记"其他支出"科目，贷记"银行存款"等科目。

经批准对外捐赠、无偿调出库存物品时，按照对外捐赠、无偿调出库存物品的实际成本，借记"资产基金——库存物品"科目，贷记"库存物品"科目。对外捐赠、无偿调出库存物品发生的由工会承担的运输费等支出，借记"职工活动支出""维权支出""行政支出"等科目，贷记"银行存款""零余额账户用款额度"等科目。

经批准以库存物品对外进行股权投资时，按照投出库存物品的实际成本，借记"资产基金——库存物品"科目，贷记"库存物品"科目；同时，按照确定的投资成本，借记"投资"科目，贷记"资产基金——投资"科目。按照发生的相关税费，借记"其他支出"科目，贷记"银行存款"等科目。

库存物品的发出相关的账务处理如表 1-21 所示。

表 1-21　　　　　　　　库存物品的发出相关的账务处理

会计事项	账务处理
开展业务活动等领用、发出库存物品时	借：资产基金——库存物品 　贷：库存物品
经批准对外出售库存物品	借：资产基金——库存物品 　贷：库存物品 借：银行存款 　贷：其他收入 　　　其他应付款 借：其他支出 　贷：银行存款

(续表)

会计事项	账务处理
经批准对外捐赠、无偿调出库存物品	借：资产基金——库存物品 　　贷：库存物品 借：职工活动支出/维权支出/行政支出 　　贷：银行存款/零余额账户用款额度
经批准以库存物品对外进行股权投资	借：资产基金——库存物品 　　贷：库存物品 借：投资 　　贷：资产基金——投资 借：其他支出 　　贷：银行存款

3）案例解析

【例1-34】 2×22年8月8日，A市总工会为开展业务活动领用办公用品一批，价款3 000元。

该市总工会的账务处理如下：

借：资产基金——库存物品　　　　　　　　　　　　　　3 000
　　贷：库存物品　　　　　　　　　　　　　　　　　　　　　3 000

【例1-35】 2×22年8月15日，A市总工会经批准对外出售一批库存商品，实际成本为3 500元，出售取得价款4 000元，并支付相关税费520元。

该市总工会的账务处理如下：

借：资产基金——库存物品　　　　　　　　　　　　　　3 500
　　贷：库存物品　　　　　　　　　　　　　　　　　　　　　3 500
借：银行存款　　　　　　　　　　　　　　　　　　　　4 000
　　贷：其他收入　　　　　　　　　　　　　　　　　　　　　4 000
借：其他支出　　　　　　　　　　　　　　　　　　　　　520
　　贷：银行存款　　　　　　　　　　　　　　　　　　　　　520

【例1-36】 2×22年8月23日，A市总工会对外捐赠一批库存物品，实际成本为4 000元，对外捐赠需由工会承担的运输费、装卸费等支出300元。

该市总工会的账务处理如下：

借：资产基金——库存物品　　　　　　　　　　　　　　4 000
　　贷：库存物品　　　　　　　　　　　　　　　　　　　　　4 000
借：行政支出　　　　　　　　　　　　　　　　　　　　　300
　　贷：银行存款　　　　　　　　　　　　　　　　　　　　　300

【例 1-37】 2×22 年 8 月 25 日,A 市总工会以一批库存物品对 C 企业进行投资,物品的账面价值为 8 000 元,公允价值为 7 500 元。

该市总工会的账务处理如下:

借:资产基金——库存物品　　　　　　　　　　　　　　　　8 000
　　贷:库存物品　　　　　　　　　　　　　　　　　　　　　　　8 000
借:投资　　　　　　　　　　　　　　　　　　　　　　　　　7 500
　　贷:资产基金——投资　　　　　　　　　　　　　　　　　　　7 500

1.7.3　库存物品的盘点

1) 业务概述

工会应当定期对库存物品进行清查盘点,每年至少全面盘点一次。对于盘盈、盘亏或报废、毁损的库存物品,应当及时查明原因,报经批准认定后及时进行会计处理。

工会盘盈的库存物品应当按照确定的成本入账,报经批准后相应增加资产基金;盘亏的库存物品,应当冲减其账面余额,报经批准后相应减少资产基金。对于报废、毁损的库存物品,工会应当冲减其账面余额,报经批准后相应减少资产基金,清理中取得的变价收入扣除清理费用后的净收入(或损失)计入当期收入(或支出),按规定应当上缴财政的计入其他应付款。

2) 账务处理

盘盈的库存物品,按照确定的成本,借记"库存物品"科目,贷记"待处理财产损溢"科目。盘亏或者报废、毁损的库存物品,按照账面余额,借记"待处理财产损溢"科目,贷记"库存物品"科目。

库存物品盘点的相关账务处理如表 1-22 所示。

表 1-22　　　　　　　　库存物品盘点的相关账务处理

会计事项	账务处理
盘盈	借:库存物品 　　贷:待处理财产损溢
盘亏或者报废、毁损	借:待处理财产损溢 　　贷:库存物品

3) 案例解析

【例 1-38】 2×22 年 12 月 31 日,A 市总工会对库存物品进行盘点时,发现多出一件物品,价款 1 000 元,经查,该物品系基层工会捐赠给总工会的。

该市总工会的账务处理如下:

借:库存物品　　　　　　　　　　　　　　　　　　　　　　　1 000
　　贷:待处理财产损溢　　　　　　　　　　　　　　　　　　　　1 000

【例1-39】 2×22年12月31日,A市总工会盘点,发现少了两件物品,价款650元,暂无法查明原因。

该市总工会的账务处理如下:

借:待处理财产损溢　　　　　　　　　　　　　　　　　　　　　650
　　贷:库存物品　　　　　　　　　　　　　　　　　　　　　　　650

第 2 章　工会非流动资产的会计核算

2.1　在建工程

在建工程是指工会已经发生必要支出,但尚未交付使用的建设项目工程。工会作为建设单位的基本建设项目应当按照本制度规定统一进行会计核算。

2.1.1　建筑安装工程投资

1) 业务概述

建筑安装工程投资是进行建筑安装工程过程中所发生的各项费用的总和,是构成基本建设投资的主要组成部分。建筑安装工程投资包括建筑工程投资和安装工程投资两部分。建筑工程投资是指构成基本建设投资完成额的各种建筑工程的实际支出。安装工程投资是指构成基本建设投资完成额的各种设备安装工程的实际支出。

2) 账务处理

(1) 固定资产转入改建、扩建

将固定资产转入改建、扩建等时,按照固定资产的账面价值,借记"在建工程——建筑安装工程投资"科目,贷记"资产基金——在建工程"科目;同时,按照固定资产的账面价值,借记"资产基金——固定资产"科目,按照已计提的折旧金额,借记"累计折旧"科目,按照固定资产的账面余额,贷记"固定资产"科目。固定资产改建、扩建过程中涉及替换(或拆除)原资产的某些组成部分的,按照被替换(或拆除)部分的账面价值,借记"待处理财产损溢"科目,贷记"在建工程——建筑安装工程投资"科目。

固定资产转入改建、扩建相关的账务处理如表 2-1 所示。

表 2-1　　　　　固定资产转入改建、扩建相关的账务处理

会计事项	账务处理
将固定资产转入改建、扩建	① 转入改建、扩建 借:在建工程——建筑安装工程投资 　　贷:资产基金——在建工程

(续表)

会计事项	账务处理
将固定资产转入改建、扩建	借：资产基金——固定资产 　　　累计折旧 　　贷：固定资产 ② 替换（或拆除）原资产的某些组成部分 借：待处理财产损溢 　　贷：在建工程——建筑安装工程投资

（2）发包建筑安装工程

对于发包建筑安装工程，预付工程款时，根据实际支付的金额，借记"在建工程——预付工程款"科目，贷记"资产基金——在建工程"科目；同时，借记"资本性支出"科目，贷记"银行存款""零余额账户用款额度""政府补助收入"等科目。根据建筑安装工程价款结算账单与施工企业结算工程价款时，按照应承付的工程价款，借记"在建工程——建筑安装工程投资"科目，贷记"在建工程——预付工程款"科目。涉及补付价款的，按照补付的金额，借记"在建工程——建筑安装工程投资"科目，贷记"资产基金——在建工程"科目；同时，借记"资本性支出"科目，贷记"银行存款""零余额账户用款额度""政府补助收入"等科目。

发包建筑安装工程相关的账务处理如表2-2所示。

表2-2　　　　　　　　　发包建筑安装工程相关的账务处理

会计事项	账务处理
发包建筑安装工程	① 预付工程款 借：在建工程——预付工程款 　　贷：资产基金——在建工程 借：资本性支出 　　贷：银行存款/零余额账户用款额度/政府补助收入 ② 结算工程款 借：在建工程——建筑安装工程投资 　　贷：在建工程——预付工程款 若涉及补价： 借：在建工程——建筑安装工程投资 　　贷：资产基金——在建工程 借：资本性支出 　　贷：银行存款/零余额账户用款额度/政府补助收入

（3）自行施工的小型建筑安装工程

对于自行施工的小型建筑安装工程，按照发生的各项支出金额，借记"在建工程——建筑安装工程投资"科目，贷记"资产基金——在建工程"科目；同时，借记"资本性支出"科目，贷记"银行存款""零余额账户用款额度""政府补助收入""应付职工薪酬"等科目。

自行施工的小型建筑安装工程相关的账务处理如表2-3所示。

表 2-3　　　　　　　　自行施工的小型建筑安装工程相关的账务处理

会计事项	账务处理
自行施工的小型建筑安装工程	借：在建工程——建筑安装工程投资 　　贷：资产基金——在建工程 借：资本性支出 　　贷：银行存款/零余额账户用款额度/政府补助收入/应付职工薪酬

（4）工程竣工结算

工程竣工，办妥竣工验收交接手续并交付使用时，按照建筑安装工程成本（含应分摊的待摊投资），借记"资产基金——在建工程"科目，贷记"在建工程——建筑安装工程投资"科目；同时，借记"固定资产"等科目，贷记"资产基金——固定资产"等科目。

工程竣工结算相关的账务处理如表 2-4 所示。

表 2-4　　　　　　　　工程竣工结算相关的账务处理

会计事项	账务处理
工程竣工，办妥竣工验收交接手续并交付使用	借：资产基金——在建工程 　　贷：在建工程——建筑安装工程投资 借：固定资产 　　贷：资产基金——固定资产

3）案例解析

（1）固定资产转入改建、扩建

【例 2-1】 2×22 年 4 月 15 日，A 市总工会扩建一条生产线，该生产线原价为 500 万元，已提折旧 200 万元，扩建生产线发生相关支出 10 万元，且满足固定资产确认条件。

该市总工会的账务处理如下：

借：在建工程　　　　　　　　　　　　　　　　　　　　　3 000 000
　　贷：资产基金——在建工程　　　　　　　　　　　　　　　　3 000 000
借：资产基金——固定资产　　　　　　　　　　　　　　　3 000 000
　　累计折旧　　　　　　　　　　　　　　　　　　　　　2 000 000
　　贷：固定资产　　　　　　　　　　　　　　　　　　　　　　5 000 000

（2）发包建筑安装工程

【例 2-2】 2×22 年 5 月 6 日，A 市总工会自行建造办公用房一栋。按规定，开工前预付工程价款 600 000 元。

该市总工会的账务处理如下：

借：在建工程——预付工程款　　　　　　　　　　　　　　600 000
　　贷：资产基金——在建工程　　　　　　　　　　　　　　　　600 000

借：资本性支出　　　　　　　　　　　　　　　　　　　　　600 000
　　贷：银行存款　　　　　　　　　　　　　　　　　　　　　　600 000

【例 2-3】 承[例 2-2]，2×22 年 7 月 31 日，工程完工验收合格交付使用并补交工程款 500 000 元。

该市总工会的账务处理如下：

借：在建工程——建筑安装工程投资　　　　　　　　　　　　600 000
　　贷：在建工程——预付工程款　　　　　　　　　　　　　　600 000
借：在建工程——建筑安装工程投资　　　　　　　　　　　　500 000
　　贷：资产基金——在建工程　　　　　　　　　　　　　　　500 000
借：资本性支出　　　　　　　　　　　　　　　　　　　　　500 000
　　贷：银行存款　　　　　　　　　　　　　　　　　　　　　　500 000

（3）自行施工的小型建筑安装工程

【例 2-4】 2×22 年 8 月 2 日，A 市总工会自行施工建造一条产品生产线，该产品线建造中发生 500 000 元的相关支出。

该市总工会的账务处理如下：

借：在建工程——建筑安装工程投资　　　　　　　　　　　　500 000
　　贷：资产基金——在建工程　　　　　　　　　　　　　　　500 000
借：资本性支出　　　　　　　　　　　　　　　　　　　　　500 000
　　贷：银行存款　　　　　　　　　　　　　　　　　　　　　　500 000

（4）工程竣工结算

【例 2-5】 2×22 年 4 月初，A 市总工会开始进行机关办公网络建设，网络建设总造价 600 000 元。待竣工验收后支付工程款 600 000 元。

该市总工会的账务处理如下：

借：资产基金——在建工程　　　　　　　　　　　　　　　　600 000
　　贷：在建工程——建筑安装工程投资　　　　　　　　　　　600 000
借：固定资产　　　　　　　　　　　　　　　　　　　　　　600 000
　　贷：资产基金——固定资产　　　　　　　　　　　　　　　600 000

2.1.2 设备投资

1）业务概述

设备投资是基本建设中用于设备、工具、器具购置的投资。设备投资可分为需要安装的设备、不需要安装的设备和工具器具三类投资。需要安装的设备必须具备"正式开始安装"的三个条件,才能计算投资完成额;不需要安装的设备和工具器具,一经购置并验收入库,就可以计算投资完成额。

2) 账务处理

(1) 需要安装的设备

购入设备时,按照购入成本,借记"在建工程——设备投资"科目,贷记"资产基金——在建工程"科目;同时,借记"资本性支出"科目,贷记"银行存款""零余额账户用款额度""政府补助收入"等科目。采用预付款方式购入设备的,有关预付款的账务处理参照"在建工程"科目有关"建筑安装工程投资"明细科目的规定。

设备安装完毕,办妥竣工验收交接手续并交付使用时,按照设备投资成本(含设备安装工程成本和分摊的待摊投资),借记"资产基金——在建工程"科目,贷记"在建工程——设备投资""在建工程——建筑安装工程投资——安装工程"科目;同时,借记"固定资产"科目,贷记"资产基金——固定资产"科目。

需要安装的设备相关的账务处理如表2-5所示。

表2-5　　　　　　　　需要安装的设备相关的账务处理

会计事项	账务处理
购入设备	借:在建工程——设备投资 　　贷:资产基金——在建工程 借:资本性支出 　　贷:银行存款/零余额账户用款额度/政府补助收入
设备安装完毕,办妥竣工验收交接手续并交付使用时	借:资产基金——在建工程 　　贷:在建工程——设备投资 借:固定资产 　　贷:资产基金——固定资产

(2) 不需要安装的设备和工具器具

将不需要安装的设备和达不到固定资产标准的工具、器具交付使用时,按照相关设备、工具、器具的实际成本,借记"资产基金——在建工程"科目,贷记"在建工程——设备投资"科目;同时,借记"固定资产""库存物品"科目,贷记"资产基金——固定资产""资产基金——库存物品"科目。

不需要安装的设备和工具器具相关的账务处理如表2-6所示。

表2-6　　　　　　不需要安装的设备和工具器具相关的账务处理

会计事项	账务处理
将不需要安装的设备和达不到固定资产标准的工具、器具交付使用时	借:资产基金——在建工程 　　贷:在建工程——设备投资 借:固定资产/库存物品 　　贷:资产基金——固定资产/资产基金——库存物品

3）案例解析

（1）需要安装的设备

【例 2-6】 A 市工会 2×22 年 3 月 1 日购入一台机器设备，支付 60 000 元，2×22 年 6 月 31 日安装完毕后交付使用。

该市工会的账务处理如下：

① 2×22 年 1 月 1 日：

借：在建工程——设备投资	60 000
贷：资产基金——在建工程	60 000
借：资本性支出	60 000
贷：银行存款	60 000

② 2×22 年 6 月 31 日：

借：资产基金——在建工程	60 000
贷：在建工程——设备投资	60 000
借：固定资产	60 000
贷：资产基金——固定资产	60 000

（2）不需要安装的设备和工具器具

【例 2-7】 A 市工会 2×22 年 9 月 1 日购入一台不需要安装的机器设备，支付 30 000 元。

该市工会的账务处理如下：

借：固定资产	30 000
贷：资产基金——固定资产	30 000

2.1.3 待摊投资

1）业务概述

建设工程发生构成建设项目实际支出的，按照规定应当分摊计入有关工程成本和设备成本的各项间接费用和税费支出，先在本明细科目中归集；建设工程办妥竣工验收手续并交付使用时，按照合理的分配方法，摊入相关工程成本、在安装设备成本等。

2）账务处理

（1）发生的费用和收入

工会发生的构成待摊投资的各类费用，按照实际发生金额，借记"在建工程——待摊投资"科目,贷记"资产基金——在建工程"科目;同时,借记"资本性支出""资产基金"科目,贷记"银行存款""零余额账户用款额度""政府补助收入""累计折旧""累计摊销"等科目。

对于建设过程中试生产、设备调试等产生的收入,按照依据有关规定应当冲减建设工程成本的部分,借记"资产基金——在建工程"科目,贷记"在建工程——待摊投资"科目;同时,按照取得的收入金额,借记"银行存款"等科目,按照依据有关规定应当冲减建设工程成本的部分,贷记"资本性支出"科目,按照其差额,贷记"其他应付款"或"其他收入"科目。

工会发生的构成待摊投资的各类费用和收入的相关账务处理如表2-7所示。

表2-7　　　工会发生的构成待摊投资的各类费用和收入的相关账务处理

会计事项	账务处理
工会发生的构成待摊投资的各类费用	借：在建工程——待摊投资 　　贷：资产基金——在建工程 借：资本性支出/资产基金 　　贷：银行存款/零余额账户用款额度/政府补助收入/累计折旧/累计摊销
建设过程中试生产、设备调试等产生的收入	借：资产基金——在建工程 　　贷：在建工程——待摊投资 借：银行存款/其他应收款 　　贷：资本性支出 　　　　其他应付款/其他收入

(2) 报废或毁损的处理

由于自然灾害、管理不善等原因造成的单项工程或单位工程报废或毁损,扣除残料价值和过失人或保险公司等赔款后的净损失,报经批准后计入继续施工的工程成本的,按照工程成本扣除残料价值和过失人或保险公司等赔款后的净损失,借记"在建工程——待摊投资"科目,按照报废或毁损的工程成本,贷记"在建工程——建筑安装工程投资"科目,按照其差额,借记"资产基金——在建工程"科目;同时,按照残料变价收入、过失人或保险公司赔款等,借记"银行存款""其他应收款"等科目,贷记"资本性支出"科目。

单项工程或单位工程报废或毁损相关的账务处理如表2-8所示。

表2-8　　　　单项工程或单位工程报废或毁损相关的账务处理

会计事项	账务处理
自然灾害、管理不善等原因造成的报废或毁损	借：在建工程——待摊投资 　　资产基金——在建工程 　　贷：在建工程——建筑安装工程投资 借：银行存款/其他应收款 　　贷：资本性支出

(3) 分配待摊投资

工程交付使用时,按照合理的分配方法分配待摊投资,借记"在建工程——建筑安装工程投资""在建工程——设备投资"科目,贷记"在建工程——待摊投资"科目。待摊投资中有按规定应当分摊计入待核销基建支出和转出投资价值的,应当借记"在建工程——待核销基建支出""在建工程——基建转出投资"科目,贷记"在建工程——待摊投资"科目。

待摊投资分配相关的账务处理如表 2-9 所示。

表 2-9 待摊投资分配相关的账务处理

会计事项	账务处理
工程交付使用,分配待摊投资	①分配待摊投资 借:在建工程——设备投资 　　贷:在建工程——待摊投资 ② 有按规定应当分摊计入待核销基建支出和转出投资价值的 借:在建工程——待核销基建支出/在建工程——基建转出投资 　　贷:在建工程——待摊投资

3)案例解析

(1)发生的费用和收入

【例 2-8】 2×22 年 5 月 20 日,A 市总工会建设工程指挥部在筹建期间,以银行存款支付当月建筑工人工资 300 万元。

该市总工会的账务处理如下:

借:在建工程——待摊投资　　　　　　　　　　　　　3 000 000
　　贷:资产基金——在建工程　　　　　　　　　　　　　　3 000 000
借:资本性支出　　　　　　　　　　　　　　　　　　3 000 000
　　贷:银行存款　　　　　　　　　　　　　　　　　　　　3 000 000

【例 2-9】 2×22 年 6 月 9 日,A 市总工会自建一条产品生产线,累计发生支出 600 万元,在试运行期间发生成本 9 万元,产品销售后取得价款 20 万元。

该市总工会的账务处理如下:

借:资产基金——在建工程　　　　　　　　　　　　　200 000
　　贷:在建工程——待摊投资　　　　　　　　　　　　　　200 000
借:银行存款　　　　　　　　　　　　　　　　　　　200 000
　　贷:资本性支出　　　　　　　　　　　　　　　　　　　200 000

(2)报废或毁损的处理

【例 2-10】 2×22 年 6 月 30 日,A 市总工会的某在建库房因为台风而毁损,该工程已支出 50 万元,报废时残值收入 26 万元,净损失 24 万元,报经批准后计入继续施工的工程成本。

该市总工会的账务处理如下:

借:在建工程——待摊投资　　　　　　　　　　　　　　240 000
　　资产基金——在建工程　　　　　　　　　　　　　　260 000
　　贷:在建工程——建筑安装工程投资　　　　　　　　　　　500 000
借:银行存款　　　　　　　　　　　　　　　　　　　　260 000
　　贷:资本性支出　　　　　　　　　　　　　　　　　　　　260 000

(3) 分配待摊投资

【例 2-11】 2×22 年 6 月 30 日,A 市工会完成一项设备的安装调试工作,分配的待摊费用为 20 000 元。

该市工会的账务处理如下:

借:在建工程——设备投资　　　　　　　　　　　　　　20 000
　　贷:在建工程——待摊投资　　　　　　　　　　　　　　　20 000

2.1.4　其他投资

1) 业务概述

其他投资包括工会发生的构成建设项目实际支出的房屋购置支出,基本畜禽、林木等购置、饲养、培育支出,办公生活用家具、器具购置支出,软件研发和不能计入设备投资的软件购置等支出。

2) 账务处理

工会发生的建设工程发生的房屋购置支出,基本畜禽、林木等的购置、饲养、培育支出,办公生活用家具、器具购置支出,软件研发和不能计入设备投资的软件购置等支出,按照实际发生金额,借记"在建工程——其他投资"科目,贷记"资产基金——在建工程"科目;同时,借记"资本性支出"科目,贷记"银行存款""零余额账户用款额度""政府补助收入"等科目。

工程完成将形成的房屋、基本畜禽、林木等各种财产以及无形资产交付使用时,按照其实际成本,借记"资产基金——在建工程"科目,贷记"在建工程——其他投资"科目;同时,借记"固定资产""无形资产"等科目,贷记"资产基金——固定资产""资产基金——无形资产"等科目。

其他投资相关的账务处理如表 2-10 所示。

表 2-10 其他投资相关的账务处理

会计事项	账务处理
为建设工程发生的房屋购置支出、基本畜禽、林木等的购置、饲养、培育支出,办公生活用家具等支出	借:在建工程——其他投资 　　贷:资产基金——在建工程 借:资本性支出 　　贷:银行存款/零余额账户用款额度/政府补助收入
工程完成将形成的房屋、基本畜禽、林木等各种财产以及无形资产交付使用	借:资产基金——在建工程 　　贷:在建工程——其他投资 借:固定资产/无形资产 　　贷:资产基金——固定资产/资产基金——无形资产

3) 案例解析

【例 2-12】 2×22 年 6 月 23 日,A 市总工会为建设工程发生办公生活用家具购置支出 30 000 元。

该市总工会的账务处理如下:

借:在建工程——其他投资　　　　　　　　　　　　　　　　　　30 000
　　贷:资产基金——在建工程　　　　　　　　　　　　　　　　　　30 000
借:资本性支出　　　　　　　　　　　　　　　　　　　　　　　30 000
　　贷:银行存款　　　　　　　　　　　　　　　　　　　　　　　30 000

【例 2-13】 接[例 2-12],2×22 年 7 月 26 日,工程建设完成,将作为建设工程购置的办公生活用家具交付使用。

该市总工会的账务处理如下:

借:资产基金——在建工程　　　　　　　　　　　　　　　　　　30 000
　　贷:在建工程——其他投资　　　　　　　　　　　　　　　　　　30 000
借:固定资产　　　　　　　　　　　　　　　　　　　　　　　　30 000
　　贷:资产基金——固定资产　　　　　　　　　　　　　　　　　30 000

2.1.5 待核销基建支出

1) 业务概述

待核销基建支出是指工会在建设项目发生的江河清障、航道清淤、飞播造林、补助群众造林、水土保持、城市绿化、取消项目的可行性研究费,以及项目整体报废等不能形成资产部分的基建投资支出。

2) 账务处理

建设项目发生的江河清障、航道清淤、飞播造林、补助群众造林、水土保持、城市绿化等不能形成资产的各类待核销基建支出,按照实际发生金额,借记"在建工程——待核销基建支出"科目,贷记"资产基金——在建工程"科目;同时,借记"资本性支出"科目,贷记"银行存款""零余额账户用款额度""政府补助收入"等科目。取消的建设项目发生的可行性研究费,按照实际发生金额,借记"在建工程——待核销基建支出"科目,贷记"在建工程——待摊投资"科目。

由于自然灾害等原因发生的建设项目整体报废所形成的净损失,报经批准后转入待核销基建支出,按照项目整体报废所形成的净损失,借记"在建工程——待核销基建支出"科目,按照报废的工程成本,贷记"在建工程——建筑安装工程投资"科目,按照其差额,借记"资产基金——在建工程"科目;同时,按照报废工程回收的残料变价收入、保险公司赔款等,借记"银行存款""其他应收款"等科目,贷记"资本性支出"科目。建设项目竣工验收并交付使用时,对发生的待核销基建支出进行冲销,借记"资产基金——在建工程"科目,贷记"在建工程——待核销基建支出"科目。

待核销基建支出相关的账务处理如表 2-11 所示。

表 2-11　　　　　　　　　待核销基建支出相关的账务处理

会计事项	账务处理
建设项目发生的江河清障、航道清淤等不能形成资产的各类待核销基建支出	借:在建工程——待核销基建支出 　　贷:资产基金——在建工程 借:资本性支出 　　贷:银行存款/零余额账户用款额度/政府补助收入
取消的建设项目发生的可行性研究费	借:在建工程——待核销基建支出 　　贷:在建工程——待摊投资
由于自然灾害等原因造成的建设项目整体报废所形成的净损失,报经批准后转入待核销基建支出	借:在建工程——待核销基建支出 　　资产基金——在建工程 　　贷:在建工程——建筑安装工程投资 借:银行存款/其他应收款 　　贷:资本性支出
建设项目竣工验收并交付使用时,对发生的待核销基建支出进行冲销	借:资产基金——在建工程 　　贷:在建工程——待核销基建支出

3) 案例解析

【例 2-14】 2×22 年 8 月 9 日,A 市总工会为建设工程发生江河清障支出 80 000 元。该市总工会的账务处理如下:

借：在建工程——待核销基建支出	80 000
贷：资产基金——在建工程	80 000
借：资本性支出	80 000
贷：银行存款	80 000

【例2-15】 2×22年5月20日，A市总工会为建设工程进行可行性研究工作而购置固定资产支出60 000元，后因政策原因建设工程被取消。

该市总工会的账务处理如下：

借：在建工程——待核销基建支出	60 000
贷：在建工程——待摊投资	60 000

2.1.6　基建转出投资

1) 业务概述

基建转出投资是指工会在建设项目配套而建成的、产权不归属本工会的专用设施的实际成本。

2) 账务处理

为建设项目配套而建成的、产权不归属本工会的专用设施，在项目竣工验收并交付使用时，按照转出的专用设施的成本，借记"在建工程——基建转出投资"科目，贷记"在建工程——建筑安装工程投资"科目；同时，借记"资产基金——在建工程"科目，贷记"在建工程——基建转出投资"科目。

基建转出投资相关的账务处理如表2-12所示。

表2-12　　　　　　　　　　基建转出投资相关的账务处理

会计事项	账务处理
为建设项目配套而建成的、产权不归属本工会的专用设施，在项目竣工验收并交付使用时	借：在建工程——基建转出投资 　　贷：在建工程——建筑安装工程投资 借：资产基金——在建工程 　　贷：在建工程——基建转出投资

3) 案例解析

【例2-16】 2×22年5月30日，某市总工会为某建设工程配套建设的电话电报通信设备在项目竣工验收并交付使用时要被转出，建造支出共计60 000元。

该市总工会的账务处理如下：

借：在建工程——基建转出投资　　　　　　　　　　　　　　60 000
　　贷：在建工程——建筑安装工程投资　　　　　　　　　　　60 000
借：资产基金——在建工程　　　　　　　　　　　　　　　　60 000
　　贷：在建工程——基建转出投资　　　　　　　　　　　　　60 000

2.1.7 代建制项目

1）业务概述

代建制是指工会委托一称为建设经理的人来负责整个工程项目的管理，建设经理作为工会的代理人，在工会委托的业务范围内以工会名义开展包括可行性研究、设计、采购、施工、竣工试运行等工作，它是契约精神在委托代理方面的深化。

2）账务处理

拨付代建单位工程款时，按照拨付的款项金额，借记"在建工程——预付工程款"科目，贷记"资产基金——在建工程"科目；同时，借记"资本性支出"科目，贷记"银行存款""零余额账户用款额度""政府补助收入"等科目。按照工程进度结算工程款或年终代建单位对账确认在建工程成本时，按照确定的金额，借记"在建工程——建筑安装工程投资"等明细科目，贷记"在建工程——预付工程款"科目。确认代建管理费时，按照确定的金额，借记"在建工程——待摊投资"科目，贷记"在建工程——预付工程款"科目。

项目完工交付使用资产时，按照代建单位转来在建工程成本中尚未确认入账的金额，借记"在建工程——建筑安装工程投资"等明细科目，贷记"在建工程——预付工程款"科目。按照在建工程成本，借记"资产基金——在建工程"科目，贷记"在建工程——建筑安装工程投资"科目；同时，借记"固定资产"等科目，贷记"资产基金——固定资产"等科目。工程结算、确认代建费或竣工决算时涉及补付资金的，应当在确认在建工程和资产基金的同时，按照补付的金额，借记"资本性支出"科目，贷记"银行存款""零余额账户用款额度""政府补助收入"等科目。

代建制项目相关的账务处理如表2-13所示。

表2-13　　　　　　　　　　代建制项目相关的账务处理

会计事项	账务处理
拨付代建单位工程款时	借：在建工程——预付工程款 　　贷：资产基金——在建工程 借：资本性支出 　　贷：银行存款/零余额账户用款额度/政府补助收入
按照工程进度结算工程款或年终代建单位对账确认在建工程成本时	借：在建工程——建筑安装工程投资 　　贷：在建工程——预付工程款

(续表)

会计事项	账务处理
确认代建管理费时	借：在建工程——待摊投资 　　贷：在建工程——预付工程款
项目完工交付使用资产时	① 代建单位转来在建工程成本中尚未确认入账的金额 借：在建工程——建筑安装工程投资 　　贷：在建工程——预付工程款 ② 竣工决算时涉及补付资金的 借：在建工程——建筑安装工程投资 　　贷：资产基金——在建工程 借：资本性支出 　　贷：银行存款/零余额账户用款额度/政府补助收入 ③ 交付使用 借：资产基金——在建工程 　　贷：在建工程——建筑安装工程投资 借：固定资产 　　贷：资产基金——固定资产

3）案例解析

【例 2-17】 2×22 年 8 月 5 日，A 市总工会就某工程项目拨付代建单位工程款 6 000 万元。

该市总工会的账务处理如下：

借：在建工程——预付工程款　　　　　　　　　　　　　　　　　60 000 000
　　贷：资产基金——在建工程　　　　　　　　　　　　　　　　　　　60 000 000
借：资本性支出　　　　　　　　　　　　　　　　　　　　　　　60 000 000
　　贷：银行存款　　　　　　　　　　　　　　　　　　　　　　　　　60 000 000

【例 2-18】 接［例 2-17］，2×22 年 12 月 31 日，代建单位年终对账确认在建工程成本 10 000 万元。

该市总工会的账务处理如下：

借：在建工程——建筑安装工程投资　　　　　　　　　　　　　　100 000 000
　　贷：在建工程——预付工程款　　　　　　　　　　　　　　　　　　100 000 000

【例 2-19】 接［例 2-17］，2×22 年 10 月 15 日，A 市总工会确认代建管理费 9 000 万元。

该市总工会的账务处理如下：

借：在建工程——待摊投资　　　　　　　　　　　　　　　　　　90 000 000
　　贷：在建工程——预付工程款　　　　　　　　　　　　　　　　　　90 000 000

【例 2-20】 接［例 2-17］，2×23 年 5 月 1 日，工程项目完工交付使用，代建单位转来在建工程成本中尚未确认入账金额300万元。

该市总工会的账务处理如下：

借：在建工程——建筑安装工程投资　　　　　　　　3 000 000
　　　贷：银行存款　　　　　　　　　　　　　　　　3 000 000
借：固定资产　　　　　　　　　　　　　　　　　　　3 000 000
　　　贷：资产基金——固定资产　　　　　　　　　　3 000 000

2.2 固定资产

工会固定资产是指工会使用年限在1年以上（不含一年），单位价值在规定标准以上，并在使用过程中基本保持原来物质形态的资产。它包括房屋及构筑物，专用设备，通用设备，文物和陈列品，图书，档案，家具、用具、装具及动植物。

通用设备单位价值在1 000元以上，专用设备单位价值在1 500元以上的，应当确认为固定资产。单位价值虽未达到规定标准，但是使用时间超过1年（不含1年）的大批同类物资，应当按照固定资产进行核算和管理。"固定资产"科目核算工会各项固定资产的原值。工会应当设置固定资产明细账，按照类别和项目进行明细核算。

2.2.1 固定资产的取得

1）业务概述

工会在取得固定资产时应当按照其实际成本入账。工会购入、有偿调入的固定资产，其成本包括实际支付的买价、运输费、保险费、安装费、装卸费及相关税费等。工会自行建造的固定资产，其成本包括该项资产至交付使用前所发生的全部必要支出。工会接受捐赠、无偿调入的固定资产，其成本按照有关凭据注明的金额加上相关税费、运输费等确定；没有相关凭据、但按照规定经过资产评估的，其成本按照评估价值加上相关税费、运输费等确定；没有相关凭据、也未经过评估的，其成本比照同类或类似资产的价格加上相关税费、运输费等确定。如无法采用上述方法确定资产成本的，按照名义金额（人民币1元）入账，相关税费、运输费等计入当期支出。工会在原有固定资产基础上进行改建、扩建、大型修缮后的固定资产，其成本按照原固定资产账面价值加上改建、扩建、大型修缮发生的支出，再扣除固定资产被替换部分的账面价值后的金额确定。已交付使用但尚未办理竣工决算手续的固定资产，工会应当按照估计价值入账，待办理竣工决算后再按照实际成本调整原来的暂估价值。

2) 账务处理

(1) 购入、有偿调入固定资产

购入、有偿调入固定资产,按照确定的成本,借记"固定资产"科目(不需安装)或"在建工程"科目(需安装),贷记"资产基金——固定资产"(不需安装)或"资产基金——在建工程"(需安装)科目;同时,按照实际支付的金额,借记"资本性支出"科目,贷记"银行存款""零余额账户用款额度""政府补助收入"等科目。

购入固定资产扣留质量保证金的,在取得固定资产时,按照确定的固定资产成本,借记"固定资产"科目(不需安装)或"在建工程"科目(需安装),贷记"资产基金——固定资产"(不需安装)或"资产基金——在建工程"(需安装)科目。同时取得固定资产全款发票的,按照构成资产成本的全部支出金额,借记"资本性支出"科目,按照实际支付的金额,贷记"银行存款""零余额账户用款额度""政府补助收入"等科目,按照扣留的质量保证金金额,贷记"其他应付款"科目;取得的发票金额不包括质量保证金的,按照不包括质量保证金的支出金额,借记"资本性支出"科目,贷记"银行存款""零余额账户用款额度""政府补助收入"等科目。实际支付质量保证金时,借记"其他应付款"科目或"资本性支出"科目,贷记"银行存款""零余额账户用款额度""政府补助收入"等科目。

购入、有偿调入固定资产相关的账务处理如表2-14所示。

表2-14　　　　　　　购入、有偿调入固定资产相关的账务处理

会计事项	账务处理
购入、有偿调入固定资产	① 购入、有偿调入固定资产 借:固定资产 　　贷:资产基金——固定资产 借:资本性支出 　　贷:银行存款/零余额账户用款额度/政府补助收入 ② 购入固定资产需扣留质量保证金的 借:固定资产 　　贷:资产基金——固定资产 借:资本性支出 　　贷:银行存款/零余额账户用款额度/政府补助收入 　　　其他应付款 ③ 实际支付质量保证金 借:其他应付款/资本性支出 　　贷:银行存款/零余额账户用款额度/政府补助收入

(2) 自行建造固定资产

自行建造固定资产,工程完工交付使用时,按照自行建造过程中发生的实际支出,借记"固定资产"科目,贷记"资产基金——固定资产"科目;同时,借记"资产基金——在建工

程"科目,贷记"在建工程"科目。已交付使用但尚未办理竣工决算手续的固定资产,按照估计价值入账,待办理竣工决算后再按照实际成本调整原来的暂估价值。按照实际成本与暂估价值的差额,借记或贷记"固定资产"科目,贷记或借记"资产基金——固定资产"科目。

自行建造固定资产相关的账务处理如表2-15所示。

表2-15　　　　　　　　　自行建造固定资产相关的账务处理

会计事项	账务处理
自行建造固定资产	借:固定资产 　　贷:资产基金——固定资产 借:资产基金——在建工程 　　贷:在建工程

（3）无偿调入、接受捐赠的固定资产

无偿调入、接受捐赠的固定资产,按照确定的成本,借记"固定资产"科目(不需安装)或"在建工程"科目(需安装),贷记"资产基金——固定资产"(不需安装)或"资产基金——在建工程"(需安装)科目;按照发生的相关税费、运输费等,借记"其他支出"科目,贷记"银行存款""零余额账户用款额度"等科目。

无偿调入、接受捐赠的固定资产相关的账务处理如表2-16所示。

表2-16　　　　　　无偿调入、接受捐赠的固定资产相关的账务处理

会计事项	账务处理
无偿调入、接受捐赠的固定资产	① 无偿调入、接受捐赠的固定资产 借:固定资产 　　贷:资产基金——固定资产 ② 支付发生的相关税费、运输费 借:其他支出 　　贷:银行存款/零余额账户用款额度

（4）改建、扩建、大型修缮的固定资产

在原有固定资产基础上进行改建、扩建、大型修缮的固定资产,将固定资产转入改建、扩建、大型修缮时,按照固定资产的账面价值,借记"资产基金——固定资产"科目,按照固定资产已计提折旧金额,借记"累计折旧"科目,按照固定资产的账面余额,贷记"固定资产"科目;同时,按照固定资产的账面价值,借记"在建工程"科目,贷记"资产基金——在建工程"科目。工程完工交付使用时,按照确定的固定资产成本,借记"固定资产"科目,贷记"资产基金——固定资产"科目;同时,借记"资产基金——在建工程"科目,贷记"在建工程"科目。

改建、扩建、大型修缮的固定资产相关的账务处理如表2-17所示。

表 2-17　　　　　　　改建、扩建、大型修缮的固定资产相关的账务处理

会计事项	账务处理
改建、扩建、大型修缮的固定资产	借：资产基金——固定资产 　　　累计折旧 　　贷：固定资产 借：在建工程 　　贷：资产基金——在建工程 借：固定资产 　　贷：资产基金——固定资产 借：资产基金——在建工程 　　贷：在建工程

3）案例解析

【例 2-21】 2×22 年 4 月 21 日,A 市总工会购入一台不需安装就可投入使用的办公设备,设备价款为 20 000 元,发生运杂费 500 元,以银行存款支付。

该市总工会的账务处理如下：

借：固定资产　　　　　　　　　　　　　　　　　　　　　　20 500
　　贷：资产基金——固定资产　　　　　　　　　　　　　　　　　20 500
借：资本性支出　　　　　　　　　　　　　　　　　　　　　20 500
　　贷：银行存款　　　　　　　　　　　　　　　　　　　　　　　20 500

【例 2-22】 A 市总工会 2×22 年 3 月 5 日开始兴建办公楼,工程总实际支出为 300 000 元,2×23 年 4 月 1 日工程完工交付使用。

该市总工会的账务处理如下：

借：固定资产　　　　　　　　　　　　　　　　　　　　　300 000
　　贷：资产基金——固定资产　　　　　　　　　　　　　　　　300 000
借：资产基金——在建工程　　　　　　　　　　　　　　　300 000
　　贷：在建工程　　　　　　　　　　　　　　　　　　　　　　300 000

【例 2-23】 2×22 年 4 月 3 日,A 市总工会接到省总工会无偿调入小轿车一辆,价值 300 000 元,同时支付运费 2 000 元。

该市总工会的账务处理如下：

借：固定资产　　　　　　　　　　　　　　　　　　　　　302 000
　　贷：资产基金——固定资产　　　　　　　　　　　　　　　　302 000

支付运费时：

借：其他支出　　　　　　　　　　　　　　　　　　　　　　2 000
　　贷：银行存款　　　　　　　　　　　　　　　　　　　　　　　2 000

【例 2-24】 接[例 2-22]2×24 年 4 月 1 日,A 市总工会在原办公楼的基础上进行大型修缮工程,实际支付修缮工程款 200 000 元,原有固定资产已计提折旧 15 000。2×24 年 10 月 31 日,该宿舍楼交付使用。

该市总工会的账务处理如下:

① 2×24 年 4 月 1 日进行修缮时:

借:资产基金——固定资产　　　　　　　　　　　　　　285 000
　　累计折旧　　　　　　　　　　　　　　　　　　　　 15 000
　　　贷:固定资产　　　　　　　　　　　　　　　　　　　　300 000
借:在建工程　　　　　　　　　　　　　　　　　　　　200 000
　　　贷:资产基金——在建工程　　　　　　　　　　　　　　200 000

② 2×24 年 10 月 31 日交付使用时:

借:固定资产　　　　　　　　　　　　　　　　　　　2 850 000
　　　贷:资产基金——固定资产　　　　　　　　　　　　　　285 000
借:资产基金——在建工程　　　　　　　　　　　　　　200 000
　　　贷:在建工程　　　　　　　　　　　　　　　　　　　　200 000

2.2.2　计提折旧

1) 业务概述

工会应当对固定资产计提折旧,但文物和陈列品,动植物,图书、档案,单独计价入账的土地和以名义金额计量的固定资产除外。工会应当根据相关规定以及固定资产的性质和使用情况,合理确定固定资产的使用年限。固定资产的使用年限一经确定,不得随意变更。工会一般应当采用年限平均法或者工作量法计提固定资产折旧,计提折旧时不考虑预计净残值。在确定固定资产折旧方法时,应当考虑与固定资产相关的服务潜力或经济利益的预期实现方式。固定资产的折旧方法一经确定,不得随意变更。工会应当按月对固定资产计提折旧。当月增加的固定资产,当月计提折旧;当月减少的固定资产,当月不再计提折旧。固定资产提足折旧后,无论是否继续使用,均不再计提折旧;提前报废的固定资产,也不再补提折旧。固定资产因改建、扩建或大型修缮等原因而延长其使用年限的,工会应当按照重新确定的固定资产成本以及重新确定的折旧年限计算折旧额。工会应当对暂估入账的固定资产计提折旧,实际成本确定后不需调整原已计提的折旧额。

2) 账务处理

按月计提固定资产折旧时,按照应计提的金额,借记"资产基金——固定资产"科目,贷记"累计折旧"科目。

固定资产计提折旧相关的账务处理如表 2-18 所示。

表 2-18　　　　　　　　　固定资产计提折旧相关的账务处理

会计事项	账务处理
按月计提固定资产折旧	借：资产基金——固定资产 　贷：累计折旧

3) 案例解析

【例 2-25】 接[例 2-22]A 市总工会新兴建的办公楼，预计折旧年限 20 年，采用直线法计提折旧。

该市总工会的账务处理如下：

借：资产基金——固定资产　　　　　　　　　　　　　　　　　　1 250
　　贷：累计折旧　　　　　　　　　　　　　　　　　　　　　　　　1 250

2.2.3　与固定资产有关的后续支出

1) 业务概述

固定资产通常使用寿命较长、单位价值大，因此，需要工会建立良好的固定资产管理制度，包括建立固定资产卡片，定期维护并建立维护日志。除此之外，也可能选择通过资产的改良扩建代替处置更新以节省运营成本。固定资产后续的维护改建支出，在账务处理上有两种处理方法，即资本化和费用化。资本化的支出是指为增加固定资产使用效能或延长其使用年限而发生的改建、扩建等，如可以延长不动产使用寿命的翻修、可以增加不动产使用面积的扩建、可以提高产品生产效率的机器升级改造等等。费用化支出是指为保证固定资产正常使用发生的日常维修等支出。

2) 账务处理

为增加固定资产使用效能或延长其使用寿命而发生的改建、扩建或大型修缮等后续支出，应当计入固定资产成本，通过"在建工程"科目核算，完工交付使用时转入"固定资产"科目。有关账务处理参见"在建工程"科目。

为维护固定资产正常使用而发生的日常修理等后续支出，应当计入当期支出但不计入固定资产成本，借记"行政支出"等科目，贷记"银行存款""零余额账户用款额度"等科目。

与固定资产有关的后续支出相关的账务处理如表 2-19 所示。

表 2-19　　　　　　　　与固定资产有关的后续支出相关的账务处理

会计事项	账务处理
为增加固定资产使用效能或延长其使用寿命而发生的改建、扩建或大型修缮等后续支出	借：在建工程 　　贷：资产基金——在建工程 借：资产基金——固定资产 　　累计折旧 　　贷：固定资产 借：资产基金——在建工程 　　贷：在建工程 借：固定资产 　　贷：资产基金——固定资产
为维护固定资产正常使用而发生的日常修理等后续支出	借：行政支出 　　贷：银行存款/零余额账户用款额度

3）案例解析

【例 2-26】　接［例 2-23］2×22 年 6 月 3 日，A 市总工会对该辆小轿车进行日常车辆维护，花费 500 元。

该市总工会的账务处理如下：

借：行政支出　　　　　　　　　　　　　　　　　　　　　　　　　　500
　　贷：银行存款　　　　　　　　　　　　　　　　　　　　　　　　　　500

2.2.4　处置固定资产

1）业务概述

为了提高各工会的使用效率，对于闲置的资产、过时淘汰的资产，各工会应当及时进行处置，也可以使用固定资产进行对外投资或者捐赠。一般来说，资产的处置流程都需要经过"提出申请——审批——财务核销"的程序，但具体到各工会，其固定资产处置流程应当符合国家和各工会内部的相关规定。

2）账务处理

以固定资产对外进行股权投资，按照投出固定资产的账面价值，借记"资产基金——固定资产"科目，按照已计提折旧，借记"累计折旧"科目，按照固定资产的账面余额，贷记"固定资产"科目；同时，按照确定的投资成本，借记"投资"科目，贷记"资产基金——投资"科目。

出售固定资产，按照出售固定资产的账面价值，借记"资产基金——固定资产"科目，按照已计提折旧，借记"累计折旧"科目，按照固定资产的账面余额，贷记"固定资产"科目。

按照出售过程中取得的价款,借记"银行存款"等科目,贷记"其他收入"科目,按规定应上缴同级财政的,贷记"其他应付款"科目。出售过程中工会发生的税费等支出,借记"其他支出"科目,贷记"银行存款"等科目。

对外捐赠、无偿调出固定资产,按照固定资产的账面价值,借记"资产基金——固定资产"科目,按照已计提折旧,借记"累计折旧"科目,按照固定资产的账面余额,贷记"固定资产"科目。发生的由工会承担的运输费、装卸费等,按照实际支付的金额,借记"其他支出"科目,贷记"银行存款"等科目。

处置固定资产相关的账务处理如表 2-20 所示。

表 2-20 处置固定资产相关的账务处理

会计事项	账务处理
以固定资产对外进行股权投资	借:资产基金——固定资产 　　累计折旧 　贷:固定资产 借:投资 　贷:资产基金——投资
出售固定资产	借:资产基金——固定资产 　　累计折旧 　贷:固定资产 借:银行存款 　贷:其他收入/其他应付款 若出售过程中发生税费等支出: 借:其他支出 　贷:银行存款/零余额账户用款额度
对外捐赠、无偿调出固定资产	① 对外捐赠、无偿调出固定资产 借:资产基金——固定资产 　　累计折旧 　贷:固定资产 ② 发生运输费、装卸费时 借:其他支出 　贷:银行存款/零余额账户用款额度

3）案例解析

【例 2-27】 A 市总工会以一处闲置房屋出资,与某公司合资兴办企业。房屋账面价值为 30 000 元,已计提折旧 20 000 元,评估价为 50 000 元。

该市总工会的账务处理如下:

借:资产基金——固定资产　　　　　　　　　　　　　　　　　　　　10 000
　　累计折旧　　　　　　　　　　　　　　　　　　　　　　　　　　20 000
　贷:固定资产　　　　　　　　　　　　　　　　　　　　　　　　　　30 000

借：投资　　　　　　　　　　　　　　　　　　　　　　　　50 000
　　贷：资产基金——投资　　　　　　　　　　　　　　　　　　50 000

【例 2-28】 2×22 年 7 月 6 日，A 省总工会将一台闲置的汽车出售，该汽车为原值 200 000 元的固定资产，已计提折旧 50 000 元，双方议定售价 150 000 元，已通过银行收回价款。

该省总工会的账务处理如下：

借：资产基金——固定资产　　　　　　　　　　　　　　　　150 000
　　累计折旧　　　　　　　　　　　　　　　　　　　　　　　 50 000
　　贷：固定资产　　　　　　　　　　　　　　　　　　　　　200 000
借：银行存款　　　　　　　　　　　　　　　　　　　　　　150 000
　　贷：其他收入　　　　　　　　　　　　　　　　　　　　　150 000

【例 2-29】 2×22 年 7 月 12 日，A 省总工会对外捐赠一批闲置电脑，电脑账面余额为 10 万元，已计提折旧 5 万元，另外工会支付运输费 1 000 元。

该省总工会的账务处理如下：

借：资产基金——电脑　　　　　　　　　　　　　　　　　　 50 000
　　累计折旧　　　　　　　　　　　　　　　　　　　　　　　 50 000
　　贷：固定资产　　　　　　　　　　　　　　　　　　　　　100 000
借：其他支出　　　　　　　　　　　　　　　　　　　　　　　 1 000
　　贷：银行存款　　　　　　　　　　　　　　　　　　　　　　1 000

2.2.5　盘点固定资产

1）业务概述

工会应当定期对固定资产进行清查盘点，每年至少盘点一次。对盘盈、盘亏、毁损或报废的，应当查明原因，写出书面报告，按规定报经批准认定后及时进行账务处理，同时将有关情况在会计报表附注中予以披露。

2）账务处理

盘盈的固定资产，按照确定的入账成本，借记"固定资产"科目，贷记"待处理财产损溢"科目。盘亏或者毁损、报废的固定资产，按照账面价值，借记"待处理财产损溢"科目，按照已计提折旧，借记"累计折旧"科目，按照固定资产的账面余额，贷记"固定资产"科目。

盘点固定资产相关的账务处理如表 2-21 所示。

表 2-21　　　　　　　　　　　盘点固定资产相关的账务处理

会计事项	账务处理
盘盈的固定资产	借：固定资产 　　贷：待处理财产损溢
盘亏或者毁损、报废的固定资产	借：待处理财产损溢 　　累计折旧 　　贷：固定资产

3）案例解析

【例 2-30】 2×22 年 12 月 31 日，A 市总工会进行财产盘点，盘盈打印机 1 台，市场价值为 2 000 元。

该市总工会的账务处理如下：

借：固定资产——打印机　　　　　　　　　　　　　　　　　　2 000
　　贷：待处理财产损溢　　　　　　　　　　　　　　　　　　　2 000

【例 2-31】 2×22 年 12 月 31 日，A 市总工会进行财产盘点，发现盘亏电脑 1 台，账面价值为 5 000 元，已计提折旧 1 000 元，经批准予以核销。

该市总工会的账务处理如下：

借：待处理财产损溢　　　　　　　　　　　　　　　　　　　　4 000
　　累计折旧　　　　　　　　　　　　　　　　　　　　　　　1 000
　　贷：固定资产——电脑　　　　　　　　　　　　　　　　　　5 000

2.3　无　形　资　产

无形资产是指工会控制的没有实物形态的可辨认非货币性资产，包括专利权、商标权、著作权、土地使用权、非专利技术等。工会购入的不构成相关硬件不可缺少组成部分的应用软件，应当确认为无形资产。非大批量购入、单价小于 1 000 元的无形资产，可以于购买的当期将其成本直接计入支出。

2.3.1　无形资产的取得

1）业务概述

无形资产在取得时应当按照其实际成本入账。工会外购的无形资产，其成本包括购买价款、相关税费以及可归属于该项资产达到预定用途前所发生的其他支出。工会委托软件公司开发的软件,视同外购无形资产确定其成本。工会无偿调入、接受捐赠的无形资产,其成本按照有关凭据注明的金额加上相关税费、运输费等确定;没有相关凭据、但按照规定经过资产评估的,其成本按照评估价值加上相关税费、运输费等确定;没有相关凭据、也未经过评估的,其成本比照同类或类似资产的价格加上相关税费、运输费等确定。如无法采用上述方法确定资产成本的,按照名义金额(人民币1元)入账,相关税费、运输费等计入当期支出。

2) 账务处理

外购的无形资产,按照确定的成本,借记"无形资产"科目,贷记"资产基金——无形资产"科目;同时,按照实际支付的金额,借记"资本性支出"科目,贷记"银行存款""零余额账户用款额度""政府补助收入"等科目。

委托软件公司开发软件视同外购无形资产进行处理。支付软件开发费时,按照实际支付的金额,借记"资本性支出"科目,贷记"银行存款""零余额账户用款额度""政府补助收入"等科目。软件开发完成交付使用时,按照确定的成本,借记"无形资产"科目,贷记"资产基金——无形资产"科目。

接受捐赠、无偿调入的无形资产,按照确定的成本,借记"无形资产"科目,贷记"资产基金——无形资产"科目;按照发生的相关税费等,借记"其他支出"科目,贷记"银行存款""零余额账户用款额度"等科目。

无形资产的取得相关的账务处理如表2-22所示。

表2-22　　　　　　　　无形资产的取得相关的账务处理

会计事项	账务处理
外购无形资产	借:无形资产 　　贷:资产基金——无形资产 借:资本性支出 　　贷:银行存款/零余额账户用款额度/政府补助收入
委托软件公司开发软件视同外购无形资产	① 支付软件开发费时 借:资本性支出 　　贷:银行存款/零余额账户用款额度/政府补助收入 ② 软件开发完成交付使用时 借:无形资产 　　贷:资产基金——无形资产
接受捐赠、无偿调入的无形资产	借:无形资产 　　贷:资产基金——无形资产 借:其他支出 　　贷:银行存款/零余额账户用款额度

3) 案例解析

【例2-32】　2×22年1月1日,A市总工会购入专利权,价值450万元,另支付运行无形资产发生的指导费20万元,均以银行存款支付。

该市总工会的账务处理如下(单位:万元):

借:无形资产　　　　　　　　　　　　　　　　　　　　　470
　　贷:资产基金——无形资产　　　　　　　　　　　　　　　470
借:资本性支出　　　　　　　　　　　　　　　　　　　　470
　　贷:银行存款　　　　　　　　　　　　　　　　　　　　　470

【例 2-33】 2×22年5月8日,A市总工会委托丙软件开发公司开发办公软件,支付软件开发费80万元。2×23年5月8日,丙软件开发公司开发完成,交付给A市总工会,并可以作为无形资产入账投入使用。

A市总工会的账务处理如下(单位:万元):

① 委托开发办公软件,支付软件开发费时:

借:资本性支出　　　　　　　　　　　　　　　　　　　　80
　　贷:银行存款　　　　　　　　　　　　　　　　　　　　　80

② 开发完成交付使用时:

借:无形资产　　　　　　　　　　　　　　　　　　　　　80
　　贷:资产基金——无形资产　　　　　　　　　　　　　　　80

【例 2-34】 2×22年7月15日,A市总工会接受丁公司无偿捐赠的某专利权,该专利权的公允价值为50万元。(工会无偿接受专利权捐赠适用13%税率)

该市总工会的账务处理如下(单位:万元):

借:无形资产　　　　　　　　　　　　　　　　　　　　　50
　　贷:资产基金——无形资产　　　　　　　　　　　　　　　50
借:其他支出　　　　　　　　　　　　　　　　　　　　　6.5
　　贷:银行存款　　　　　　　　　　　　　　　　　　　　　6.5

2.3.2 计提摊销

1) 业务概述

工会应当按月对无形资产进行摊销,使用年限不确定的、以名义金额计量的无形资产除外。工会应当按照以下原则确定无形资产的摊销年限:法律规定了有效年限的,按照法律规定的有效年限作为摊销年限;法律没有规定有效年限的,按照相关合同中的受益年限作为摊销年限;上述两种方法无法确定有效年限的,应当根据无形资产为工会带来服务潜力或者经济利益的实际情况,预计其使用年限。

工会应当采用年限平均法或工作量法对无形资产进行摊销,应摊销金额为其成本,不考虑预计净残值。工会应当按月进行摊销。当月增加的无形资产,当月进行摊销;当月减少的无形资产,当月不再进行摊销。无形资产提足摊销后,无论是否继续使用,均不再进行摊销;核销的无形资产,也不再补提摊销。因发生后续支出而增加无形资产成本的,对于使用年限有限的无形资产,应当按照重新确定的无形资产成本以及重新确定的摊销年限计算摊销额。

2）账务处理

按月摊销无形资产时,按照应摊销的金额,借记"资产基金——无形资产"科目,贷记"累计摊销"科目。

无形资产摊销相关的账务处理如表 2-23 所示。

表 2-23　　　　　　　　　　无形资产摊销相关的账务处理

会计事项	账务处理
按月摊销无形资产	借：资产基金——无形资产 贷：累计摊销

3）案例解析

【例 2-35】 2×22 年 7 月 1 日,A 市总工会购买了一项特许权,成本为 3 600 000 元,合同规定受益年限为 10 年,则 A 市总工会每月应摊销 30 000 元(3 600 000÷10÷12)。

每月摊销时,该市总工会应作如下账务处理：

借：资产基金——无形资产　　　　　　　　　　　　　　　　　30 000
　　贷：累计摊销　　　　　　　　　　　　　　　　　　　　　　　30 000

2.3.3　处置无形资产

1）业务概述

无形资产的处置,是指工会由于业务不再需要,将无形资产对外出售、对外出租获取一定收益或者对外捐赠,也包括当无形资产无法为企业带来未来经济利益时,对其进行终止确认并将账面价值转销。但与固定资产类似,无形资产的处置必须符合法规和单位内部的相关规定,报经批准后,再进行账务处理。

2）账务处理

以无形资产对外进行股权投资,按照投出无形资产的账面价值,借记"资产基金——无形资产"科目,按照已计提摊销,借记"累计摊销"科目,按照无形资产的账面余额,贷记"无形资产"科目;同时,按照确定的投资成本,借记"投资"科目,贷记"资产基金——投资"科目。

出售无形资产,按照出售无形资产的账面价值,借记"资产基金——无形资产"科目,按照已计提摊销,借记"累计摊销"科目,按照无形资产的账面余额,贷记"无形资产"科目。按照取得的价款金额,借记"银行存款"等科目,贷记"其他收入"科目,按规定应上缴同级财政的,贷记"其他应付款"科目。出售过程中发生的税费等支出,借记"其他支出"科目,贷记"银行存款"等科目。

对外捐赠、无偿调出无形资产,按无形资产的账面价值,借记"资产基金——无形资产"科目,按照已计提摊销,借记"累计摊销"科目,按照无形资产的账面余额,贷记"无形资产"科目。

无形资产预期不能为工会带来服务潜力或经济利益,应当按规定报经批准后将该无形资产的账面价值予以核销。转入待处理资产时,按照待核销无形资产的账面价值,借记"待处理财产损溢"科目,按照已计提摊销,借记"累计摊销"科目,按照无形资产的账面余额,贷记"无形资产"科目。报经批准予以核销时,按照核销无形资产的账面价值,借记"资产基金——无形资产"科目,贷记"待处理财产损溢"科目。

处置无形资产相关的账务处理如表 2-24 所示。

表 2-24 处置无形资产相关的账务处理

会计事项	账务处理
以无形资产对外进行股权投资	借:投资 　　贷:资产基金——投资 借:资产基金——无形资产 　　累计摊销 　　贷:无形资产
出售无形资产	① 出售无形资产 借:资产基金——无形资产 　　累计摊销 　　贷:无形资产 借:银行存款/其他应收款 　　贷:其他收入/其他应付款 ② 若出售过程中发生税费 借:其他支出 　　贷:银行存款/零余额账户用款额度
对外捐赠、无偿调出无形资产	借:资产基金——无形资产 　　累计摊销 　　贷:无形资产
将无形资产予以核销	① 转入待处理资产 借:待处理财产损溢 　　累计摊销 　　贷:无形资产 ② 报经批准予以核销时 借:资产基金——无形资产 　　贷:待处理财产损溢

3）案例解析

【例 2-36】 2×22 年 12 月 31 日，A 市总工会以某专利权对丙公司进行股权投资，该专利权的公允价值为 30 万元。该专利权的初始入账价值为 24 万元，使用年限为 20 年，预计净残值为 0，采用直线法摊销，已经使用了 5 年，则 A 市总工会每月应摊销 1 000 元（240 000÷20÷12），账面价值为 18 万元。

该市总工会的账务处理如下（单位：万元）：

借：投资	30
贷：资产基金——投资	30
借：资产基金——无形资产	18
累计摊销	6
贷：无形资产	24

【例 2-37】 2×22 年 7 月 1 日，A 市总工会将某购得的特许权进行出售，该特许权的取得成本为 480 万元，合同规定受益年限为 10 年，预计净残值为 0，采用直线法摊销，则 A 市总工会每月应摊销 4 万元（4 800 000÷10÷12），已使用 1 年。出售价款为 500 万元。

该市总工会的账务处理如下（单位：万元）：

借：资产基金——无形资产	432
累计摊销	48
贷：无形资产	480
借：银行存款	500
贷：其他收入	500
借：其他支出	65
贷：银行存款	65

【例 2-38】 2×22 年 12 月 31 日，A 市总工会将某专利权捐赠给丁公司，该专利权的取得成本为 24 万元，合同规定受益年限为 10 年，预计净残值为 0，采用直线法摊销，则 A 市总工会每月应摊销 0.2 万元（240 000÷10÷12），已使用 1 年。

该市总工会的账务处理如下（单位：万元）：

借：资产基金——无形资产	21.6
累计摊销	2.4
贷：无形资产	24

【例 2-39】 A 市总工会的某项专利权预期不能为工会带来服务潜力或经济利益，经批准将予以核销。该专利权取得成本为 24 万元，已累计摊销 19.2 万元。

该市总工会的账务处理如下（单位：万元）：

① 转入待处理资产时：

```
借：待处理财产损溢                    4.8
    累计摊销                         19.2
    贷：无形资产                            24
```

② 批准予以核销时：

```
借：资产基金——无形资产                4.8
    贷：待处理财产损溢                      4.8
```

2.3.4 盘点无形资产

1) 业务概述

无形资产应每年至少盘点一次，对盘盈、盘亏的无形资产，参照"固定资产"科目相关规定进行账务处理。"固定资产"科目期末借方余额，反映工会无形资产的原值。

2) 账务处理

盘盈的无形资产，按照确定的入账成本，借记"无形资产"科目，贷记"待处理财产损溢"科目。盘亏或者毁损、报废的无形资产，按照账面价值，借记"待处理财产损溢"科目，按照已计提折旧，借记"累计摊销"科目，按照无形资产的账面余额，贷记"无形资产"科目。

盘点无形资产相关的账务处理如表 2-25 所示。

表 2-25　　盘点无形资产相关的账务处理

会计事项	账务处理
盘盈的无形资产	借：无形资产 　　贷：待处理财产损溢
盘亏或者毁损、报废的固定资产	借：待处理财产损溢 　　累计摊销 　　贷：无形资产

3) 案例解析

【例 2-40】 2×22 年 12 月 31 日，A 市总工会进行盘点，盘盈一项专利，市场价值为 1 000 元。

该市总工会的账务处理如下：

```
借：无形资产——专利                  1 000
    贷：待处理财产损溢                     1 000
```

【例 2-41】 2×22 年 12 月 31 日，A 市总工会进行盘点，发现盘亏一项特许权，账面价值为 3 000 元,已计提摊销 2 000 元,经批准予以核销。

该市总工会的账务处理如下:

借:待处理财产损溢　　　　　　　　　　　　　　　1 000
　　累计摊销　　　　　　　　　　　　　　　　　　2 000
　　　贷:无形资产——特许权　　　　　　　　　　　　3 000

2.4　投　　资

投资是指工会按照国家有关法律、行政法规和工会的相关规定,以货币资金、实物资产等方式向其他单位的投资。投资按其流动性分为短期投资和长期投资;按其性质分为股权投资、债权投资(本书中主要指债券投资)等。

2.4.1　债券投资

1) 业务概述

债券投资是指债券购买人(投资人、债权人)以购买债券的形式投放资本,到期向债券发行人(借款人、债务人)收取固定的利息以及收回本金的一种投资方式。

2) 账务处理

购入国债等债券,按照确定的成本,借记"投资"科目,贷记"资产基金——投资"科目;同时,按照投资成本金额,借记"工会资金结余——累计结余"科目,贷记"银行存款"等科目。

债券投资持有期间收到利息时,按照实际收到的金额,借记"银行存款"等科目,贷记"投资收益"科目。

对外转让或到期收回债券投资本息,按照收回投资的账面余额,借记"资产基金——投资"科目,贷记"投资"科目;同时,按照实际收到的金额,借记"银行存款"科目,按照收回投资的账面余额,贷记"工会资金结余——累计结余"科目,按照其差额,贷记或借记"投资收益"科目。

债券投资相关的账务处理如表 2-26 所示。

表 2-26　　　　　　　　　债券投资相关的账务处理

会计事项	账务处理
购入债券	借:投资 　　贷:资产基金——投资 借:工会资金结余——累计结余 　　贷:银行存款/零余额账户用款额度

第 2 章　工会非流动资产的会计核算

(续表)

会计事项	账务处理
持有期间收到利息	借：银行存款/其他应收款 　　贷：投资收益
对外转让或到期收回债券投资本息	借：资产基金——投资 　　贷：投资 借：银行存款 　　贷：工会资金结余——累计结余 　　　　投资收益

3）案例解析

【例 2-42】 2×22 年 3 月 6 日，A 市总工会用现金 3 000 元购买一年期国债，假设利率为 3%。

该市总工会的账务处理如下：

借：投资——国债	3 000
贷：资产基金——投资	3 000
借：工会资金结余——累计结余	3 000
贷：银行存款	3 000

【例 2-43】 接[例 2-42]，2×23 年 3 月 6 日，国债到期兑付本金 3 000 元、利息 90 元。

该市总工会的账务处理如下：

借：资产基金——投资	3 000
贷：投资	3 000
借：银行存款	3090
贷：工会资金结余——累计结余	3 000
投资收益	90

2.4.2　股权投资

1）业务概述

股权投资是指通过投资取得被投资单位的股份。工会购买的其他企业（准备上市、未上市公司）的股票或以货币资金、无形资产和其他实物资产直接投资于其他单位，最终目的是获得较大的经济利益，这种经济利益可以通过分得利润或股利获取，也可以通过其他方式取得。

2) 账务处理

(1) 投资的取得

以货币资金对外进行股权投资,按照确定的成本,借记"投资"科目,贷记"资产基金——投资"科目;同时,按照投资成本金额,借记"工会资金结余——累计结余"科目,贷记"银行存款"等科目。

以库存物品、固定资产、无形资产对外进行股权投资,按照确定的成本,借记"投资"科目,贷记"资产基金——投资"科目;按照发生的相关税费,借记"其他支出"科目,贷记"银行存款"等科目;同时,按照投出资产的账面价值,借记"资产基金"科目,按照已经计提的折旧、摊销金额,借记"累计折旧""累计摊销"科目,按照投出资产的账面余额,贷记"库存物品""固定资产""无形资产"科目。

投资的取得相关的账务处理如表 2-27 所示。

表 2-27　　　　投资的取得相关的账务处理

会计事项	账务处理
以货币资金对外进行股权投资	借:投资 　贷:资产基金——投资 借:工会资金结余——累计结余 　贷:银行存款/零余额账户用款额度
以库存物品、固定资产、无形资产对外进行股权投资	① 对外进行股权投资 借:投资 　贷:资产基金——投资 借:资产基金 　　累计折旧/累计摊销 　贷:固定资产/无形资产/库存物品 ② 发生相关税费时 借:其他支出 　贷:银行存款/零余额账户用款额度

(2) 投资期间取得收益

投资持有期间实际收到股利等投资收益时,按照实际收到的金额,借记"银行存款"等科目,贷记"投资收益"科目。

投资期间取得收益相关的账务处理如表 2-28 所示。

表 2-28　　　　投资期间取得收益相关的账务处理

会计事项	账务处理
持有期间实际收到股利等投资收益	借:银行存款/其他应收款 　贷:投资收益

(3) 投资的转让

转让股权投资时,按照转让股权投资的账面余额,借记"资产基金——投资"科目,贷记"投资"科目。按照实际取得的价款,借记"银行存款"等科目,按照投资的账面余额,贷记"工会资金结余——累计结余"科目,按照其差额,贷记或借记"投资收益"科目。

投资转让相关的账务处理如表 2-29 所示。

表 2-29　　　　　　　　　投资转让相关的账务处理

会计事项	账务处理
转让股权投资	借：资产基金——投资 　　贷：投资 借：银行存款 　　贷：工会资金结余——累计结余 　　　　投资收益

（4）投资的核销

因被投资单位破产清算等原因,有确凿证据表明股权投资发生损失,按规定报经批准后予以核销。按照待核销的股权投资账面余额,借记"待处理财产损溢"科目,贷记"投资"科目。

报经批准予以核销时,按照已核销的股权投资账面余额,借记"资产基金——投资"科目,贷记"待处理财产损溢"科目。已经核销的投资呆账,保留备查账簿。已经核销的投资呆账,重新收回的,借记"银行存款"等科目,贷记"其他收入"科目。收回实物的,需重新进行评估,按照评估价值入账。

投资的核销相关的账务处理如表 2-30 所示。

表 2-30　　　　　　　　　投资的核销相关的账务处理

会计事项	账务处理
将股权投资予以核销	① 转入待处理资产时 借：待处理财产损溢 　　贷：投资 ② 报经批准予以核销时 借：资产基金——投资 　　贷：待处理财产损溢 ③ 重新收回投资时 借：银行存款 　　贷：其他收入

3）案例解析

（1）投资的取得

【例 2-44】　A 省总工会 2×22 年 3 月 12 日与另一单位共同投资兴办一家公司,资本金为 200 000 元,双方各投资 100 000 元,风险共担,款已转出。

该省总工会的账务处理如下：

借：投资——某公司　　　　　　　　　　　　　　　　　100 000
　　贷：资产基金——投资　　　　　　　　　　　　　　　　　100 000
借：工会资金结余——累计结余　　　　　　　　　　　100 000
　　贷：银行存款　　　　　　　　　　　　　　　　　　　　　100 000

【例 2-45】 2×22 年 3 月 30 日，A 市总工会以位于市中心的一处闲置房屋作为投资，与 C 企业合资开办公司。该房屋原值为 80 000 元，已提折旧 30 000 元，评估价值为 70 000 元。

该市总工会的账务处理如下：

借：投资——某公司　　　　　　　　　　　　　　　　　 70 000
　　贷：资产基金——投资　　　　　　　　　　　　　　　　　 70 000
借：资产基金　　　　　　　　　　　　　　　　　　　 50 000
　　累计折旧　　　　　　　　　　　　　　　　　　　 30 000
　　贷：固定资产　　　　　　　　　　　　　　　　　　　　　 80 000

（2）投资期间取得收益

【例 2-46】 接［例 2-44］，2×22 年 12 月 31 日，A 省总工会共分得利润 10 000 元，款项已收。

该省总工会的账务处理如下：

借：银行存款　　　　　　　　　　　　　　　　　　　 10 000
　　贷：投资收益　　　　　　　　　　　　　　　　　　　　　 10 000

（3）投资的转让

【例 2-47】 接［例 2-44］，2×22 年 4 月 2 日，A 省总工会决定抽回此项投资，所有权转让给对方。清产时，合资公司共有资产 206 000 元，对方支付 A 省总工会资产转让费 103 000 元。

该省总工会的账务处理如下：

借：资产基金——投资　　　　　　　　　　　　　　　100 000
　　贷：投资——某公司　　　　　　　　　　　　　　　　　　100 000
借：银行存款　　　　　　　　　　　　　　　　　　　103 000
　　贷：工会资金结余——累计结余　　　　　　　　　　　　100 000
　　　　投资收益　　　　　　　　　　　　　　　　　　　　　 3 000

（4）投资的核销

【例 2-48】 2×22 年 4 月 7 日，A 市总工会以一批库存物品对某球馆进行投资，物品原值 30 000 元，评估价 20 000 元。2×22 年 6 月 30 日，球馆关闭，A 市总工会投入的物品已报废。经核实并报领导批准予以核销。

该市总工会的账务处理如下：

```
借：待处理财产损溢                                    20 000
    贷：投资                                          20 000
借：资产基金——投资                                   20 000
    贷：待处理财产损溢                                20 000
```

【例 2-49】 A 市总工会 2×22 年有一笔投资 40 000 元，2×24 年 12 月 31 日，该笔投资已作为呆账核销，2×25 年 5 月 31 日重新收回。

该市总工会的账务处理如下：

2×25 年 5 月 31 日重新收回时：

```
借：银行存款                                         40 000
    贷：其他收入                                     40 000
```

2.5 长期待摊费用

长期待摊费用是指工会已经支出，但应由本期和以后各期负担的分摊期限在 1 年以上（不含 1 年）的各项支出，如以经营租赁方式租入的固定资产发生的改良支出等。

2.5.1 发生长期待摊费用

1) 业务概述

长期待摊费用是指工会已经支付、摊销期限在 1 年以上（不含 1 年）的各项费用，包括固定资产修理支出、租入固定资产的改良支出以及摊销期限在 1 年以上的其他待摊费用。

2) 账务处理

发生长期待摊费用时，按照支出金额，借记"长期待摊费用"科目，贷记"资产基金——长期待摊费用"科目；同时，按照实际支付的金额，借记"资本性支出"科目，贷记"银行存款""零余额账户用款额度""政府补助收入"等科目。

长期待摊费用相关的账务处理如表 2-31 所示。

表 2-31　　　　　　　　　长期待摊费用相关的账务处理

会计事项	账务处理
发生长期待摊费用	借：长期待摊费用 　　贷：资产基金——长期待摊费用 借：资本性支出 　　贷：银行存款/零余额账户用款额度/政府补助收入

3）案例解析

【例 2-50】 2×22 年 12 月 31 日，C 市总工会租入了一台设备，但是在经营期间，由于质量发生问题，企业不得不对该设备进行大规模修理。经过一系列核算，发生修理支出 48 000 元，并且修理的间隔期为 4 年。

该市总工会的账务处理如下：

借：长期待摊费用   48 000
    贷：资产基金——长期待摊费用   48 000
借：资本性支出   48 000
    贷：银行存款   48 000

2.5.2 在受益期间摊销长期待摊费用

1）业务概述

长期待摊费用应当单独核算，在费用项目的受益期限内分期平均摊销。

2）账务处理

在受益期间摊销长期待摊费用时，按照摊销金额，借记"资产基金——长期待摊费用"科目，贷记"长期待摊费用"科目。

在受益期间摊销长期待摊费用相关的账务处理如表 2-32 所示。

表 2-32　　　　在受益期间摊销长期待摊费用相关的账务处理

会计事项	账务处理
在受益期间摊销长期待摊费用	借：资产基金——长期待摊费用 贷：长期待摊费用

3）案例解析

【例 2-51】 接［例 2-50］因为修理的间隔为 4 年，所以需要按修理间隔期 4 年平均摊销，每月摊销为 1 000 元（48 000÷4÷12）。

该市总工会每月的账务处理如下：

借：资产基金——长期待摊费用   1 000
    贷：长期待摊费用   1 000

2.5.3 将剩余长期待摊费用一次性转销

1) 业务概述

如果长期待摊费用的费用项目不能使以后会计期间受益,应当将尚未摊销该项目的摊余价值全部转入当期损益。

2) 账务处理

如果某项长期待摊费用已经不能使工会受益,应当将其摊余金额一次性转销,按照剩余待摊销金额,借记"资产基金——长期待摊费用"科目,贷记"长期待摊费用"科目。

将剩余长期待摊费用一次性转销相关的账务处理如表2-33所示。

表2-33　　　　将剩余长期待摊费用一次性转销相关的账务处理

会计事项	账务处理
将剩余长期待摊费用一次性转销	借:资产基金——长期待摊费用 　贷:长期待摊费用

3) 案例解析

【例 2-52】 2×22 年 6 月 31 日,C 市总工会租入的某台设备,由于质量问题,进行了大规模修理,总修理支出为 30 000 元,修理间隔期为 3 年。但是 2×23 年 12 月 31 日由于市场情况变动,该设备制作工艺落后,需要进行报废处理。

该市总工会将摊余金额一次性转销的账务处理如下:

借:资产基金——长期待摊费用　　　　　　　　　　　　　　15 000
　　贷:长期待摊费用　　　　　　　　　　　　　　　　　　　　　　15 000

2.6　待处理财产损溢

待处理财产损溢是企业在清查财产过程中已经查明的各种财产物资的盘盈、盘亏和毁损。物资在运输途中发生的非正常短缺与损耗,也通过"待处理财产损溢"科目核算。

2.6.1 短缺或溢余库存现金

1) 业务概述

如果期末现金余额大于理想现金余额,说明现金有多余,应设法进行投资或归还债务;如果期末现金金额小于理想现金余额,则说明现金短缺,应进行筹资予以补足。

2)账务处理

每日账款核对中发现现金短缺或溢余,属于现金短缺的,按照实际短缺的金额,借记"待处理财产损溢"科目,贷记"库存现金"科目;属于现金溢余的,按照实际溢余的金额,借记"库存现金"科目,贷记"待处理财产损溢"科目。

如为现金短缺,属于应由责任人等赔偿的,借记"其他应收款"科目,贷记"待处理财产损溢"科目;属于无法查明原因的,报经批准核销时,借记"其他支出"科目,贷记"待处理财产损溢"科目。如为现金溢余,属于应支付给有关人员或单位的,借记"待处理财产损溢"科目,贷记"其他应付款"科目;属于无法查明原因的,报经批准后,借记"待处理财产损溢"科目,贷记"其他收入"科目。

短缺或溢余库存现金相关的账务处理如表 2-34 所示。

表 2-34　　　　　　　　短缺或溢余库存现金相关的账务处理

会计事项	账务处理
现金短缺	① 发现现金短缺 借:待处理财产损溢 　　贷:库存现金 ② 批准核销 借:其他应收款/其他支出 　　贷:待处理财产损溢
现金溢余	① 发现现金溢余 借:库存现金 　　贷:待处理财产损溢 ② 批准核销 借:待处理财产损溢 　　贷:其他应付款/其他收入

3)案例解析

【例 2-53】 2×22 年 12 月 10 日,B 市总工会在每日现金账款的核对中发现现金溢余 1 500 元。

该市总工会的账务处理如下:

借:库存现金　　　　　　　　　　　　　　　　　　　　　　　1 500
　　贷:待处理财产损溢　　　　　　　　　　　　　　　　　　　　　1 500

【例 2-54】 2×22 年 12 月 15 日,B 市总工会在每日现金账款的核对中发现现金短缺 2 000 元,是甲会计人员在工作中疏忽造成的短缺,应由其负责赔偿。

该市总工会的账务处理如下:

借：其他应收款　　　　　　　　　　　　　　　　　　　　　　　　2 000
　　贷：待处理财产损溢　　　　　　　　　　　　　　　　　　　　　　2 000

【例 2-55】 2×22 年 12 月 20 日，B 市总工会在每日现金账款的核对中发现现金溢余 5 000 元，经查实是应付乙员工的劳务费。

该市总工会的账务处理。

借：待处理财产损溢　　　　　　　　　　　　　　　　　　　　　　5 000
　　贷：其他应付款　　　　　　　　　　　　　　　　　　　　　　　5 000

2.6.2　予以核销的其他应收款、股权投资、无形资产

1）业务概述

为了做到账实相符，各级工会应当定期或不定期地对本工会的各类资产进行全部或部分的清点，以确实掌握该期末各类资产的数量和价值，同时针对账实不符之处，找出问题，提升工会管理水平。

2）账务处理

转入待处理资产时，按照资产的账面价值，借记"待处理财产损溢"科目（核销无形资产的，还应按照计提的摊销金额，借记"累计摊销"科目），按照资产的账面余额，贷记"其他应收款""投资""无形资产"科目。

报经批准予以核销时，借记"其他支出"科目（其他应收款核销）或"资产基金——投资""资产基金——无形资产"科目（投资、无形资产核销），贷记"待处理财产损溢"科目。

予以核销的其他应收款、股权投资、无形资产相关的账务处理如表 2-35 所示。

表 2-35　　予以核销的其他应收款、股权投资、无形资产相关的账务处理

会计事项	账务处理
予以核销的其他应收款、股权投资、无形资产	① 转入待处理资产时 借：待处理财产损溢 　　累计摊销 　　贷：其他应收款/投资/无形资产 ② 予以核销时 借：其他支出/资产基金——投资/资产基金——无形资产 　　贷：待处理财产损溢

3）案例解析

【例 2-56】 2×22 年 12 月 31 日，A 市总工会应收赔款 5 000 元，转入待处理资产。

该市总工会的账务处理如下：

借：待处理财产损溢　　　　　　　　　　　　　　　　　　　　　　　5 000
　　贷：其他应收款　　　　　　　　　　　　　　　　　　　　　　　　　5 000

【例2-57】 接［例2-56］，2×23年1月2日，该应收赔款确认无法收回，报经批准予以核销。

该市总工会的账务处理如下：

借：其他支出　　　　　　　　　　　　　　　　　　　　　　　　　　5 000
　　贷：待处理财产损溢　　　　　　　　　　　　　　　　　　　　　　　5 000

2.6.3 盘盈、盘亏或报废、毁损的资产

1) 业务概述

各级工会应当定期或不定期地对本工会的各类资产进行全部或部分的清点，对于盘盈、盘亏、报废毁损的资产应当先记入"待处理财产损溢"科目，待查明原因并上报批准后，再进行进一步处理。

2) 账务处理

盘盈的各类资产，转入待处理资产时，按照确定的成本，借记"库存物品""固定资产""无形资产"等科目，贷记"待处理财产损溢"科目（待处理财产价值）。按照规定报经批准后处理时，借记本科目（待处理财产价值），贷记"资产基金"科目。

对于盘亏或报废、毁损的各类资产，转入待处理资产时，借记"待处理财产损溢"科目（待处理财产价值）（盘亏、毁损、报废固定资产、无形资产的，还应借记"累计折旧""累计摊销"科目），贷记"库存物品""在建工程""固定资产""无形资产"等科目。报经批准处理时，借记"资产基金"科目，贷记"待处理财产损溢"科目（待处理财产价值）。

盘盈、盘亏或报废、毁损的资产相关的账务处理如表2-36所示。

表2-36　　　　　　　盘盈、盘亏或报废、毁损的资产相关的账务处理

会计事项	账务处理
盘盈资产	① 转入待处理资产 借：库存商品/无形资产/固定资产 　　贷：待处理财产损溢 ② 予以处理 借：待处理财产损溢 　　贷：资产基金

(续表)

会计事项	账务处理
盘亏或者毁损、报废资产	① 转入待处理资产 借：待处理财产损溢 　　累计折旧/累计摊销 　贷：固定资产/无形资产/库存物品/在建工程 ② 予以处理 借：资产基金 　贷：待处理财产损溢

3）案例解析

【例 2-58】 2×22 年 12 月 31 日，A 市总工会进行财产盘点，盘盈电脑 1 台，市场价值为 3 000 元。

该市总工会的账务处理如下：

借：固定资产——电脑　　　　　　　　　　　　　　　　　　　　3 000
　贷：待处理财产损溢　　　　　　　　　　　　　　　　　　　　　3 000

【例 2-59】 接［例 2-58］，2×23 年 1 月 3 日，盘盈的电脑按照规定报经批准处理。

该市总工会的账务处理如下：

借：待处理财产损溢　　　　　　　　　　　　　　　　　　　　　3 000
　贷：资产基金　　　　　　　　　　　　　　　　　　　　　　　　3 000

【例 2-60】 2×22 年 12 月 31 日，A 市总工会经批准报废一批办公设备，原值 20 000 元，已计提折旧 5 000 元。

该市总工会的账务处理如下：

借：待处理财产损溢　　　　　　　　　　　　　　　　　　　　　15 000
　　累计折旧　　　　　　　　　　　　　　　　　　　　　　　　　5 000
　贷：固定资产　　　　　　　　　　　　　　　　　　　　　　　　20 000

【例 2-61】 接［例 2-60］，2×23 年 1 月 3 日，报废的办公设备报经批准处理。

该市总工会的账务处理如下：

借：资产基金　　　　　　　　　　　　　　　　　　　　　　　　15 000
　贷：待处理财产损溢　　　　　　　　　　　　　　　　　　　　　15 000

2.6.4　处理过程中取得的收入和费用

1）业务概述

处理毁损、报废实物资产过程中会取得残值或残值变价收入、保险理赔和过失人赔偿以及产生因处理毁损、报废实物资产产生的相关费用。

2) 账务处理

处理毁损、报废实物资产过程中取得的残值或残值变价收入、保险理赔和过失人赔偿等,借记"库存现金""银行存款""其他应收款"等科目,贷记"待处理财产损溢"科目(处理净收入);处理毁损、报废实物资产过程中发生的相关费用,借记"待处理财产损溢"科目(处理净收入),贷记"库存现金""银行存款"等科目。

处理收支结清,如果处理收入大于相关费用的,按照处理收入减去相关费用后的净收入,借记"待处理财产损溢"科目(处理净收入),贷记"其他收入"科目,需按规定上缴同级政府财政的,贷记"其他应付款"科目;如果处理收入小于相关费用的,按照相关费用减去处理收入后的净支出,借记"其他支出"科目,贷记"待处理财产损溢"科目(处理净收入)。

处理过程中取得的收入和费用的相关账务处理如表 2-37 所示。

表 2-37　　处理过程中取得的收入和费用相关的账务处理

会计事项	账务处理
处理过程中取得的收入和费用	① 取得的残值或残值变价收入、保险理赔和过失人赔偿 借:库存现金/银行存款/其他应收款 　　贷:待处理财产损溢 ② 发生的相关费用 借:待处理财产损溢 　　贷:库存现金/银行存款 ③ 处理收支结清 若处理收入大于相关费用 借:待处理财产损溢——处理净收入 　　贷:其他收入/其他应付款 若处理收入小于相关费用 借:其他支出 　　贷:待处理财产损溢——处理净收入

3) 案例解析

【例 2-62】　接[例 2-60],处理报废的办公设备发生相关手续费用 500 元。

该市总工会的账务处理如下:

借:待处理财产损溢——处理净收入　　　　　　　　　　　500
　　贷:银行存款　　　　　　　　　　　　　　　　　　　　500
借:其他支出　　　　　　　　　　　　　　　　　　　　　500
　　贷:待处理财产损溢——处理净收入　　　　　　　　　　500

第 3 章

工会负债的会计核算

3.1 应付职工薪酬

工会应当设置"应付职工薪酬"科目,对单位应付给职工及为职工支付的各种薪酬进行核算。"应付职工薪酬"科目应当根据国家有关规定按照"基本工资""国家统一规定的津贴补贴""规范津贴补贴""改革性补贴""社会保险费""住房公积金"等进行明细核算。其中,"社会保险费"和"住房公积金"明细科目核算内容包括单位从职工工资中代扣代缴的社会保险费、住房公积金,以及单位为职工计算缴纳的社会保险费、住房公积金。

"应付职工薪酬"科目借方反映当期工会应付职工薪酬的减少;贷方反映当期工会应付职工薪酬的增加;"应付职工薪酬"科目期末贷方余额,反映工会应付未付的职工薪酬。

3.1.1 计算确认当期应付职工薪酬

1) 业务概述

工会计算确认当期应付职工薪酬,包括基本工资、国家统一规定的津贴补贴、规范津贴补贴(绩效工资)、改革性补贴、社会保险费(如职工基本养老保险费、职业年金、基本医疗保险费等)、住房公积金等。

2) 账务处理

计算确认当期应付职工薪酬(含工会为职工计算缴纳的社会保险费、住房公积金)时,借记"行政支出"科目,贷记"应付职工薪酬"科目。

计算确认当期应付职工薪酬相关的账务处理如表 3-1 所示。

表 3-1　　　　　　　　计算确认当期应付职工薪酬相关的账务处理

会计事项	账务处理
计算确认当期应付职工薪酬(含工会为职工计算缴纳的社会保险费、住房公积金)	借:行政支出——工资福利支出 　贷:应付职工薪酬

3) 案例解析

【例 3-1】　某市总工会于 2×22 年 5 月 30 日计提在职人员工资 760 000 元。

该市总工会的账务处理如下：

借：行政支出——工资福利支出　　　　　　　　　　　　　　760 000
　　贷：应付职工薪酬——基本工资　　　　　　　　　　　　　760 000

3.1.2　向职工支付工资、津贴补贴等薪酬

1）业务概述

工会应及时向职工支付工资、津贴补贴等薪酬，包括之前记入"应付职工薪酬"科目的基本工资、国家统一规定的津贴补贴、规范津贴补贴、改革性补贴、社会保险费（如职工基本养老保险费、职业年金、基本医疗保险费等）、住房公积金等。

2）账务处理

向职工支付工资、津贴补贴等薪酬时，按照实际支付的金额，借记"应付职工薪酬"科目，贷记"银行存款"等科目。

向职工支付工资、津贴补贴等薪酬相关的账务处理如表3-2所示。

表3-2　　　　　　　向职工支付工资、津贴补贴等薪酬相关的账务处理

会计事项	账务处理
向职工支付工资、津贴补贴等薪酬	借：应付职工薪酬 　　贷：银行存款

3）案例解析

【例3-2】　某市总工会于2×22年6月10日向机关在职人员发放工资760 000元，通过银行转账至职工个人银行工资卡。

该市总工会的账务处理如下：

借：应付职工薪酬——基本工资　　　　　　　　　　　　　　760 000
　　贷：银行存款　　　　　　　　　　　　　　　　　　　　　760 000

3.1.3　其他业务

1）业务概述

按照税法规定，企业可以从职工薪酬中代扣以下款项：代扣代缴职工个人所得税，代扣社会保险费和住房公积金，代扣为职工垫付的水电费、房租等费用。

社会保险和住房公积金简称五险一金。五险一金是用人单位给予劳动者的几种保

障性待遇的合称,包括养老保险、医疗保险、失业保险、工伤保险和生育保险,及住房公积金。其中,养老保险、医疗保险、失业保险和住房公积金的缴纳方式为单位和个人各负担一半。

2) 账务处理

按照税法规定代扣职工个人所得税时,按照代扣的金额,借记"应付职工薪酬"科目,贷记"其他应付款"科目。从应付职工薪酬中代扣为职工垫付的水电费、房租等费用时,按照实际扣除的金额,借记"应付职工薪酬——基本工资"科目,贷记"其他应收款"等科目。从应付职工薪酬中代扣社会保险费和住房公积金时,按照代扣的金额,借记"应付职工薪酬——基本工资"科目,贷记"应付职工薪酬——社会保险费""应付职工薪酬——住房公积金"科目(社会保险费、住房公积金)。

按照国家有关规定缴纳职工社会保险费和住房公积金时,按照实际支付的金额,借记"应付职工薪酬——社会保险费""应付职工薪酬——住房公积金"科目,贷记"银行存款"等科目。

从应付职工薪酬中支付其他款项的,借记"应付职工薪酬"科目,贷记"银行存款"等科目。

应付职工薪酬的其他业务相关的账务处理如表3-3所示。

表3-3　　　　　　　　应付职工薪酬的其他业务相关的账务处理

会计事项	账务处理
按照税法规定代扣职工个人所得税	借:应付职工薪酬——基本工资 贷:其他应付款——代扣代缴个人所得税
从应付职工薪酬中代扣为职工垫付的水电费、房租等费用	借:应付职工薪酬——基本工资 贷:其他应收款
从应付职工薪酬中代扣社会保险费和住房公积金	借:应付职工薪酬——基本工资 贷:应付职工薪酬——社会保险费 　　　　　　　　——住房公积金
按照国家有关规定缴纳职工社会保险费和住房公积金	借:应付职工薪酬——社会保险费 　　　　　　　　——住房公积金 贷:银行存款
从应付职工薪酬中支付其他款项	借:应付职工薪酬 贷:银行存款

3) 案例解析

【例3-3】 某市总工会2×22年5月应发放职工工资750 000元,其中,代扣代缴住房公积金75 000元,5月5日,通过银行转账实际发放职工工资675 000元。5月20日,某市总工会向市住房公积金管理中心缴存住房公积金150 000元,其中,代扣代缴75 000元,工会为职工缴纳75 000元。

该市总工会的账务处理如下:

① 2×22年5月5日,发放工资:

借:行政支出——工资福利支出	750 000
贷:应付职工薪酬——基本工资	750 000
借:应付职工薪酬——基本工资	750 000
贷:银行存款	675 000
其他应付款——代扣代缴住房公积金	75 000

② 2×22年5月20日,缴纳住房公积金:

借:应付职工薪酬——基本工资	75 000
贷:应付职工薪酬——住房公积金	75 000
借:应付职工薪酬——住房公积金	75 000
贷:银行存款	75 000
借:其他应付款——代扣代缴住房公积金	75 000
贷:银行存款	75 000

3.2 应付上级经费

1) 业务概述

应付上级经费是工会按照有关规定应上缴的工会拨缴经费。"应付上级经费"科目借方反映当期工会应上缴经费的减少;贷方反映当期工会应上缴经费的增加;"应付上级经费"科目期末贷方余额,反映工会应缴上级但尚未上缴的工会拨缴经费。

2) 账务处理

本级工会确认工会拨缴经费时,按照下级工会经费收缴报告表中的相关金额或实际收到的总金额,借记"应收下级经费""银行存款"等科目,按规定属于本级工会的部分,贷记"拨缴经费收入"科目,按规定应上缴上级工会的部分,贷记"应付上级经费"科目,按规定应转拨下级工会的部分,贷记"应付下级经费——应付下级转拨经费"科目。

实际上缴工会经费时,借记"应付上级经费"科目,贷记"银行存款"科目。

应付上级经费相关的账务处理如表3-4所示。

表 3-4 应付上级经费相关的账务处理

会计事项	账务处理
确认工会拨缴经费	借：银行存款 　　应收下级经费 　贷：拨缴经费收入 　　应付上级经费 　　应付下级经费——应付下级转拨经费
实际上缴工会经费	借：应付上级经费 　贷：银行存款

3）案例解析

【例3-4】 A市总工会2×22年6月8日收到其所属基层工会上缴30%的经费30 000元，按规定该市工会应上缴市总工会10%比例。

该市总工会的账务处理如下：

① 收到经费时：

借：银行存款　　　　　　　　　　　　　　　　　　　　　30 000
　贷：拨缴经费收入　　　　　　　　　　　　　　　　　　　27 000
　　　应付上级经费　　　　　　　　　　　　　　　　　　　 3 000

② 上缴市总工会经费时：

借：应付上级经费　　　　　　　　　　　　　　　　　　　　 3 000
　贷：银行存款　　　　　　　　　　　　　　　　　　　　　 3 000

3.3 应付下级经费

应付下级经费是县级以上工会应付下级工会的各项补助和应转拨下级工会的工会拨缴经费。工会可以根据需要在"应付下级经费"科目下设置以下明细科目：

21201　应付下级补助：核算县级以上工会应拨付给下级工会的一般性转移支付补助和专项转移支付补助。

21202　应付下级转拨经费：核算县级以上工会采用税务代收、财政划拨的形式收缴的应划转给下级工会作为下级工会拨缴经费收入的工会拨缴经费。

"应付下级经费"科目借方反映当期工会应付下级工会的各项补助和应转拨下级工会的工会拨缴经费的减少；贷方反映当期工会应付下级工会的各项补助和应转拨下级工会的工会拨缴经费的增加；"应付下级经费"科目期末贷方余额，反映县级以上工会应拨付下级但尚未拨付的补助和工会拨缴经费。

3.3.1 年末清算对下级工会的补助

1) 业务概述

县级以上工会在年末按照规定清算应拨付给下级工会的一般性转移支付补助和专项转移支付补助。

2) 账务处理

本级工会年末清算对下级工会的补助时,根据补助通知中的相关金额,借记"补助下级支出"科目,贷记"应付下级经费——应付下级补助"科目。次年,实际拨付补助时,借记"应付下级经费——应付下级补助"科目,贷记"银行存款"科目。

年末清算对下级工会的补助相关的账务处理如表 3-5 所示。

表 3-5　　　　　　年末清算对下级工会的补助相关的账务处理

会计事项	账务处理
本级工会年末清算对下级工会的补助	借：补助下级支出 　　贷：应付下级经费——应付下级补助 实际拨付补助时： 借：应付下级经费——应付下级补助 　　贷：银行存款

3) 案例解析

【例 3-5】 C 省总工会于 2×22 年 12 月 31 日决算调整期,确定应回拨市级工会补助 8 600 000 元。

该省总工会的账务处理如下:

借：补助下级支出——回拨补助　　　　　　　　　　　　　8 600 000
　　贷：应付下级经费——应付下级补助　　　　　　　　　　　　8 600 000

2×23 年 1 月 31 日,实际拨付上年应回拨市级工会补助时:

借：应付下级经费——应付下级补助　　　　　　　　　　　8 600 000
　　贷：银行存款　　　　　　　　　　　　　　　　　　　　　　8 600 000

3.3.2 采用税务代收、财政划拨方式收缴工会经费

1) 业务概述

县级以上工会按照规定采用税务代收、财政划拨的形式收缴应划转给下级工会作为

下级工会拨缴经费收入的工会拨缴经费。

2) 账务处理

本级工会通过税务部门代收、财政部门划拨的工会经费,按照实际收到的总金额,借记"银行存款"科目,按规定属于本级工会的部分,贷记"拨缴经费收入"科目,按规定应上缴上级工会的部分,贷记"应付上级经费"科目,按规定应转拨下级工会的部分,贷记"应付下级经费——应付下级转拨经费"科目。实际转拨下级工会经费时,借记"应付下级经费——应付下级转拨经费"科目,贷记"银行存款"科目。

本级工会确认上级工会通过税务部门代收、财政部门划拨的工会经费,按照上级工会经费转拨通知中的金额或实际收到的总金额,借记"应收上级经费——应收上级转拨经费""银行存款"科目,按规定属于本级工会的部分,贷记"拨缴经费收入"科目,按规定应转拨下级工会的部分,贷记"应付下级经费——应付下级转拨经费"科目。实际转拨下级工会经费时,借记"应付下级经费——应付下级转拨经费"科目,贷记"银行存款"科目。

采用税务代收、财政划拨方式收缴工会经费相关的账务处理如表3-6所示。

表3-6　采用税务代收、财政划拨方式收缴工会经费相关的账务处理

会计事项	账务处理
本级工会通过税务部门代收、财政部门划拨的工会经费	借:银行存款 　贷:拨缴经费收入 　　　应付上级经费 　　　应付下级经费——应付下级转拨经费 实际转拨下级工会经费时: 借:应付下级经费——应付下级转拨经费 　贷:银行存款
本级工会确认上级工会通过税务部门代收、财政部门划拨的工会经费	借:应收上级经费——应收上级转拨经费 　　银行存款 　贷:拨缴经费收入 　　　应付下级经费——应付下级转拨经费 实际转拨下级工会经费时: 借:应付下级经费——应付下级转拨经费 　贷:银行存款

3) 案例解析

【例3-6】　某市总工会已实行税务代收经费,2×22年5月31日收到税务局转来代收所属5个基层工会3%的经费2 000 000元。经费分成比例为市总工会自留20%,上缴省总工会15%,转拨基层工会65%。

该市总工会的账务处理如下:

① 收到税务局转来经费时：

借：银行存款　　　　　　　　　　　　　　　　　2 000 000
　　贷：拨缴经费收入　　　　　　　　　　　　　　400 000
　　　　应付上级经费　　　　　　　　　　　　　　300 000
　　　　应付下级经费——应付下级转拨经费　　　1 300 000

② 转付下级经费时：

借：应付下级经费——应付下级转拨经费　　　　　130 000
　　贷：银行存款　　　　　　　　　　　　　　　　130 000

3.4 其他应付款

1) 业务概述

其他应付款是指工会除应付上下级经费之外的其他应付及暂存款项，包括工会按规定收取的下级工会的建会筹备金、应支付的税金等。"其他应付款"科目应按对方单位或个人设置明细账，进行明细核算。

"其他应付款"科目借方反映当期工会其他应付款的减少；贷方反映当期工会其他应付款的增加；"其他应付款"科目期末贷方余额，反映工会尚未支付的其他应付及暂存款项。

2) 账务处理

本级工会收到筹建单位交来的建会筹备金，按照实际收到的总金额，借记"银行存款"科目，贷记"其他应付款"科目。

在筹建单位建立工会后，本级工会按照规定对建会筹备金进行处理。按照对应的金额，借记"其他应付款"科目，按规定属于本级工会的部分，贷记"拨缴经费收入"科目，按规定应上缴上级工会的部分，贷记"应付上级经费"科目，按规定需返还筹建单位工会的部分，贷记"应付下级经费"科目。

发生房产税等纳税义务，以及按照税法规定应代扣代缴个人所得税的，按照应交税费金额，借记"行政支出""应付职工薪酬"等科目，贷记"其他应付款"科目。工会实际缴纳上述各种税费时，借记"其他应付款"科目，贷记"银行存款"等科目。

发生其他应付及暂存款项的，借记"库存现金""银行存款"等科目，贷记"其他应付款"科目。支付款项时，借记"其他应付款"科目，贷记"库存现金""银行存款"等科目。

其他应付款相关的账务处理如表 3-7 所示。

表 3-7 其他应付款相关的账务处理

会计事项	账务处理
本级工会收到筹建单位交来的建会筹备金	借：银行存款 　　贷：其他应付款
在筹建单位建立工会后，本级工会按照规定对建会筹备金进行处理	借：其他应付款 　　贷：拨缴经费收入 　　　　应付上级经费 　　　　应付下级经费
发生房产税等纳税义务，以及按照税法规定应代扣代缴个人所得税	借：行政支出 　　应付职工薪酬 　　贷：其他应付款 工会实际缴纳上述各种税费时： 借：其他应付款 　　贷：银行存款
发生其他应付及暂存款项	借：库存现金/银行存款 　　贷：其他应付款 支付款项时： 借：其他应付款 　　贷：库存现金/银行存款

3）案例解析

【例 3-7】 C 省总工会 2×22 年 11 月应发放在职人员工资 600 000 元，11 月 5 日通过银行转账实际发放工资 565 000 元，代扣职工应缴个人所得税 35 000 元。

该省总工会的账务处理如下：

① 2×22 年 11 月 5 日发放工资时：

借：行政支出——工资福利支出　　　　　　　　　　　　　　　　600 000
　　贷：应付职工薪酬　　　　　　　　　　　　　　　　　　　　　600 000
借：应付职工薪酬　　　　　　　　　　　　　　　　　　　　　　600 000
　　贷：银行存款　　　　　　　　　　　　　　　　　　　　　　　565 000
　　　　其他应付款　　　　　　　　　　　　　　　　　　　　　　35 000

② 2×22 年向税务部门实际缴纳个人所得税时：

借：其他应付款　　　　　　　　　　　　　　　　　　　　　　　35 000
　　贷：银行存款　　　　　　　　　　　　　　　　　　　　　　　35 000

3.5 代管经费

1) 业务概述

代管经费是指其他组织委托工会代管的有指定用途的、不属于工会收入的资金,如代管的社团活动费、职工互助保险等。"代管经费"科目应当按照拨入代管经费的项目或单位设置明细账。

"代管经费"科目借方反映当期工会代管经费的减少;贷方反映当期工会代管经费的增加;"代管经费"科目期末余额在贷方,反映工会受托代管的资金。

2) 账务处理

收到代管的资金时,按照实际收到的金额,借记"库存现金""银行存款"科目,贷记"代管经费"科目。

实际支出时,按照实际支出的金额,借记"代管经费"科目,贷记"库存现金""银行存款"科目。

代管经费相关的账务处理如表3-8所示。

表3-8　　　　　　　　　代管经费相关的账务处理

会计事项	账务处理
收到代管的资金	借:库存现金/银行存款 　　贷:代管经费
实际支出	借:代管经费 　　贷:库存现金/银行存款

3) 案例解析

【例3-8】 2×22年7月20日,某企业工会收到党委委托代收的个人党费10 000元。

该基层工会的账务处理如下:

借:库存现金　　　　　　　　　　　　　　　　　　　　　　　　10 000
　　贷:代管经费　　　　　　　　　　　　　　　　　　　　　　　　10 000

【例3-9】 2×22年9月10日,某企业工会组织开展职工重大疾病医疗互助活动,收取职工缴纳的医疗互助金700 000元。

该基层工会的账务处理如下:

借:银行存款　　　　　　　　　　　　　　　　　　　　　　　　700 000
　　贷:代管经费　　　　　　　　　　　　　　　　　　　　　　　　700 000

第4章

工会净资产的会计核算

4.1 资产基金

资产基金是指工会库存物品、投资、在建工程、固定资产、无形资产、长期待摊费用等非货币性资产在净资产中占用的金额。"资产基金"科目应当设置"库存物品""投资""在建工程""固定资产""无形资产""长期待摊费用"等明细科目，进行明细核算。

"资产基金"科目借方反映当期工会资产基金的减少；贷方反映当期工会资产基金的增加；"资产基金"科目期末余额在贷方，反映工会非货币性资产在净资产中占用的金额。

4.1.1 确认资产基金

1）业务概述

工会在取得库存物品、投资、在建工程、固定资产、无形资产等资产时，应按照资产确定的成本或金额进行会计处理。

2）账务处理

确认资产基金时，按照确定的成本或金额，借记"库存物品""投资""在建工程""固定资产""无形资产""长期待摊费用"科目，贷记"资产基金"科目；同时，按照实际发生的支出，借记"职工活动支出""行政支出""资本性支出""工会资金结余"等科目，贷记"银行存款""零余额账户用款额度"等科目。

确认资产基金相关的账务处理如表4-1所示。

表4-1　　　　　　　　　确认资产基金相关的账务处理

会计事项	账务处理
确认资产基金	借：库存物品 　　投资 　　在建工程 　　固定资产 　　无形资产 　　长期待摊费用 　贷：资产基金

(续表)

会计事项	账务处理
确认资产基金	借：职工活动支出 　　行政支出 　　资本性支出 　　工会资金结余 　贷：银行存款 　　零余额账户用款额度

3）案例解析

【例 4-1】 2×22 年 2 月 12 日，B 市总工会用银行存款购买办公设备一套，价款 20 000 元。

该市总工会的账务处理如下：

借：资本性支出——专用设备购置　　　　　　　　　　　　20 000
　　贷：银行存款　　　　　　　　　　　　　　　　　　　　20 000
借：固定资产　　　　　　　　　　　　　　　　　　　　　20 000
　　贷：资产基金　　　　　　　　　　　　　　　　　　　　20 000

4.1.2　领用和发出库存物品

1）业务概述

工会开展业务活动，按照规定领用、发出库存物品时，应当根据实际情况采用先进先出法、加权平均法或者个别计价法确定发出存货的实际成本。计价方法一经确定，不得随意变更。

2）账务处理

领用和发出库存物品时，按照领用和发出库存物品的成本，借记"资产基金——库存物品"科目，贷记"库存物品"科目。

领用和发出库存物品相关的账务处理如表 4-2 所示。

表 4-2　　　　　　　　　　领用和发出库存物品相关的账务处理

会计事项	账务处理
领用和发出库存物品	借：资产基金——库存物品 　贷：库存物品

3) 案例解析

【例 4-2】 2×22 年 2 月 12 日,B 市总工会领用一套健身器材,价款 5 000 元。

该市总工会的账务处理如下：

借：资产基金——库存物品　　　　　　　　　　　　　　　　　　　5 000
　　贷：库存物品　　　　　　　　　　　　　　　　　　　　　　　　　5 000

4.1.3 在建工程完工交付使用

1) 业务概述

工会在建工程完工交付使用时,应按照确定的固定资产成本进行会计处理。

2) 账务处理

在建工程完工交付使用时,按照确定的固定资产成本,借记"固定资产"科目,贷记"资产基金——固定资产"科目；同时,借记"资产基金——在建工程"科目,贷记"在建工程"科目。

在建工程完工交付使用相关的账务处理如表 4-3 所示。

表 4-3　　　　　　　　　　在建工程完工交付使用相关的账务处理

会计事项	账务处理
在建工程完工交付使用	借：固定资产 　　贷：资产基金——固定资产 借：资产基金——在建工程 　　贷：在建工程

3) 案例解析

【例 4-3】 2×22 年 B 市总工会自行建造办公用房一栋,2×22 年 12 月 3 日,工程完工验收合格交付使用,工程价款总计 5 000 000 元。

该市总工会的账务处理如下：

借：固定资产　　　　　　　　　　　　　　　　　　　　　　　　5 000 000
　　贷：资产基金——固定资产　　　　　　　　　　　　　　　　　　5 000 000
借：资产基金——在建工程　　　　　　　　　　　　　　　　　　　5 000 000
　　贷：在建工程　　　　　　　　　　　　　　　　　　　　　　　5 000 000

4.1.4 计提固定资产折旧、无形资产摊销及分摊长期待摊费用

1) 业务概述

工会计提固定资产折旧、无形资产摊销及分摊长期待摊费用时,应按照计提的折旧、摊销及分摊的长期待摊费用的金额进行会计处理。

2) 账务处理

计提固定资产折旧、无形资产摊销及分摊长期待摊费用时,按照计提的折旧、摊销及分摊的长期待摊费用的金额,借记"资产基金——固定资产/无形资产/长期待摊费用"科目,贷记"累计折旧""累计摊销""长期待摊费用"科目。

计提固定资产折旧、无形资产摊销及分摊长期待摊费用相关的账务处理如表 4-4 所示。

表 4-4　计提固定资产折旧、无形资产摊销及分摊长期待摊费用相关的账务处理

会计事项	账务处理
计提固定资产折旧、无形资产摊销及分摊长期待摊费用	借:资产基金——固定资产 　　　　　——无形资产 　　　　　——长期待摊费用 　贷:累计折旧 　　　累计摊销 　　　长期待摊费用

3) 案例解析

【例 4-4】　2×22 年 1 月 1 日起,B 市总工会开始对其自建的办公用房(价值 240 000 元)计提折旧,采用年限平均法,折旧年限为 10 年,预计净残值为 0。

该市总工会每月的账务处理如下:

借:资产基金——固定资产　　　　　　　　　　　　　　　　　2 000
　贷:累计折旧　　　　　　　　　　　　　　　　　　　　　　　　　2 000

4.1.5 以库存物品、固定资产、无形资产对外进行股权投资

1) 业务概述

工会以库存物品、固定资产、无形资产对外进行股权投资时,应按照确定的投资成本进行会计处理。

2)账务处理

以库存物品、固定资产、无形资产对外进行股权投资时,按照确定的投资成本,借记"投资"科目,贷记"资产基金——投资"科目;同时,按照投出资产的账面价值,借记"资产基金——库存物品/固定资产/无形资产"科目,按照已计提的折旧、摊销金额,借记"累计折旧""累计摊销"科目,按照投出资产的账面余额,贷记"库存物品""固定资产""无形资产"科目。

收回投资时,按照收回投资的账面余额,借记"资产基金——投资"科目,贷记"投资"科目;同时,按照实际取得的价款,借记"银行存款"等科目,按照收回投资的账面余额,贷记"工会资金结余"科目,按照其差额,贷记或借记"投资收益"科目。

以库存物品、固定资产、无形资产对外进行股权投资相关的账务处理如表 4-5 所示。

表 4-5 以库存物品、固定资产、无形资产对外进行股权投资相关的账务处理

会计事项	账务处理
以库存物品、固定资产、无形资产对外进行股权投资	借:投资 　　贷:资产基金——投资 借:资产基金——库存物品 　　　　　　　——固定资产 　　　　　　　——无形资产 　　累计摊销 　　累计折旧 　　贷:库存物品 　　　　固定资产 　　　　无形资产
收回投资	借:资产基金——投资 　　贷:投资 借:银行存款 　　贷:工会资金结余

3)案例解析

【例 4-5】 2×22 年 9 月 25 日,B 市总工会以一批库存物品对外股权投资,该批库存物品评估价 40 000 元,账面价值 50 000 元。

该市总工会的账务处理如下:

```
借:投资                                    40 000
    贷:资产基金——投资                           40 000
借:资产基金——库存物品                       50 000
    贷:库存物品                                   50 000
```

【例 4-6】 2×22 年 10 月 30 日,B 市总工会转让股份投资,按股份投资账面价值 60 000 元出售。

该市总工会的账务处理如下:

借:资产基金——投资　　　　　　　　　　　　　　　60 000
　　贷:投资　　　　　　　　　　　　　　　　　　　　　　60 000
借:银行存款　　　　　　　　　　　　　　　　　　　　60 000
　　贷:工会资金结余　　　　　　　　　　　　　　　　　　60 000

4.1.6　对外捐赠、无偿调出库存物品、固定资产、无形资产

1) 业务概述

工会对外捐赠、无偿调出库存物品、固定资产、无形资产时,应按照资产的账面价值进行会计处理。

2) 账务处理

对外捐赠、无偿调出库存物品、固定资产、无形资产时,按照资产的账面价值,借记"资产基金——库存物品/固定资产/无形资产"科目,按照已计提的折旧、摊销金额,借记"累计折旧""累计摊销"科目,按照资产的账面余额,贷记"库存物品""固定资产""无形资产"科目。

对外捐赠、无偿调出库存物品、固定资产、无形资产相关的账务处理如表 4-6 所示。

表 4-6　对外捐赠、无偿调出库存物品、固定资产、无形资产相关的账务处理

会计事项	账务处理
对外捐赠、无偿调出库存物品、固定资产、无形资产	借:资产基金——库存物品 　　　　　　——固定资产 　　　　　　——无形资产 　　累计摊销 　　累计折旧 　　贷:库存物品 　　　　固定资产 　　　　无形资产

3) 案例解析

【例 4-7】 2×22 年 12 月 31 日,某市总工会对外捐赠管理用设备 1 台,账面价值 5 000 元,已计提折旧 3 000 元,账面余额为 8 000 元。

该市总工会的账务处理如下:

借：资产基金——固定资产　　　　　　　　　　　　　　　　　　　5 000
　　累计折旧　　　　　　　　　　　　　　　　　　　　　　　　　3 000
　　贷：固定资产　　　　　　　　　　　　　　　　　　　　　　　　　8 000

4.2　专　用　基　金

1）业务概述

"专用基金"科目核算县级以上工会根据国家和全国总工会有关规定，依法提取和使用的有专门用途的基金，包括权益保障金、住房改革支出等。"专用基金"科目应当按照专用基金的类别分别进行明细核算。

"专用基金"科目借方反映当期工会专用基金的减少；贷方反映当期工会专用基金的增加；"专用基金"科目期末贷方余额，反映县级以上工会专用基金的数额。

2）账务处理

提取专用基金时，借记"维权支出""其他支出"等科目，贷记"专用基金"科目。

实际使用专用基金时，借记"专用基金"科目，贷记"库存现金""银行存款"等科目。

专用基金相关的账务处理如表 4-7 所示。

表 4-7　　　　　　　　　　　　专用基金相关的账务处理

会计事项	账务处理
提取专用基金	借：维权支出 　　其他支出 　　贷：专用基金
实际使用专用基金	借：专用基金 　　贷：银行存款 　　　　库存现金

3）案例解析

【例 4-8】　2×22 年 12 月 29 日，某市级工会按规定提取工会干部权益保障金 200 000 元。

该市级工会的账务处理如下：

借：维权支出——其他维权支出　　　　　　　　　　　　　　　　200 000
　　贷：专用基金——权益保障金　　　　　　　　　　　　　　　　　200 000

【例 4-9】　2×22 年 12 月 23 日，某市级工会按规定支出工会干部权益保障金

50 000 元。

该市级工会的账务处理如下：

借：专用基金——权益保障金　　　　　　　　　　　　　　50 000
　　贷：银行存款/库存现金　　　　　　　　　　　　　　　　　50 000

4.3　工会资金结转

"工会资金结转"科目核算工会资金结转资金的调整、结转和滚存情况。"工会资金结转"科目期末余额在贷方，反映工会滚存的工会资金结转资金数额。"工会资金结转"科目应该根据实际情况设置以下明细科目：

32101　年初余额调整：核算工会因发生会计差错更正、以前年度支出收回等原因，需要调整工会资金结转的金额。

32102　单位内部调剂：核算工会经批准对工会结余资金改变用途，调整用于工会其他未完成项目等的金额。

32103　本年收支结转：核算工会本期专项工会资金收支相抵后的余额。

32104　累计结转：核算工会滚存的工会资金专项资金结转金额。

4.3.1　发生会计差错更正，收回以前年度支出——工会资金结转

1）业务概述

工会因发生以前年度会计差错更正，收回以前年度支出的，需要进行相应的工会资金结转的会计处理。

2）账务处理

因发生会计差错更正，收回以前年度支出的，按照调整或收回的属于工会资金结转的金额，借记或贷记"银行存款"等科目，贷记或借记"工会资金结转——年初余额调整"科目。

因发生会计差错更正，收回以前年度支出相关的账务处理如表 4-8 所示。

表 4-8　　　　因发生会计差错更正，收回以前年度支出相关的账务处理

会计事项	账务处理
会计差错更正、以前年度支出收回	借：银行存款/库存现金 　　贷：工会资金结转——年初余额调整

3) 案例解析

【例 4-10】 2×22 年 2 月 12 日,B 市总工会发现上年度工会资金结转存在差错金额 50 000 元,按规定予以收回。

该市总工会的账务处理如下:

借:银行存款/库存现金   50 000
  贷:工会资金结转——年初余额调整   50 000

4.3.2 经批准对工会资金结余资金改变用途

1) 业务概述

工会经批准对工会资金结余资金改变用途,用于工会其他未完成项目,因此,需要进行相应的工会资金结转的会计处理。

2) 账务处理

经批准对工会资金结余资金改变用途,用于工会其他未完成项目的,按照批准的金额,借记"工会资金结余——单位内部调剂"科目,贷记"工会资金结转——单位内部调剂"科目。

经批准对工会资金结余资金改变用途相关的账务处理如表 4-9 所示。

表 4-9   经批准对工会资金结余资金改变用途相关的账务处理

会计事项	账务处理
经批准对工会资金结余资金改变用途,调整用于工会其他未完成项目	借:工会资金结余——单位内部调剂 贷:工会资金结转——单位内部调剂

3) 案例解析

【例 4-11】 2×22 年 5 月 12 日,B 市总工会将原定于购买健身器材的工会资金结转资金转用作购买办公设备,金额为 10 000 元。

借:工会资金结余——单位内部调剂   10 000
  贷:工会资金结转——单位内部调剂   10 000

4.3.3 期末结转

1) 业务概述

工会在期末进行账务处理时,需要将各类财政拨款以外的工会经费专项资金的收入、支出本期发生额进行相应的结转。

2) 账务处理

期末,将各类财政拨款以外的工会经费专项资金的收入、支出本期发生额转入"工会资金结转"科目,借记"拨缴经费收入""上级补助收入""政府补助收入——非同级财政拨款收入""行政补助收入""附属单位上缴收入""投资收益""其他收入"科目下各专项资金收入明细科目,贷记"工会资金结转——本年收支结转"科目;借记"工会资金结转——本年收支结转"科目,贷记"职工活动支出""职工活动组织支出""职工服务支出""维权支出""业务支出""行政支出""资本性支出""补助下级支出""对附属单位的支出""其他支出"的"工会资金"明细科目下各专项资金支出明细科目。

期末结转相关的账务处理如表 4-10 所示。

表 4-10　　　　　　　　　　期末结转相关的账务处理

会计事项	账务处理
期末,将各类财政拨款以外的工会经费专项资金的收入、支出本期发生额进行结转	借:附属单位上缴收入 　　拨缴经费收入 　　上级补助收入 　　政府补助收入——非同级财政拨款收入 　　行政补助收入 　　投资收益 　　其他收入 　贷:工会资金结转——本年收支结转 借:工会资金结转——本年收支结转 　贷:职工活动支出 　　职工活动组织支出 　　职工服务支出 　　维权支出 　　业务支出 　　行政支出 　　资本性支出 　　补助下级支出 　　对附属单位的支出 　　其他支出

3) 案例解析

【例 4-12】 2×22 年 12 月 31 日,B 市总工会将本期工会资金结转中来自附属单位上缴金额 100 000 元、本期职工活动支出共计 50 000 元,进行期末结转。

该市总工会的账务处理如下:

借:附属单位上缴收入　　　　　　　　　　　　　　　　　　　　　　　　100 000
　贷:工会资金结转——本年收支结转　　　　　　　　　　　　　　　　　　　100 000

第 4 章　工会净资产的会计核算

借：工会资金结转——本年收支结转　　　　　　　　　　　　　50 000
　　贷：职工活动支出　　　　　　　　　　　　　　　　　　　　　　　50 000

4.3.4　年末,冲销有关明细科目余额

1) 业务概述

在年末工会"工会资金结转"科目中只有"累计结转"子科目下应该有相应的余额,所以需要对年度其他子科目下发生的业务进行相应的结转。

2) 账务处理

将"工会资金结转——本年收支结转/年初余额调整/单位内部调剂"科目余额转入"工会资金结转——累计结转"科目。结转后,"工会资金结转"科目除"累计结转"明细科目外,其他明细科目应无余额。

年末,冲销有关明细科目余额相关的账务处理如表 4-11 所示。

表 4-11　　　　　　　年末,冲销有关明细科目余额相关的账务处理

会计事项	账务处理
年末冲销有关明细科目余额	借：工会资金结转——年初余额调整 　　　　　　　　——单位内部调剂 　　　　　　　　——本年收支结转 　　贷：工会资金结转——累计结转

3) 案例解析

【例 4-13】　承接例题[例 4-10]和[例 4-11],2×22 年 12 月 31 日,B 市总工会将本期发生金额进行结转。

该市总工会的账务处理如下：

借：工会资金结转——年初余额调整　　　　　　　　　　　　　50 000
　　工会资金结转——单位内部调剂　　　　　　　　　　　　　10 000
　　贷：工会资金结转——累计结转　　　　　　　　　　　　　　　60 000

4.3.5　年末,对工会结转资金各项目执行情况进行分析

1) 业务概述

工会在期末进行账务处理时,需要按照有关规定将符合结余资金性质的剩余工会结

转资金进行相应的结转。

2）账务处理

年末,对工会结转资金各项目执行情况进行分析,按照有关规定将符合结余资金性质的剩余资金转入"工会资金结余"科目,借记"工会资金结转——累计结转"科目,贷记"工会资金结余——结转转入"科目。

年末,对工会结转资金各项目执行情况进行分析相关的账务处理如表 4-12 所示。

表 4-12　　年末,对工会结转资金各项目执行情况进行分析相关的账务处理

会计事项	账务处理
年末对工会结转资金各项目执行情况进行分析	借：工会资金结转——累计结转 贷：工会资金结余——结转转入

3）案例解析

【例 4-14】 2×22 年 12 月 31 日,B 市总工会将结余资金性质的剩余资金 10 000 元进行结转。

该市总工会的账务处理如下：

借：工会资金结转——累计结转　　　　　　　　　　　　10 000
　　贷：工会资金结余——结转转入　　　　　　　　　　　10 000

4.4　工会资金结余

"工会资金结余"科目核算工会资金结余资金的调整、结余和滚存情况。"工会资金结余"科目期末余额在贷方,反映工会滚存的工会资金结余资金数额。"工会资金结余"科目应当设置以下明细科目：

32201　年初余额调整：核算工会因发生会计差错更正、以前年度支出收回等原因,需要调整工会资金结余的金额。

32202　单位内部调剂：核算工会经批准对工会结余资金改变用途,调整用于工会其他未完成项目等的金额。

32203　本年收支结转：核算工会本期各非专项工会资金收支相抵后的余额。

32204　结转转入：核算工会按规定转入工会资金结余的工会结转资金。

32205　累计结余：核算工会滚存的工会结余资金。

4.4.1 发生会计差错更正,收回以前年度支出——工会资金结余

1) 业务概述

工会因发生会计差错更正,收回以前年度支出的,需要进行相应的工会资金结余资金的会计处理。

2) 账务处理

因发生会计差错更正,以前年度支出收回的,按照调整或收回的属于工会资金结余的金额,借记或贷记"银行存款"等科目,贷记或借记"工会资金结余——年初余额调整"科目。

工会资金结余因发生会计差错更正,收回以前年度支出相关的账务处理如表 4-13 所示。

表 4-13 工会资金结余因发生会计差错更正,以前年度支出收回相关的账务处理

会计事项	账务处理
因发生会计差错更正、以前年度支出收回	借:银行存款/库存现金 　　贷:工会资金结余——年初余额调整

3) 案例解析

【例 4-15】 2×22 年 2 月 12 日,B 市总工会发现上年度工会资金结余存在差错金额 70 000 元,按规定予以收回。

该市总工会的账务处理如下:

借:银行存款/库存现金　　　　　　　　　　　　　　70 000
　　贷:工会资金结余——年初余额调整　　　　　　　　70 000

4.4.2 经批准对工会结余资金改变用途

1) 业务概述

工会经批准对工会资金结余资金改变用途,用于工会其他未完成项目,需要进行相应的工会资金结余的会计处理。

2) 账务处理

经批准对工会结余资金改变用途,调整用于工会其他未完成项目的,按照批准的金额,

借记"工会资金结余——单位内部调剂"科目,贷记"工会资金结转——单位内部调剂"科目。

经批准对工会结余资金改变用途相关的账务处理如表4-14所示。

表4-14　　　　　经批准对工会结余资金改变用途相关的账务处理

会计事项	账务处理
经批准对工会结余资金改变用途,用于工会其他未完成项目	借：工会资金结余——单位内部调剂 　　贷：工会资金结转——单位内部调剂

3）案例解析

【例4-16】　2×22年5月12日,B市总工会将原定于购买健身器材的工会资金结余资金转用作购买办公设备,金额为5 000元。

该市总工会的账务处理如下：

借：工会资金结余——单位内部调剂　　　　　　　　　　　　　　5 000
　　贷：工会资金结转——单位内部调剂　　　　　　　　　　　　5 000

4.4.3　以货币资金对外投资

1）业务概述

工会以货币资金对外投资时需进行相应的会计处理。

2）账务处理

工会以货币资金对外投资时,按照投资成本金额,借记"工会资金结余——累计结余"科目,贷记"银行存款"等科目；同时,按照确定的投资成本,借记"投资"科目,贷记"资产基金——投资"科目。

转让或收回投资时,按照实际取得的价款,借记"银行存款"等科目,按照转让或收回投资的账面余额,贷记"工会资金结余——累计结余"科目,按照其差额,贷记或借记"投资收益"科目；同时,按照转让或收回投资的账面余额,借记"资产基金——投资"科目,贷记"投资"科目。

工会将资金结余以货币资金形式对外投资相关的账务处理如表4-15所示。

表4-15　　　　　工会将资金结余以货币资金形式对外投资相关的账务处理

会计事项	账务处理
以货币资金对外投资	借：工会资金结余——累计结余 　　贷：银行存款 借：投资 　　贷：资产基金——投资

(续表)

会计事项	账务处理
转让或收回投资	借：银行存款 　　贷：工会资金结余——累计结余 　　　　投资收益 借：资产基金——投资 　　贷：投资

3）案例解析

【例 4-17】 2×22 年 5 月 12 日，B 市总工会使用银行存款对外投资 100 000 元；2×22 年 9 月 12 日，对外转让该投资时，取得银行存款 105 000 元。

该市总工会的账务处理如下：

① 2×22 年 5 月 12 日：

借：工会资金结余——累计结余	100 000	
贷：银行存款		100 000
借：投资	100 000	
贷：资产基金——投资		100 000

② 2×22 年 9 月 12 日：

借：银行存款	105 000	
贷：工会资金结余——累计结余		100 000
投资收益		5 000
借：资产基金——投资	100 000	
贷：投资		100 000

4.4.4　期末结转

1）业务概述

工会在期末进行账务处理时，需要将各类财政拨款以外的工会经费非专项资金的收入、支出本期发生额进行相应的结转。

2）账务处理

期末，将除财政拨款以外的各工会经费非专项资金的收入、支出本期发生额转入"工会资金结余"科目，借记"会费收入""拨缴经费收入""上级补助收入""政府补助收入——非同级财政拨款收入""行政补助收入""附属单位上缴收入""投资收益""其他收入"科目下各非专项资金收入明细科目和"动用预算稳定调节基金"科目,贷记"工会资金结余——本年收支结转"科目;借记"工会资金结余——本年收支结转"科目,贷记"职工活动支出""职工活动组织支出""职工服务支出""维权支出""业务支出""行政支出""资本性支出""补助下级支出""对附属单位的支出""其他支出"的"工会资金"明细科目下各非专项资金支出明细科目和"安排预算稳定调节基金"科目。

工会资金结余期末结转相关的账务处理如表 4-16 所示。

表 4-16　　　　　　　　工会资金结余期末结转相关的账务处理

会计事项	账务处理
期末,将除财政拨款以外的各工会经费非专项资金的收入、支出本期发生额进行结转	借:会费收入 　　拨缴经费收入 　　上级补助收入 　　政府补助收入——非同级财政拨款收入 　　行政补助收入 　　附属单位上缴收入 　　投资收益 　　其他收入 　　动用预算稳定调节基金 　贷:工会资金结余——本年收支结转 借:工会资金结余——本年收支结转 　贷:职工活动支出 　　职工活动组织支出 　　职工服务支出 　　维权支出 　　业务支出 　　行政支出 　　资本性支出 　　补助下级支出 　　对附属单位的支出 　　其他支出 　　安排预算稳定调节基金

3)案例解析

【例 4-18】 2×22 年 12 月 31 日,B 市总工会将本期工会资金结余中来自附属单位上缴金额 10 000 元、本期职工活动支出共计 15 000 元,进行期末结转。

该市总工会的账务处理如下:

借:附属单位上缴收入　　　　　　　　　　　　　　　　　　　　　10 000
　　贷:工会资金结余——本年收支结转　　　　　　　　　　　　　　　10 000
借:工会资金结余——本年收支结转　　　　　　　　　　　　　　　15 000
　　贷:职工活动支出　　　　　　　　　　　　　　　　　　　　　　15 000

4.4.5 年末,对工会结转资金各项目执行情况进行分析

1) 业务概述

工会在期末进行账务处理时,需要按照有关规定将符合结余资金性质的剩余工会结转资金进行相应的结转。

2) 账务处理

年末,对工会结转资金各项目执行情况进行分析,按照有关规定将符合结余资金性质的剩余资金转入"工会资金结余"科目,借记"工会资金结转——累计结转"科目,贷记"工会资金结余——结转转入"科目。

年末,对工会结转资金各明细项目执行情况进行分析相关的账务处理如表 4-17 所示。

表 4-17　年末,对工会结转资金各项目执行情况进行分析相关的账务处理

会计事项	账务处理
年末,对工会结转资金各项目执行情况进行分析	借:工会资金结转——累计结转 贷:工会资金结余——结转转入

3) 案例解析

【例 4-19】 2×22 年 12 月 31 日,B 市总工会将结余资金性质的剩余资金 10 000 元进行结转。

该市总工会的账务处理如下:

借:工会资金结转——累计结转　　　　　　　　　　　　　10 000
　　贷:工会资金结余——结转转入　　　　　　　　　　　　　　10 000

4.4.6 年末,冲销有关明细科目余额

1) 业务概述

在年末工会"工会资金结余"科目中只有"累计结余"子科目下应该有相应的余额,所以需要对年度其他子科目下发生的业务进行相应的结转。

2) 账务处理

年末,冲销有关明细科目余额,将"工会资金结余——本年收支结转/年初余额调整/

单位内部调剂/结转转入"科目余额转入"工会资金结余——累计结余"科目。结转后,"工会资金结余"科目除"累计结余"明细科目外,其他明细科目应无余额。

工会资金结余年末冲销有关明细科目余额相关的账务处理如表4-18所示。

表4-18 工会资金结余年末冲销有关明细科目余额相关的账务处理

会计事项	账务处理
年末,冲销有关明细科目余额	借:工会资金结余——本年收支结转 　　　　　　——年初余额调整 　　　　　　——单位内部调剂 　　　　　　——结转转入 　贷:工会资金结余——累计结余

3) 案例解析

【例4-20】 承接例题[例4-15]至[例4-19],2×22年12月31日,B市总工会将工会资金结余本期发生金额进行结转。

该市总工会的账务处理如下:

借:工会资金结余——本年收支结转　　　　　　5 000
　　　　　　——年初余额调整　　　　　　　70 000
　　　　　　——单位内部调剂　　　　　　　 5 000
　　　　　　——结转转入　　　　　　　　　10 000
　贷:工会资金结余——累计结余　　　　　　　　　　90 000

4.5 财政拨款结转

"财政拨款结转"科目核算从同级政府财政部门取得财政拨款的县级以上工会财政拨款结转资金的调整、结转和滚存情况。"财政拨款结转"科目期末贷方余额,反映县级以上工会滚存的财政拨款结转资金数额。"财政拨款结转"科目应当设置以下明细科目:

33101 年初余额调整:核算工会因发生会计差错更正、以前年度支出收回等原因,需要调整财政拨款结转的金额。

33102 单位内部调剂:核算工会经财政部门批准对财政拨款结余资金改变用途,用于工会其他未完成项目等的金额。

33103 本年收支结转:核算工会本期财政拨款收支相抵后的余额。

33104 累计结转:核算工会滚存的财政拨款结转资金。

"财政拨款结转"科目还应按照"基本支出结转"和"项目支出结转"进行明细核算,在"基本支出结转"明细科目下按照"人员经费"和"公用经费"进行明细核算,在"项目支出结转"明细科目下按照具体项目进行明细核算;同时,按照《政府收支分类科目》中"支出功能分类科目"的项级科目进行明细核算。

4.5.1 发生会计差错更正,收回以前年度支出——财政拨款结转

1)业务概述

工会因发生以前年度会计差错更正,收回以前年度支出的,需要进行相应的财政拨款结转的会计处理。

2)账务处理

因发生会计差错更正,以前年度支出收回的,按照调整或收回的金额,借记或贷记"零余额账户用款额度""财政应返还额度"等科目,贷记或借记"财政拨款结转——年初余额调整"科目。

财政拨款结转因发生会计差错更正,收回以前年度支出相关的账务处理如表4-19所示。

表4-19 财政拨款结转因发生会计差错更正,收回以前年度支出相关的账务处理

会计事项	账务处理
因发生会计差错更正,收回以前年度支出	借:零余额账户用款额度 　　财政应返还额度 　贷:财政拨款结转——年初余额调整

3)案例解析

【例4-21】 2×22年2月12日,B市总工会发现上年度财政拨款结转资金存在差错金额70 000元,按规定予以调整。

该市总工会的账务处理如下:

借:零余额账户用款额度　　　　　　　　　　　　　　　　70 000
　贷:财政拨款结转——年初余额调整　　　　　　　　　　70 000

4.5.2 经批准对财政拨款结余资金改变用途

1)业务概述

工会经批准对财政拨款结余资金改变用途,用于工会其他未完成项目,需要进行相应

的财政拨款结转资金的会计处理。

2）账务处理

经财政部门批准对财政拨款结余资金改变用途,用于工会其他未完成项目的,按照批准的金额,借记"财政拨款结余——单位内部调剂"科目,贷记"财政拨款结转——单位内部调剂"科目。

财政拨款结转经批准对财政拨款结余资金改变用途相关的账务处理如表 4-20 所示。

表 4-20　财政拨款结转经批准对财政拨款结余资金改变用途相关的账务处理

会计事项	账务处理
经财政部门批准对财政拨款结余资金改变用途,用于工会其他未完成项目	借：财政拨款结余——单位内部调剂 　　贷：财政拨款结转——单位内部调剂

3）案例解析

【例 4-22】 2×22 年 5 月 12 日,B 市总工会将原定于购买健身器材的财政拨款结余资金转用作购买办公设备,金额为 5 000 元。

该市总工会的账务处理如下：

借：财政拨款结余——单位内部调剂　　　　　　　　　　　　5 000
　　贷：财政拨款结转——单位内部调剂　　　　　　　　　　　　5 000

4.5.3　期末结转

1）业务概述

工会在期末进行账务处理时,需要将各类财政拨款收入、支出本期发生额进行相应的结转。

2）账务处理

期末,将财政拨款收入、支出的本期发生额进行结转,借记"政府补助收入——财政拨款收入"科目,贷记"财政拨款结转——本年收支结转"科目；借记"财政拨款结转——本年收支结转"科目,贷记"职工活动组织支出""职工服务支出""维权支出""业务支出""行政支出""资本性支出""补助下级支出""对附属单位的支出"和"其他支出"科目的"财政拨款"明细科目。

财政拨款结转期末结转相关的账务处理如表 4-21 所示。

表 4-21 财政拨款结转期末结转相关的账务处理

会计事项	账务处理
期末,将财政拨款收入、支出的本期发生额进行结转	借:政府补助收入——财政拨款收入 　　贷:财政拨款结转——本年收支结转 借:财政拨款结转——本年收支结转 　　贷:职工活动组织支出 　　　　职工服务支出 　　　　维权支出 　　　　业务支出 　　　　行政支出 　　　　资本性支出 　　　　补助下级支出 　　　　对附属单位的支出 　　　　其他支出

3) 案例解析

【例 4-23】 2×22 年 12 月 31 日,B 市总工会本年度财政拨款收入共计 200 000 元,其中用于职工活动组织支出 100 000 元,对附属企业支出 100 000 元,年末进行结转。

该市总工会的账务处理如下:

借:政府补助收入——财政拨款收入　　　　　　　　　　200 000
　　贷:财政拨款结转——本年收支结转　　　　　　　　　　200 000
借:财政拨款结转——本年收支结转　　　　　　　　　　200 000
　　贷:职工活动组织支出　　　　　　　　　　　　　　　100 000
　　　　对附属单位的支出　　　　　　　　　　　　　　　100 000

4.5.4 年末,冲销有关明细科目余额

1) 业务概述

在年末工会"财政拨款结转"科目中只有"累计结转"子科目下应该有相应的余额,所以需要对年度其他子科目下发生的业务进行相应的结转。

2) 账务处理

年末,冲销有关明细科目余额,将"财政拨款结转——本年收支结转/年初余额调整/单位内部调剂"科目余额转入"财政拨款结转——累计结转"科目。结转后,"财政拨款结转"科目除"累计结转"明细科目外,其他明细科目应无余额。

财政拨款结转年末冲销有关明细科目余额相关的账务处理如表 4-22 所示。

表 4-22　财政拨款结转年末冲销有关明细科目余额相关的账务处理

会计事项	账务处理
年末,冲销有关明细科目余额	借：财政拨款结转——本年收支结转 　　　　　　　　——年初余额调整 　　　　　　　　——单位内部调剂 　贷：财政拨款结转——累计结转

3）案例解析

【例 4-24】 承接例题[例 4-21]至[例 4-23],2×22 年 12 月 31 日,B 市总工会将财政拨款进行结转。

该市总工会的账务处理如下：

借：财政拨款结转——本年收支结转　　　　　　　　100 000
　　　　　　　——年初余额调整　　　　　　　　　 70 000
　　　　　　　——单位内部调剂　　　　　　　　　 5 000
　贷：财政拨款结转——累计结转　　　　　　　　　175 000

4.5.5　年末,对各项目执行情况进行分析

1）业务概述

工会在期末进行账务处理时,需要按照有关规定将符合结余资金性质的剩余财政拨款结转资金进行相应的结转。

2）账务处理

年末,对各项目执行情况进行分析,按照有关规定将符合结余资金性质的金额转入"财政拨款结余"科目,借记"财政拨款结转——累计结余转"科目,贷记"财政拨款结余——结转转入"科目。

财政拨款结转年末对各项目执行情况进行分析相关的账务处理如表 4-23 所示。

表 4-23　财政拨款结转年末对各项目执行情况进行分析相关的账务处理

会计事项	账务处理
年末,对各项目执行情况进行分析	借：财政拨款结转——累计结余转 　贷：财政拨款结余——结转转入

3）案例解析

【例 4-25】 承接例题[例 4-24],2×22 年 12 月 31 日,B 市总工会将财政拨款资金结

余本期发生金额进行结转。

该市总工会的账务处理如下：

借：财政拨款结转——累计结余转　　　　　　　　　　　　　175 000
　　贷：财政拨款结余——结转转入　　　　　　　　　　　　175 000

4.6 财政拨款结余

"财政拨款结余"科目核算从同级政府财政部门取得财政拨款的县级以上工会财政拨款项目支出结余资金的调整、结转和滚存情况。"财政拨款结余"科目期末贷方余额，反映县级以上工会滚存的财政拨款结余资金数额。"财政拨款结余"科目应当设置以下明细科目：

33201　年初余额调整：核算工会因发生会计差错更正、以前年度支出收回等原因，需要调整财政拨款结余的金额。

33202　归集上缴：核算工会按规定上缴财政拨款结余资金时，实际核销的额度数额或上缴的资金数额。

33203　单位内部调剂：核算工会经财政部门批准对财政拨款结余资金改变用途，调整用于工会其他未完成项目等的金额。

33204　结转转入：核算工会按规定转入财政拨款结余的财政拨款结转资金。

33205　累计结余：核算工会滚存的财政拨款结余资金。

"财政拨款结余"科目还应当按照具体项目、《政府收支分类科目》中"支出功能分类科目"的项级科目进行明细核算。

4.6.1 发生会计差错更正，收回以前年度支出——财政拨款结余

1）业务概述

工会因发生会计差错更正，收回以前年度支出，需要进行相应的财政拨款结余资金的会计处理。

2）账务处理

因发生会计差错更正，收回以前年度支出的，按照调整或收回的金额，借记或贷记"零余额账户用款额度""财政应返还额度"等科目，贷记或借记"财政拨款结余——年初余额调整"科目。

财政拨款结余因发生会计差错更正，收回以前年度支出相关的账务处理如表4-24所示。

表 4-24　财政拨款结余因发生会计差错更正，收回以前年度支出相关的账务处理

会计事项	账务处理
因发生会计差错更正，收回以前年度支出	借：零余额账户用款额度/财政应返还额度 贷：财政拨款结余——年初余额调整

3）案例解析

【例 4-26】 2×22 年 2 月 12 日，B 市总工会发现上年度财政拨款结余资金存在差错金额 10 000 元，按规定予以调整。

该市总工会的账务处理如下：

借：零余额账户用款额度　　　　　　　　　　　　　　　　10 000
　　贷：财政拨款结余——年初余额调整　　　　　　　　　　　　10 000

4.6.2　上缴或注销财政拨款结余资金或额度

1）业务概述

工会按照规定需要对本单位的结转资金进行上缴或注销财政拨款结转资金额度，需要对财政拨款结转进行调整。

2）账务处理

工会按规定上缴财政拨款结余资金或注销财政拨款结余资金额度的，按照实际上缴资金数额或注销资金额度，借记"财政拨款结余——归集上缴"科目，贷记"零余额账户用款额度""财政应返还额度"等科目。

上缴或注销财政拨款结余资金或额度相关的账务处理如表 4-25 所示。

表 4-25　　　　　上缴或注销财政拨款结余资金或额度相关的账务处理

会计事项	账务处理
按规定上缴财政拨款结余资金或注销财政拨款结余资金额度	借：财政拨款结余——归集上缴 贷：零余额账户用款额度 　　财政应返还额度

3）案例解析

【例 4-27】 2×22 年 1 月 12 日，B 市总工会按规定上缴财政拨款结余资金 50 000 元。

该市总工会的账务处理如下：

借：财政拨款结余——归集上缴　　　　　　　　　　　　　　　　　　50 000
　　贷：零余额账户用款额度　　　　　　　　　　　　　　　　　　　　50 000

4.6.3 经批准对工会结余资金改变用途

1）业务概述

工会经批准对工会财政拨款结余资金改变用途，用于工会其他未完成项目，需要进行相应的工会资金结余的会计处理。

2）账务处理

经财政部门批准对财政拨款结余资金改变用途，用于工会其他未完成项目的，按照批准的金额，借记"财政拨款结余——单位内部调剂"科目，贷记"财政拨款结转——单位内部调剂"科目。

工会经批准对工会结余资金改变用途相关的账务处理如表4-26所示。

表4-26　　　　工会经批准对工会结余资金改变用途相关的账务处理

会计事项	账务处理
经财政部门批准对财政拨款结余资金改变用途，调整用于工会其他未完成项目	借：财政拨款结余——单位内部调剂 　　贷：财政拨款结转——单位内部调剂

3）案例解析

【例4-28】　2×22年5月12日，B市总工会将原定于购买健身器材的财政拨款结余资金转用作购买办公设备，金额为5 000元。

该市总工会的账务处理如下：

借：财政拨款结余——单位内部调剂　　　　　　　　　　　　　　　　5 000
　　贷：财政拨款结转——单位内部调剂　　　　　　　　　　　　　　　5 000

4.6.4 年末，对财政拨款结转各项目执行情况进行分析

1）业务概述

工会在期末进行账务处理时，需要对财政拨款结转各项目执行情况进行分析，按照有关规定将符合结余资金性质的剩余工会结余资金进行相应的结转。

2）账务处理

年末，对财政拨款结转各项目执行情况进行分析，按照有关规定将符合结余资金性质

的金额进行结转,借记"财政拨款结转——累计结转"科目,贷记"财政拨款结余——结转转入"科目。

年末对财政拨款结转各项目执行情况进行分析相关的账务处理如表4-27所示。

表4-27 年末对财政拨款结转各项目执行情况进行分析相关的账务处理

会计事项	账务处理
年末,对财政拨款结转各项目执行情况进行分析	借:财政拨款结转——累计结余转 贷:财政拨款结余——结转转入

3) 案例解析

【例4-29】 参考[例4-25]。

4.6.5 年末,冲销有关明细科目余额

1) 业务概述

在年末工会"财政拨款结余"科目中只有"累计结余"子科目下应该有相应的余额,所以需要对年度其他子科目下发生的业务进行相应的结转。

2) 账务处理

年末,冲销有关明细科目余额,将"财政拨款结余——年初余额调整/单位内部调剂/结转转入"余额转入"财政拨款结余——累计结余"科目。结转后,"财政拨款结余"科目除"累计结余"明细科目外,其他明细科目应无余额。

年末冲销有关明细科目余额相关的账务处理如表4-28所示。

表4-28 年末冲销有关明细科目余额相关的账务处理

会计事项	账务处理
年末,冲销有关明细科目余额	借:财政拨款结余——年初余额调整 ——单位内部调剂 ——结转转入 贷:财政拨款结余——累计结余

3) 案例解析

【例4-30】 承接例题[例4-26]至[例4-29],2×22年12月31日,B市总工会将财政拨款进行结转。

该市总工会的账务处理如下:

借：财政拨款结余——年初余额调整　　　　　　　　　　　　　　　10 000
　　　　　　　——单位内部调剂　　　　　　　　　　　　　　　　　5 000
　　　　　　　——结转转入　　　　　　　　　　　　　　　　　　175 000
　　贷：财政拨款结余——累计结余　　　　　　　　　　　　　　　140 000
　　　　　　　　　——归集上缴　　　　　　　　　　　　　　　　50 000

4.7 预算稳定调节基金

1）业务概述

"预算稳定调节基金"科目核算县级以上工会按照工会预算管理规定设置的预算稳定调节基金的滚存情况。"预算稳定调节基金"科目期末贷方余额，反映县级以上工会预算稳定调节基金的滚存金额。

2）账务处理

工会按规定使用超收的拨缴经费收入设置和补充预算稳定调节基金时，按照计提的金额，借"安排预算稳定调节基金"科目，贷记"预算稳定调节基金"科目。

工会按规定动用预算稳定调节基金用于弥补本年预算收入的不足时，按照动用的金额，借记"预算稳定调节基金"科目，贷记"安排预算稳定调节基金"科目。

预算稳定调节基金相关的账务处理如表4-29所示。

表4-29　　　　　　　　预算稳定调节基金相关的账务处理

会计事项	账务处理
按规定使用超收的拨缴经费收入设置和补充预算稳定调节基金	借：安排预算稳定调节基金 　贷：预算稳定调节基金
按规定动用预算稳定调节基金用于弥补本年预算收入的不足	借：预算稳定调节基金 　贷：安排预算稳定调节基金

3）案例解析

【例4-31】 2×22年5月25日，B市总工会使用本年财政超收的拨缴经费收入补充预算稳定调节基金6 500元。

该市总工会的账务处理如下：

借：安排预算稳定调节基金　　　　　　　　　　　　　　　　　　6 500
　　贷：预算稳定调节基金　　　　　　　　　　　　　　　　　　　　6 500

【例 4-32】 2×22 年 6 月 15 日,B 市总工会使用预算稳定调节基金 6 000 元用于弥补本年预算收入的不足。

该市总工会的账务处理如下:

借:预算稳定调节基金　　　　　　　　　　　　　　　　　　6 000
　　贷:安排预算稳定调节基金　　　　　　　　　　　　　　　　6 000

第 5 章

工会收入的会计核算

5.1 会费收入

1) 业务概述

会费收入是指工会会员依照规定向基层工会缴纳的会费。"会费收入"科目借方反映当期工会会费收入的减少;贷方反映当期工会会费收入的增加;"会费收入"科目期末结转后无余额。

工会会员每月应向工会组织缴纳本人每月工资收入 0.5% 的会费,工资尾数不足 10 元的不计缴会费。

2) 账务处理

工会取得会费时,按照实际收到的金额,借记"库存现金""银行存款"科目,贷记"会费收入"科目。

期末结转时,将"会费收入"科目本年发生额转入工会资金结余,借记"会费收入"科目,贷记"工会资金结余——本年收支结转"科目。

会费收入相关的账务处理如表 5-1 所示。

表 5-1　　　　　　　　　　会费收入相关的账务处理

会计事项	账务处理
取得会费	借:库存现金/银行存款 　　贷:会费收入
期末结转	借:会费收入 　　贷:工会资金结余——本年收支结转

3) 案例解析

【例 5-1】 2×22 年 5 月 21 日,某基层工会收到会员缴纳会费现款 6 000 元,并于当日存入开户银行。

该基层工会的账务处理如下:

借:库存现金 6 000
　　贷:会费收入 6 000
借:银行存款 6 000
　　贷:库存现金 6 000

【例 5-2】 2×22 年年末,年终决算,某基层工会全年共收到会员缴纳的会费 90 000 元。假定该基层工会采用表结法,年末结转前"会费收入"科目余额为 90 000 元。

该基层工会的账务处理如下:

借:会费收入 90 000
　　贷:工会资金结余——本年收支结转 90 000

5.2 拨缴经费收入

"拨缴经费收入"科目核算基层单位行政拨缴、下级工会按规定上缴及上级工会按规定转拨的工会拨缴经费中归属于本级工会的经费,本科目贷方登记工会组织当期确认的拨缴经费收入数额,期末结转后无余额。

为了核算基层单位行政拨缴、下级工会按规定上缴及上级工会按规定转拨的工会经费中归属于本级工会的经费,工会组织应当设置"拨缴经费收入"一级科目。工会可以根据需要在"拨缴经费收入"科目下设置明细科目,进行明细核算。拨缴经费收入中如有专项资金收入,还应当按照具体项目进行明细核算。

5.2.1 采用自主拨缴方式收缴工会经费

1) 业务概述

工会采用自主拨缴方式收缴工会经费的,收到工会经费时,应按照规定增加"银行存款""拨缴经费收入"等科目余额。在年末存在应收未收的拨缴经费收入的,应对相应科目进行会计处理。

2) 账务处理

采用自主拨缴方式收缴工会经费的,收到工会经费,按照实际收到的总金额,借记"银行存款"科目,按规定属于本级工会的部分,贷记"拨缴经费收入"科目,按规定应上缴上级工会的部分,贷记"应付上级经费"科目。

年末,存在应收未收的拨缴经费收入的,按照下级工会经费收缴报告表中的金额,借记"应收下级经费"科目,按规定属于本级工会的部分,贷记"拨缴经费收入"科目,按规定应上缴上级工会的部分,贷记"应付上级经费"科目。

采用自主拨缴方式收缴工会经费相关的账务处理会费收入相关的账务处理如表 5-2 所示。

表 5-2　　　　　采用自主拨缴方式收缴工会经费相关的账务处理

会计事项	账务处理
收到工会经费	借：银行存款 　　贷：拨缴经费收入 　　　　应付上级经费
年末,存在应收未收的拨缴经费收入	借：应收下级经费 　　贷：拨缴经费收入 　　　　应付上级经费

3) 案例解析

【例 5-3】 2×22 年 4 月 5 日,某基层工会收到本月行政拨缴工会经费 60 000 元,其中,本级留成 40 000 元,应上缴上级工会 20 000 元。

该基层工会的账务处理如下：

借：银行存款	60 000
贷：拨缴经费收入	40 000
应付上级经费	20 000

【例 5-4】 2×22 年年末决算整理期,某省总工会收到所属市、县总工会应上缴工会经费报告数 4 000 000 元,其中,本级工会留成 3 000 000 元,应上缴全国总工会 1 000 000 元。

该省总工会的账务处理如下：

借：应收下级经费	4 000 000
贷：拨缴经费收入	3 000 000
应付上级经费	1 000 000

5.2.2　采用税务代收、财政划拨方式收取工会经费

1) 业务概述

本级工会通过税务部门代收、财政部门划拨的工会经费或收到上级工会转拨的通过税务部门代收、财政部门划拨的工会经费,应按照规定增加"银行存款"等科目余额。在年末存在应收未收的拨缴经费收入的,应对相应科目进行会计处理。

2) 账务处理

本级工会通过税务部门代收、财政部门划拨的工会经费,按实际收到的总金额,借记"银行存款"科目,按规定属于本级工会的部分,贷记"拨缴经费收入"科目,按规定应上缴上级工会的部分,贷记"应付上级经费"科目,按规定应转拨下级工会的部分,贷记"应付下级经费——应付下级转拨经费"科目。

本级工会收到上级工会转拨的通过税务部门代收、财政部门划拨的工会经费,按照实际收到的总金额,借记"银行存款"科目,按规定属于本级工会的部分,贷记"拨缴经费收入"科目,按规定属于下级工会的部分,贷记"应付下级经费——应付下级转拨经费"科目。

年末,工会存在应收未收的拨缴经费收入的,按照上级工会经费转拨通知中的金额,借记"应收上级经费——应收上级转拨经费"科目,按规定属于本级工会的部分,贷记"拨缴经费收入"科目,按规定属于下级工会的部分,贷记"应付下级经费——应付下级转拨经费"科目。

采用税务代收、财政划拨方式收取工会经费相关的账务处理会费收入相关的账务处理如表 5-3 所示。

表 5-3 采用税务代收、财政划拨方式收取工会经费相关的账务处理

会计事项	账务处理
本级工会通过税务部门代收、财政部门划拨的工会经费	借:银行存款 　贷:拨缴经费收入 　　　应付上级经费 　　　应付下级经费——应付下级转拨经费
本级工会收到上级工会转拨通过财政部门划拨、税务部门代收的工会经费	借:银行存款 　贷:拨缴经费收入 　　　应付下级经费——应付下级转拨经费
年末,存在应收未收的拨缴经费收入	借:应收上级经费——应收上级转拨经费 　贷:拨缴经费收入 　　　应付下级经费——应付下级转拨经费

3) 案例解析

【例 5-5】 2×22 年 9 月 12 日,某市总工会收到财政统一划拨 40% 工会经费 80 000 元,其中,本级工会留成 50 000 元,应上缴上级工会 30 000 元。

该市总工会的账务处理如下:

借:银行存款　　　　　　　　　　　　　　　　　　　　　　　　80 000
　　贷:拨缴经费收入　　　　　　　　　　　　　　　　　　　　50 000
　　　　应付上级经费　　　　　　　　　　　　　　　　　　　　30 000

【例 5-6】 2×22 年 11 月 21 日,某基层工会收到市总工会转拨税务代收工会经费

8 000元。

该基层工会的账务处理如下：

借：银行存款　　　　　　　　　　　　　　　　　　　　　8 000
　　贷：拨缴经费收入　　　　　　　　　　　　　　　　　　8 000

【例5-7】　2×22年3月8日，某市总工会收到税务部门代收2%工会经费400 000元（已按规定扣除应支付税务部门手续费），其中，本级工会留成100 000元，应上缴上级工会60 000元，应返还各基层工会240 000元。

该市总工会的账务处理如下：

借：银行存款　　　　　　　　　　　　　　　　　　　　　400 000
　　贷：拨缴经费收入　　　　　　　　　　　　　　　　　　100 000
　　　　应付上级经费　　　　　　　　　　　　　　　　　　60 000
　　　　应付下级经费——应付下级转拨经费　　　　　　　　240 000

【例5-8】　2×22年7月15日，某市总工会收到市总工会转拨税务代收工会经费10 000元，其中，本级工会留成2 500元，应返还各基层工会7 500元。

该市总工会的账务处理如下：

借：银行存款　　　　　　　　　　　　　　　　　　　　　10 000
　　贷：拨缴经费收入　　　　　　　　　　　　　　　　　　2 500
　　　　应付下级经费——应付下级转拨经费　　　　　　　　7 500

5.2.3　期末结转

1）业务概述

本级工会通过税务部门代收、财政部门划拨的工会经费或收到上级工会转拨的通过税务部门代收、财政部门划拨的工会经费，在年末存在应收未收的拨缴经费收入的，在期末应进行结转处理。按照规定将"拨缴经费收入"科目本期发生额中的专项资金收入和非专项资金收入分别转入"工会资金结转——本年收支结转""工会资金结余——本年收支结转"科目，期末结转后"拨缴经费收入"本科目无余额。

2）账务处理

期末结转时，将"拨缴经费收入"科目本期发生额中的专项资金收入转入工会资金结转，借记"拨缴经费收入"科目各专项资金收入明细科目，贷记"工会资金结转——本年收支结转"科目；将"拨缴经费收入"科目本期发生额中的非专项资金收入转入工会资金结余，借记"拨缴经费收入"科目各非专项资金收入明细科目，贷记"工会资金结余——本年收支结转"科目。

期末结转相关的账务处理会费收入相关的账务处理如表 5-4 所示。

表 5-4　　　　　　　　　　　期末结转相关的账务处理

会计事项	账务处理
期末结转	本期发生额中的专项资金收入： 借：拨缴经费收入 　　贷：工会资金结转——本年收支结转 本期发生额中的非专项资金收入： 借：拨缴经费收入 　　贷：工会资金结余——本年收支结转

3）案例解析

【例 5-9】　接［例 5-5］［例 5-6］［例 5-7］［例 5-8］，假定该市总工会采用表结法。该工会 2×22 年 12 月 31 日"拨缴经费收入"科目本期发生额为 160 500 元（50 000＋8 000＋100 000＋2 500），全部是非专项资金。期末结转时，将"拨缴经费收入"科目本期发生额中的全部非专项资金收入转入工会资金结余。

该市总工会的账务处理如下：

借：拨缴经费收入　　　　　　　　　　　　　　　　　　　　　160 500
　　贷：工会资金结余——本年收支结转　　　　　　　　　　　　　160 500

5.3　上级补助收入

1）业务概述

上级补助收入是指本级工会收到的上级工会补助的款项，包括一般性转移支付补助和专项转移支付补助。"上级补助收入"科目贷方登记本级工会当期确认的上级补助收入金额，借方登记会计期末结转入"结余"科目的金额；期末结转后，"上级补助收入"科目无余额。

为了核算本级工会收到上级工会的各类补助款项，工会应当设置"上级补助收入"一级科目。设置"一般性转移支付补助""专项转移支付补助"两个明细科目，"一般性转移支付补助"科目核算上级工会按照有关规定拨付给下级工会的未指定专门用途的补助，"专项转移支付补助"科目核算上级工会拨付的指定专门用途的项目补助，包括帮扶困难职工的补助、用于开展向困难职工和家庭送温暖活动的补助、救灾补助等。

2）账务处理

收到上级补助收入时，按照银行收款单的金额，借记"银行存款"科目，贷记"上级补助收入"科目。

年末清算时，存在上级应付未付补助款项的，借记"应收上级经费——应收上级补助"科目，贷记"上级补助收入"科目。

期末结转时，将"上级补助收入"科目本期发生额中的专项资金收入转入工会资金结转，借记"上级补助收入——专项转移支付补助"科目，贷记"工会资金结转——本年收支结转"科目；将"上级补助收入"科目本期发生额中的非专项资金收入转入工会资金结余，借记"上级补助收入——一般性转移支付补助"科目，贷记"工会资金结余——本年收支结转"科目。

上级补助收入相关的账务处理会费收入相关的账务处理如表5-5所示。

表 5-5　　　　　　　　　　上级补助收入相关的账务处理

会计事项	账务处理
收到上级补助收入	借：银行存款 　　贷：上级补助收入——专项转移支付补助
年末清算	借：应收上级经费——应收上级补助 　　贷：上级补助收入——专项转移支付补助 　　　　　　　　——一般性转移支付补助
期末结转	借：上级补助收入——专项转移支付补助 　　　　　　　——一般性转移支付补助 　　贷：工会资金结转——本年收支结转 　　　　工会资金结余——本年收支结转

3）案例解析

【例 5-10】　2×22 年 8 月 25 日，某市总工会收到市总工会安排的救灾补助款 60 000 元。

该市总工会的账务处理如下：

借：银行存款　　　　　　　　　　　　　　　　　　　　　　　　60 000
　　贷：上级补助收入——专项转移支付补助　　　　　　　　　　　　　60 000

【例 5-11】　年终决算前，某市总工会收到补助通知：市总工会安排职工困难补助 250 000 元，职工关怀补助 100 000 元，未指定专门用途补助 150 000 元。

该市总工会的账务处理如下：

借：应收上级经费——应收上级补助　　　　　　　　　　　　　　500 000
　　贷：上级补助收入——专项转移支付补助　　　　　　　　　　　　　350 000
　　　　　　　　　　——一般性转移支付补助　　　　　　　　　　　　　150 000

【例 5-12】 2×22年年末,年终决算,某市总工会全年上级补助收入共计800 000元。假定该工会采用表结法,年终结转前"上级补助收入"科目余额为800 000元,其中专项转移支付补助明细科目600 000元,一般性转移支付补助200 000元。

该市总工会的账务处理如下:

借:上级补助收入——专项转移支付补助　　　　　　　　　　600 000
　　　　　　　——一般性转移支付补助　　　　　　　　　　200 000
　　贷:工会资金结转——本年收支结转　　　　　　　　　　600 000
　　　　工会资金结余——本年收支结转　　　　　　　　　　200 000

5.4　政府补助收入

"政府补助收入"科目核算县级以上工会收到的各级人民政府按照工会法和国家的有关规定给予工会的补助款项,包括工会收到财政拨付的离退休人员离退休费和生活补贴、帮扶资金、送温暖经费、疗养事业补助、劳模补助、基建、维修及大型活动补助等,"政府补助收入"科目结转后无余额。

为了核算各级人民政府按照《工会法》和国家有关规定给予工会的各类补助款项,工会应当设置"政府补助收入"一级科目,设置"财政拨款收入"和"非同级财政拨款收入"两个明细科目。

"政府补助收入"科目为县级以上工会专用科目。"政府补助收入"科目贷方登记本级工会当期确认的政府补助收入金额,借方登记会计期末结转入"结余"科目的金额;期末结转后,"政府补助收入"科目无余额。

5.4.1　财政拨款收入

1) 业务概述

"财政拨款收入"科目核算县级以上工会从同级政府财政部门取得的财政拨款。"财政拨款收入"明细科目下应当设置"基本支出"和"项目支出"两个明细科目。"财政拨款收入"明细科目应当按照非同级财政拨款收入的类别、来源等进行明细核算,如有专项资金收入,还应按照具体项目进行明细核算。在"基本支出"明细科目下按照"人员经费"和"公用经费"进行明细核算,在"项目支出"明细科目下按照具体项目进行明细核算;同时,按照《政府收支分类科目》中"支出功能分类科目"的项级科目进行明细核算。

2）账务处理

财政直接支付方式下，根据收到的"财政直接支付入账通知书"及相关原始凭证，按照通知中直接支付的入账金额，借记有关支出科目，贷记"政府补助收入——财政拨款收入"科目。形成非货币性资产的，应当同时按照确定的资产成本，借记相关资产科目，贷记"资产基金"科目。

年末，根据本年度财政直接支付预算指标数与当年财政直接支付实际支出数的差额，借记"财政应返还额度——财政直接支付"科目，贷记"政府补助收入——财政拨款收入"科目。

下一年度恢复财政直接支付额度后，发生实际支出时，借记"维权支出""行政支出""资本性支出"等科目，贷记"财政应返还额度——财政直接支付"科目。

财政授权支付方式下，根据收到的"财政授权支付到账通知书"，按照通知书中的授权支付额度，借记"零余额账户用款额度"科目，贷记"政府补助收入——财政拨款收入"科目。

年末，根据本年度财政授权支付预算指标数与当年财政授权支付实际支出数的差额，借记"财政应返还额度——财政授权支付"科目，贷记"政府补助收入——财政拨款收入"科目。

其他方式下，按照本期预算收到财政拨款收入时，按照实际收到的金额，借记"银行存款"科目，贷记"政府补助收入——财政拨款收入"科目。

因差错更正、购货退回等发生国库直接支付款项退回的，属于本年度支付的款项，按照退回金额，借记"政府补助收入——财政拨款收入"科目，贷记"维权支出""资本性支出"等科目。

财政拨款收入相关的账务处理会费收入相关的账务处理如表 5-6 所示。

表 5-6　　　　　　　　　财政拨款收入相关的账务处理

会计事项		账务处理
财政直接支付方式	财政直接支付方式下，根据收到的"财政直接支付入账通知书"及相关原始凭证	借：资本性支出 　　贷：政府补助收入——财政拨款收入 借：在建工程 　　贷：资产基金
	年末，根据本年度财政直接支付预算指标数与当年财政直接支付实际支出数的差额	借：财政应返还额度——财政直接支付 　　贷：政府补助收入——财政拨款收入
	下年度恢复财政直接支付额度后，发生实际支出时	借：维权支出/行政支出/资本性支出 　　贷：财政应返还额度——财政直接支付
财政授权支付方式	收到"财政授权支付到账通知书"	借：零余额账户用款额度 　　贷：政府补助收入——财政拨款收入 借：财政应返还额度——财政授权支付 　　贷：政府补助收入——财政拨款收入

(续表)

会计事项	账务处理
其他方式下,按照本期预算收到财政拨款收入时	借:银行存款 　贷:政府补助收入——财政拨款收入
因差错更正、购货退回等发生国库直接支付款项退回	借:政府补助收入——财政拨款收入 　贷:维权支出/资本性支出

3) 案例解析

【例5-13】 2×22年5月19日,某市总工会向县财政局提交了"财政直接支付申请书",申请支付基建工程款150 000元(该工程尚未完工)。5月21日,该县总工会收到代理银行开具的"财政直接支付入账通知书",注明代理银行已向承包商支付工程款150 000元。

该市总工会的账务处理如下:

借:资本性支出——房屋建筑物购建　　　　　　　　　　　　150 000
　　贷:政府补助收入——财政拨款收入　　　　　　　　　　　　150 000
借:在建工程　　　　　　　　　　　　　　　　　　　　　　150 000
　　贷:资产基金　　　　　　　　　　　　　　　　　　　　　　150 000

【例5-14】 2×22年12月31日,某市总工会本年度财政直接支付预算指标数大于当年财政直接支付实际支付数的结余为6 000元,财政局同意该差额作为下一年度返还的资金额度。

该市总工会的账务处理如下:

借:财政应返还额度——财政直接支付　　　　　　　　　　　　6 000
　　贷:政府补助收入——财政拨款收入　　　　　　　　　　　　6 000

【例5-15】 2×22年3月1日,某市总工会收到代理银行转来的"财政授权支付到账通知书"(有的地区可能是"财政资金授权支付额度通知书"),通知书中注明的本月授权额度为50 000元。

该市总工会的账务处理如下:

借:零余额账户用款额度　　　　　　　　　　　　　　　　　　50 000
　　贷:政府补助收入——财政拨款收入　　　　　　　　　　　　50 000

【例5-16】 2×22年12月31日,某市财政局当年安排县总工会财政授权支付预算指标数110 000元,零余额账户用款额度实际下达数90 000元,余额20 000元。

该市总工会的账务处理如下:

借:财政应返还额度——财政授权支付　　　　　　　　　　　　20 000
　　贷:政府补助收入——财政拨款收入　　　　　　　　　　　　20 000

5.4.2 非同级财政拨款收入

1）业务概述

"非同级财政拨款收入"科目核算县级以上工会从非同级政府财政部门取得的政府补助收入，包括从同级政府其他部门取得的横向转拨财政款、从上级或下级政府财政部门取得的经费拨款等。"非同级财政拨款收入"科目应当按照本级横向转拨财政款和非本级财政拨款进行明细核算，并按照收入来源进行明细核算。

2）账务处理

工会收到非同级财政拨款收入时，按照实际收到的金额，借记"银行存款"等科目，贷记"政府补助收入——非同级财政拨款收入"科目。

非同级财政拨款收入相关的账务处理会费收入相关的账务处理如表5-7所示。

表 5-7　　　　　　　　非同级财政拨款收入相关的账务处理

会计事项	账务处理
收到非同级财政拨款收入	借：银行存款 　　贷：政府补助收入——非同级财政拨款收入

3）案例解析

【例5-17】 2×22年10月17日，某市总工会收到市财政局按预算拨付的帮扶资金补助150 000元。

该市总工会的账务处理如下：

借：银行存款　　　　　　　　　　　　　　　　　　　　　　　150 000
　　贷：政府补助收入——非同级财政拨款收入　　　　　　　　　150 000

5.4.3 期末结转

1）业务概述

工会在每年年末都需要将"非同级财政拨款收入"科目结转，使其余额为零。

2）账务处理

会计期末，将本期政府补助收入发生额中的财政拨款收入转入财政拨款结转，借记"政府补助收入——财政拨款收入"科目，贷记"财政拨款结转——本年收支结转"科目；将

"政府补助收入"科目本期发生额中的非同级财政拨款专项资金收入转入工会资金结转，借记"政府补助收入——非同级财政拨款收入"科目，贷记"工会资金结转——本年收支结转"科目；将"政府补助收入"科目本期发生额中的非同级财政拨款非专项资金收入转入工会资金结余，借记"政府补助收入——非同级财政拨款收入"科目，贷记"工会资金结余——本年收支结转"科目。

期末结转相关的账务处理会费收入相关的账务处理如表5-8所示。

表5-8　　　　　　　　　期末结转相关的账务处理

会计事项	账务处理
期末结转	本期发生额中的专项资金收入： 借：政府补助收入——财政拨款收入 　　贷：财政拨款结转——本年收支结转 本期发生额中的非专项资金收入： 借：工会资金结余——本年收支结转 　　贷：工会资金结余——本年收支结转 　　　　工会资金结转——本年收支结转

3）案例解析

【例5-18】　2×22年年末，年终决算，某市总工会全年政府补助收入共计1 200 000元。假定该工会采用表结法，年终结转前"政府补助收入"科目余额为1 200 000元，其中财政拨款收入为700 000元，非同级财政拨款专项资金为200 000元，非同级财政拨款非专项资金为300 000元。

该市总工会结转政府补助收入的账务处理如下：

借：政府补助收入——财政拨款收入　　　　　　　　700 000
　　政府补助收入——非同级财政拨款收入　　　　　500 000
　贷：财政拨款结转——本年收支结转　　　　　　　700 000
　　　工会资金结转——本年收支结转　　　　　　　200 000
　　　工会资金结余——本年收支结转　　　　　　　300 000

5.5　行政补助收入

1）业务概述

"行政补助收入"科目核算基层工会取得的所在单位行政方面按照工会法和国家的有关规定给予工会的补助款项，包括工会收到行政拨付的劳动竞赛经费、工会开展活动的费用补助等，不包括行政方面按规定向工会拨缴的工会经费。

为了核算工会取得的所在单位行政方面按照《工会法》和国家的有关规定给予工会的各类补助款项,工会应当设置"行政补助收入"一级科目。"行政补助收入"科目为基层工会专用科目,贷方登记工会当期收到所在单位行政方面给予的各类补助金额。行政补助收入中如有专项资金收入,应当按照具体项目进行明细核算。期末结转后,"行政补助收入"科目无余额。

2)账务处理

收到行政补助时,按照实际收到的金额,借记"银行存款"等科目,贷记"行政补助收入"科目。

期末结转时,将"行政补助收入"科目本期发生额中的专项资金收入转入工会资金结转,借记"行政补助收入"科目各专项资金收入明细科目,贷记"工会资金结转——本年收支结转"科目;将"行政补助收入"科目本期发生额中的非专项资金收入转入工会资金结余,借记"行政补助收入"科目各非专项资金收入明细科目,贷记"工会资金结余——本年收支结转"科目。

行政补助收入相关的账务处理会费收入相关的账务处理如表5-9所示。

表5-9　　　　　　　　　　行政补助收入相关的账务处理

会计事项	账务处理
收到行政补助时	借:银行存款 　　贷:行政补助收入
期末结转	借:行政补助收入 　　贷:工会资金结转——本年收支结转 　　　　工会资金结余——本年收支结转

3)案例解析

【例5-19】 2×22年5月6日,某基层工会收到单位行政拨付的职工竞赛补助30 000元。

该基层工会的账务处理如下:

借:银行存款　　　　　　　　　　　　　　　　　　　　　　　30 000
　　贷:行政补助收入——竞赛补助　　　　　　　　　　　　　　30 000

【例5-20】 2×22年年末,年终决算,某基层工会全年行政补助收入共计300 000元。假定该工会采用表结法,年终结转前"行政补助收入"科目余额为300 000元,其中,"竞赛补助"明细科目余额为200 000元,"其他补助"明细科目为100 000元。

该基层工会的账务处理如下:

借：行政补助收入——竞赛补助	200 000
行政补助收入——其他补助	100 000
贷：工会资金结转——本年收支结转	200 000
工会资金结余——本年收支结转	100 000

5.6　附属单位上缴收入

1）业务概述

"附属单位上缴收入"科目核算工会所属的企事业单位按规定上缴的收入。"附属单位上缴收入"科目期末结转后无余额。事业单位从附属企业获取的属于投资收益性质的收入应当计入其他收入，不属于附属单位上缴收入。

"附属单位上缴收入"科目应当按照缴款项目或缴款单位名称设明细账。所属单位上缴收入中如有专项资金收入，还应当按照具体项目进行明细核算。

2）账务处理

收到相关收入时，按照实际收到的金额，借记"银行存款"等科目，贷记"附属单位上缴收入"科目。

期末结转时，将"附属单位上缴收入"科目本期发生额中的专项资金收入转入工会资金结转，借记"附属单位上缴收入"科目各专项资金收入明细科目，贷记"工会资金结转——本年收支结转"科目；将"附属单位上缴收入"科目本期发生额中的非专项资金收入转入工会资金结余，借记"附属单位上缴收入"科目各非专项资金收入明细科目，贷记"工会资金结余——本年收支结转"科目。

附属单位上缴收入相关的账务处理如表 5-10 所示。

表 5-10　　　　　　附属单位上缴收入相关的账务处理

会计事项	账务处理
收到相关收入时	借：银行存款 　　贷：附属单位上缴收入
期末结转	本期发生额中的专项资金收入： 借：附属单位上缴收入 　　贷：工会资金结转——本年收支结转 本期发生额中的非专项资金收入： 借：附属单位上缴收入 　　贷：工会资金结余——本年收支结转

3）案例解析

【例 5-21】 2×22 年 9 月 21 日，某市总工会收到其附属某事业单位当年上缴收入 10 000 元。

该市总工会的账务处理如下：

借：银行存款　　　　　　　　　　　　　　　　　　　　　　　　10 000
　　贷：附属单位上缴收入——某事业单位　　　　　　　　　　　　　10 000

【例 5-22】 假定某工会采用表结法，2×22 年年末该工会"附属单位上缴收入"科目余额为 800 000 元，年末进行结转。

该市总工会的账务处理如下：

借：附属单位上缴收入　　　　　　　　　　　　　　　　　　　　800 000
　　贷：工会资金结余——本年收支结转　　　　　　　　　　　　　　800 000

5.7 投 资 收 益

1）业务概述

"投资收益"科目核算工会对外投资发生的损益。投资收益包括工会对外投资取得的利息、分得的股利或利润，以及收回投资时实际取得的价款与"投资"科目账面余额的差额。"投资收益"科目期末结转后无余额。

为了核算工会对外投资发生的损益，工会应当设置"投资收益"一级科目。投资收益中如有专项资金收入，应当按照具体项目进行明细核算。

2）账务处理

投资持有期间，收到利息、股利等投资收益时，按照实际收到的金额，借记"银行存款"科目，贷记"投资收益"科目。

对外转让或到期收回债券投资本息，按照实际收到的金额，借记"银行存款"科目，按照收回投资的账面余额，贷记"工会资金结余"科目，按照其差额，贷记或借记"投资收益"科目；同时，按照收回投资的账面余额，借记"资产基金——投资"科目，贷记"投资"科目。

期末结转时，将"投资收益"科目本期发生额中的专项资金收入转入工会资金结转，借记"投资收益"科目各专项资金收入明细科目，贷记"工会资金结转——本年收支结转"科目；将"投资收益"科目本期发生额中的非专项资金收入转入工会资金结余，借记"投资收益"科目各非专项资金收入明细科目，贷记"工会资金结余——本年收支结转"科目。

投资收益相关的账务处理如表 5-11 所示。

新工会会计制度:账务处理与案例解析

表 5-11 投资收益相关的账务处理

会计事项	账务处理
投资持有期间,收到利息、股利等投资收益时	借:银行存款 　　贷:投资收益
对外转让或到期收回债券投资本息	借:银行存款 　　贷:工会资金结余 　　　　投资收益(差额) 同时,结转投资基金: 借:资产基金——投资 　　贷:投资
期末结转	本期发生额中的专项资金收入: 借:投资收益 　　贷:工会资金结转——本年收支结转 本期发生额中的非专项资金收入: 借:投资收益 　　贷:工会资金结余——本年收支结转

3) 案例解析

【例 5-23】 2×22 年 3 月 30 日,某市总工会收到其某投资项目的上年分红 50 000 元。

该市总工会的账务处理如下:

借:银行存款　　　　　　　　　　　　　　　　　　　　　　　50 000
　　贷:投资收益——某投资项目　　　　　　　　　　　　　　　　50 000

【例 5-24】 2×22 年 5 月 9 日,经主席办公会商定,并报上级工会批准,某市总工会某投资项目账面价值 100 000 元,以评估价 150 000 元转让外单位,对方已按合同支付全部价款,并按规定办理有关产权过户手续。

该市总工会的账务处理如下:

借:银行存款　　　　　　　　　　　　　　　　　　　　　　　150 000
　　贷:工会资金结余　　　　　　　　　　　　　　　　　　　　100 000
　　　　投资收益——某投资项目　　　　　　　　　　　　　　　50 000

同时,结转投资基金:

借:资产基金——投资　　　　　　　　　　　　　　　　　　　100 000
　　贷:投资　　　　　　　　　　　　　　　　　　　　　　　　100 000

【例 5-25】 某市总工会采用表结法,2×22 年年末该工会"投资收益"科目贷方余额为 150 000 元。

该市总工会结转投资收益的账务处理如下:

借：投资收益   150 000
　　贷：工会资金结转——本年收支结转   150 000

【例 5-26】 假定某市总工会采用表结法，2×22 年年末该工会"投资收益"科目借方余额为 10 000 元。

该市总工会结转投资收益的账务处理如下：

借：工会资金结转——本年收支结转   10 000
　　贷：投资收益   10 000

5.8 其他收入

"其他收入"科目核算工会取得的除会费收入、拨缴经费收入、上级补助收入、政府补助收入、行政补助收入、附属单位上缴收入、投资收益以外的其他各项收入，如资产盘盈、固定资产处置净收入、接受捐赠收入、银行存款利息收入等。

为了核算工会取得的其他各项收入，工会应当设置"其他收入"一级科目，其他收入中如有专项资金收入，应当按照具体项目进行明细核算。"其他收入"科目贷方登记工会当期确认的各项其他收入金额，借方登记会计期末结转入结余科目的金额，"其他收入"科目期末结转后无余额。

5.8.1 取得银行存款利息收入、接受捐赠等业务

1）业务概述

工会实际收到利息时，需要确认银行存款利息收入；接受其他单位或者个人捐赠的收入表现为货币资金；每日现金账款核对中发现现金溢余且无法查明原因；已核销的其他应收款在以后期间收回的；盘亏或者毁损、报废的各类资产，报经批准处理后收支结清时，处理收入大于相关费用，工会发生以上业务时需按照规定进行相应的会计处理。

2）账务处理

取得银行存款利息收入，借记"银行存款"等科目，贷记"其他收入"科目。

接受捐赠的款项，借记"银行存款"等科目，贷记"其他收入"科目。

每日现金账款核对中如发现现金溢余，属于无法查明原因的，报经批准后处理时，借记"待处理财产损益"科目，贷记"其他收入"科目。

已核销的其他应收款在以后期间收回的，按照实际收回的金额，借记"银行存款"等科目，贷记"其他收入"科目。

盘亏或者毁损、报废的各类资产,报经批准处理后收支结清时,如果处理收入大于相关费用的,按照处理收入减去相关费用后的净收入,借记"待处理财产损溢"科目,贷记"其他收入"科目,需按规定上缴同级政府财政的,贷记"其他应付款"科目。

取得银行存款利息收入、接受捐赠等业务相关的账务处理如表 5-12 所示。

表 5-12　　　　　取得银行存款利息收入、接受捐赠等业务相关的账务处理

会计事项	账务处理
取得银行存款利息收入	借:银行存款 　贷:其他收入——银行存款利息
接受捐赠的款项	借:银行存款 　贷:其他收入——接受捐赠收入
每日现金账款核对中如发现现金溢余,属于无法查明原因的	借:待处理财产损溢 　贷:其他收入——物品盘盈收入
已核销的其他应收款在以后期间收回的	借:银行存款 　贷:其他收入
盘亏或者毁损、报废的各类资产	借:待处理财产损溢 　贷:其他收入 　　其他应付款

3) 案例解析

【例 5-27】 2×22 年 12 月 31 日,某市总工会取得银行存款利息收入 10 000 元,接受外单位捐赠 5 000 元,盘盈库存物品 5 000 元。

该市总工会的账务处理如下:

借:银行存款	15 000
贷:其他收入——银行存款利息	10 000
——接受捐赠收入	5 000
借:待处理财产损溢	5 000
贷:其他收入——物品盘盈收入	5 000

5.8.2　有偿调出、出售固定资产和无形资产

1) 业务概述

工会有偿调出、出售固定资产和无形资产时,应按照相关规定增加"银行存款"等科目余额,同时按照资产账面余额减少"固定资产""无形资产"等科目余额。

2) 账务处理

有偿调出、出售的固定资产和无形资产,按照有偿调出、出售过程中取得的价款,借记"银行存款"等科目,贷记"其他收入"科目,按规定应上缴同级财政的,贷记"其他应付款"科目;同时,按照有偿调出、出售资产的账面价值,借记"资产基金"科目,按照已计提折旧或摊销,借记"累计折旧""累计摊销"科目,按照资产的账面余额,贷记"固定资产""无形资产"科目。

有偿调出、出售固定资产和无形资产相关的账务处理如表 5-13 所示。

表 5-13　　　有偿调出、出售固定资产和无形资产相关的账务处理

会计事项	账务处理
有偿调出、出售的固定资产和无形资产	借:银行存款 　　贷:其他收入 　　　　其他应收款 借:资产基金 　　累计折旧 　　贷:固定资产/无形资产

3) 案例解析

【例 5-28】 2×22 年 8 月 26 日,某市总工会将一套已使用多年的办公设备出售,收到价款 2 000 元,该设备的账面价值为 10 000 元,累计折旧 5 000 元。

该市总工会的账务处理如下:

借:银行存款	2 000
贷:其他收入	2 000
借:资产基金	5 000
累计折旧	5 000
贷:固定资产——办公设备	10 000

【例 5-29】 2×22 年 5 月 19 日,某省总工会一项健身器材报废,账面价值 10 000 元,清理过程中发生清理费用 300 元(用银行存款支付),收到残值变价收入现金 1 000 元。

该省总工会的账务处理如下:

借:库存现金	1 000
贷:银行存款	300
其他收入	700
借:资产基金	10 000
贷:固定资产——健身器材	10 000

5.8.3 期末结转

1) 业务概述

工会在期末都需要将"其他收入"科目结转,使其余额为零。

2) 账务处理

期末结转时,将"其他收入"科目本期发生额中的专项资金收入转入工会资金结转,借记"其他收入"科目各专项资金收入明细科目,贷记"工会资金结转——本年收支结转"科目;将"其他收入"科目本期发生额中的非专项资金收入转入工会资金结余,借记"其他收入"科目各非专项资金收入明细科目,贷记"工会资金结余——本年收支结转"科目。

期末结转相关的账务处理如表 5-14 所示。

表 5-14　期末结转相关的账务处理

会计事项	账务处理
期末结转	本期发生额中的专项资金收入: 借:其他收入 　　贷:工会资金结转——本年收支结转 本期发生额中的非专项资金收入: 借:其他收入 　　贷:工会资金结余——本年收支结转

3) 案例解析

【例 5-30】 假定某市总工会采用表结法,该工会 2×22 年年末"其他收入"科目余额为 50 000 元。

该市总工会结转其他收入的账务处理如下:

借:其他收入　　　　　　　　　　　　　　　　　　　　　50 000
　　贷:工会资金结余——本年收支结转　　　　　　　　　　50 000

5.9 动用预算稳定调节基金

1) 业务概述

"动用预算稳定调节基金"科目核算县级以上工会按照工会预算管理规定动用的预算稳定调节基金。"动用预算稳定调节基金"科目期末结转后无余额。

2）账务处理

工会按规定动用预算稳定调节基金时，按照动用的金额，借记"预算稳定调节基金"科目，贷记"动用预算稳定调节基金"科目。

期末结转时，将"动用预算稳定调节基金"科目本期发生额转入"工会资金结余"科目，借记"动用预算稳定调节基金"科目，贷记"工会资金结余——本年收支结转"科目。

动用预算稳定调节基金相关的账务处理如表 5-15 所示。

表 5-15　　　　　　　　动用预算稳定调节基金相关的账务处理

会计事项	账务处理
按规定动用预算稳定调节基金时	借：预算稳定调节基金 　　贷：动用预算稳定调节基金
期末结转	借：动用预算稳定调节基金 　　贷：工会资金结余——本年收支结转

3）案例解析

【例 5-31】 2×22 年 11 月 13 日，某市总工会按照工会预算管理规定动用预算稳定调节基金 3 000 元。

该市总工会的账务处理如下：

借：预算稳定调节基金　　　　　　　　　　　　　　　　　　　　　3 000
　　贷：动用预算稳定调节基金　　　　　　　　　　　　　　　　　　　3 000

【例 5-32】 2×22 年，该市总工会"动用预算稳定调节基金"科目本年发生额共计 10 000 元，期末将本期发生额进行结转。

该市总工会的账务处理如下：

借：动用预算稳定调节基金　　　　　　　　　　　　　　　　　　　10 000
　　贷：工会资金结余——本年收支结转　　　　　　　　　　　　　　　10 000

第 6 章

工会支出的会计核算

6.1 职工活动支出

1) 业务概述

"职工活动支出"科目核算基层工会为会员及其他职工开展教育活动、文体活动、宣传活动、劳模职工疗休养活动、会员活动等活动发生的支出。职工活动支出包括职工教育支出、文体活动支出、宣传活动支出、劳模职工疗休养支出、会员活动支出和其他活动支出。

"职工活动支出"科目应设置以下明细科目:

50101 职工教育支出:核算基层工会服务和开展的政治、法律、科技、业务等专题培训和职工技能培训所需的教材资料、教学用品、场地租金等方面的支出,支付职工教育活动聘请授课人员的酬金,服务和开展所属工会的职工素质提升补助和职工教育培训优秀学员的奖励。

50102 文体活动支出:核算基层工会用于组织和开展职工业余文体活动所需器材、服装、用品等购置、租赁与维修方面的支出以及活动场地、交通工具的租金支出等,以及用于文体活动优胜者的奖励支出,文体活动中必要的伙食补助费。

50103 宣传活动支出:核算基层工会开展职工宣传活动方面的各项支出。

50104 劳模职工疗休养支出:核算基层工会用于组织和开展的劳动模范和先进职工疗休养活动的公杂费等补助。

50105 会员活动支出:核算基层工会组织会员观看电影、文艺演出,开展春游秋游,为会员购买当地公园年票等的支出以及用于基层工会逢年过节和会员生日、婚丧嫁娶、退休离岗的慰问、会员特殊困难的补助支出。

50106 其他活动支出:核算基层工会开展其他活动的各项支出。

2) 账务处理

"职工活动支出"科目应当分别按照"基本支出"和"项目支出"进行明细核算,在"项目支出"下按照具体项目进行明细核算;同时,按照《政府收支分类科目》中"部门预算支出经济分类科目"的款级科目进行明细核算。

发生职工活动支出时,借记"职工活动支出"科目,贷记"库存现金""银行存款"等科目。

期末结转时,将"职工活动支出"科目本期发生额中的工会资金专项资金支出转入工会资金结转,借记"工会资金结转——本年收支结转"科目,贷记"职工活动支出"科目;将"职工活动支出"科目本期发生额中的工会资金非专项资金支出转入工会资金结余,借记"工会资金结余——本年收支结转"科目,贷记"职工活动支出"科目。

职工活动支出相关的账务处理如表6-1所示。

表6-1　　　　　　　　　　职工活动支出相关的账务处理

会计事项	账务处理
发生职工活动支出	借:职工活动支出 　　贷:库存现金/银行存款 支出的款项中有形成库存物品等资产的: 借:库存物品 　　贷:资产基金
期末结转	将本期发生额中的工会资金专项资金支出转入工会资金结转: 借:工会资金结转——本年收支结转 　　贷:职工活动支出 将本期发生额中的工会资金非专项资金支出转入工会资金结余: 借:工会资金结余——本年收支结转 　　贷:职工活动支出

3)案例解析

【例6-1】 2×22年9月25日,为庆祝"十一"国庆节,某基层工会为职工购买电影票发生费用30 000元,用支票支付。

该基层工会的账务处理如下:

借:职工活动支出——文体活动支出　　　　　　　　　　　　　30 000
　　贷:银行存款　　　　　　　　　　　　　　　　　　　　　　　30 000

【例6-2】 2×22年8月19日,某公司工会为解决某名工会会员因工伤住院导致生活困难的情况,依据工会委员会会员特殊困难补助规定,给予该人3 000元补助,以现金支付。

该公司基层工会的账务处理如下:

借:职工活动支出——会员活动支出　　　　　　　　　　　　　3 000
　　贷:库存现金　　　　　　　　　　　　　　　　　　　　　　　3 000

【例6-3】 2×22年1月20日,某公司工会为普及新版工会会计制度知识,决定在本系统举办知识竞赛活动,发生场租费15 000元(用支票支付),奖品费用6 000元(以现金支付)。

该公司基层工会的账务处理如下:

```
借：职工活动支出——职工教育支出                    21 000
    贷：银行存款                                   15 000
        库存现金                                    6 000
```

【例 6-4】 2×22 年 9 月 20 日,某公司工会为增强广大职工安全生产意识,决定设置一个电子宣传栏,以视频方式展示安全生产重要性和注意事项,共发生材料费用 8 000 元,以支票支付。

该公司基层工会的账务处理如下：

```
借：职工活动支出——宣传活动支出                     8 000
    贷：银行存款                                    8 000
```

【例 6-5】 假定某市总工会采用表结法,该工会 2×22 年 12 月 31 日"职工活动支出"科目余额为 118 000 元。其中,专项资金支出 5 000 元,非专项资金支出 6 800 元。

该市总工会结转职工活动支出的账务处理如下：

```
借：工会资金结转——本年收支结转                     5 000
    工会资金结余——本年收支结转                     6 800
    贷：职工活动支出                              118 000
```

6.2 职工活动组织支出

1) 业务概述

"职工活动组织支出"科目核算县级以上工会组织和开展职工教育活动、文体活动、宣传活动、劳模职工疗休养等活动所发生的支出。职工活动组织支出包括职工教育支出、文体活动支出、宣传活动支出、劳模职工疗休养支出和其他活动支出。

"职工活动组织支出"科目应设置以下明细科目：

50201　职工教育支出：核算县级以上工会组织和开展的政治、法律、科技、业务等专题培训和职工技能培训所需的教材资料、教学用品、场地租金等方面的支出,支付职工教育活动聘请的授课人员酬金,用于组织基层工会开展的职工素质提升补助和职工教育培训优秀学员的奖励。

50202　文体活动支出：核算县级以上工会用于组织和开展职工业余文体活动所需器材、服装、用品等购置、租赁与维修方面的支出以及活动场地、交通工具的租金支出等,以及用于文体活动优胜者的奖励支出,文体活动中必要的伙食补助费。

50203　宣传活动支出：核算县级以上工会用于组织和开展重点工作、重大主题和重大节日宣传活动所需的材料消耗、场地租金、购买服务等方面的支出,用于培育和践行社会主义核心价值观,弘扬劳模精神和工匠精神等经常性宣传活动方面的支出,用于知识竞赛、宣讲、演讲比赛、展览等宣传活动的支出。

50204 劳模职工疗休养支出：核算县级以上工会用于组织和开展的劳动模范和先进职工疗休养活动的往返交通费、住宿费、市内交通费、伙食补助、公杂费等补助支出。

50205 其他活动支出：核算县级以上工会开展其他活动的各项支出。

2）账务处理

"职工活动组织支出"科目应当分别按照"基本支出"和"项目支出"进行明细核算，在"项目支出"下按照具体项目进行明细核算；同时，按照《政府收支分类科目》中"部门预算支出经济分类科目"的款级科目进行明细核算。

从同级政府财政部门取得财政拨款的县级以上工会，还应当根据资金来源按照"财政拨款""工会资金"进行明细核算，同时，在"财政拨款"明细科目下按照《政府收支分类科目》"支出功能分类科目"的项级科目进行明细核算。

发生职工或会员活动支出时，借记"职工活动组织支出"科目，贷记"库存现金""银行存款""零余额账户用款额度"等科目。

期末结转时，将"职工活动组织支出"科目本期发生额中的财政拨款支出转入财政拨款结转，借记"财政拨款结转——本年收支结转"科目，贷记"职工活动组织支出"科目；将"职工活动组织支出"科目本期发生额中的工会资金专项资金支出转入工会资金结转，借记"工会资金结转——本年收支结转"科目，贷记"职工活动组织支出"科目；将"职工活动组织支出"科目本期发生额中的工会资金非专项资金支出转入工会资金结余，借记"工会资金结余——本年收支结转"科目，贷记"职工活动组织支出"科目。

职工活动组织支出相关的账务处理如表 6-2 所示。

表 6-2　　　　　　　　　职工活动组织支出相关的账务处理

会计事项	账务处理
发生职工活动组织支出	借：职工活动组织支出 　　贷：库存现金/银行存款/零余额账户用款额度 支出的款项中有形成库存物品等资产的： 借：库存物品 　　贷：资产基金
期末结转	借：财政拨款结转——本年收支结转 　　贷：职工活动组织支出 将本期发生额中的工会资金专项资金支出转入工会资金结转： 借：工会资金结转——本年收支结转 　　贷：职工活动组织支出 将本期发生额中的工会资金非专项资金支出转入工会资金结余： 借：工会资金结余——本年收支结转 　　贷：职工活动组织支出

3）案例解析

【例 6-6】 2×22 年 12 月 31 日，某市总工会发生职工教育支出、文体活动支出、宣传活动支出、劳模职工疗休养支出、其他活动支出等职工活动组织支出总计 100 000 元，其中，支出的款项中形成库存物品等资产的成本为 5 000 元。本期发生额中的财政拨款支出为 70 000 元；工会资金专项资金支出为 20 000 元；工会资金非专项资金支出为 10 000 元。

该市总工会的账务处理如下：

① 发生职工活动组织支出：

借：职工活动组织支出　　　　　　　　　　　　　　　　100 000
　　贷：库存现金/银行存款/零余额账户用款额度　　　　　　　100 000
借：库存物品　　　　　　　　　　　　　　　　　　　　　5 000
　　贷：资产基金　　　　　　　　　　　　　　　　　　　　　5 000

② 期末结转：

借：财政拨款结转——本年收支结转　　　　　　　　　　70 000
　　贷：职工活动组织支出　　　　　　　　　　　　　　　　　70 000
借：工会资金结转——本年收支结转　　　　　　　　　　20 000
　　贷：职工活动组织支出　　　　　　　　　　　　　　　　　20 000
借：工会资金结余——本年收支结转　　　　　　　　　　10 000
　　贷：职工活动组织支出　　　　　　　　　　　　　　　　　10 000

6.3　职工服务支出

1）业务概述

职工服务支出是指本工会服务和开展职工劳动和技能竞赛活动、职工创新活动、建家活动、职工书屋、职工互助保障、心理咨询等工作发生的支出。职工服务支出包括劳动和技能竞赛活动支出、建家活动支出、职工创新活动支出、职工书屋活动支出和其他服务支出。

"职工服务支出"科目应设置以下明细科目：

50301　劳动和技能竞赛活动支出：核算工会组织开展合理化建议、技术革新、发明创造、岗位练兵、技术比武、技术培训等劳动和技能竞赛活动支出及其奖励支出。

50302　建家活动支出：核算工会组织建设、建家活动方面的支出。

50303　职工创新活动支出：核算工会开展的劳模和工匠人才创新工作、职工创新工作活动发生的支出。

50304 职工书屋活动支出:核算工会为建设职工书屋而发生的图书购置以及维护的支出。

50305 其他服务支出:核算工会组织和开展会员和职工普惠制服务、心理咨询、互助保障等其他方面的支出。

2) 账务处理

"职工服务支出"科目应当分别按照"基本支出"和"项目支出"进行明细核算,在"项目支出"下按照具体项目进行明细核算;同时,按照《政府收支分类科目》中"部门预算支出经济分类科目"的款级科目进行明细核算。

从同级政府财政部门取得财政拨款的县级以上工会,还应当根据资金来源按照"财政拨款""工会资金"进行明细核算;同时,在"财政拨款"明细科目下按照《政府收支分类科目》"支出功能分类科目"的项级科目进行明细核算。

发生职工服务支出时,借记"职工服务支出"科目,贷记"库存现金""银行存款""零余额账户用款额度"等科目。

期末结转时,将"职工服务支出"科目本期发生额中的财政拨款支出转入财政拨款结转,借记"财政拨款结转——本年收支结转"科目,贷记"职工服务支出"科目;将"职工服务支出"科目本期发生额中的工会资金专项资金支出转入工会资金结转,借记"工会资金结转——本年收支结转"科目,贷记"职工服务支出"科目;将"职工服务支出"科目本期发生额中的工会资金非专项资金支出转入工会资金结余,借记"工会资金结余——本年收支结转"科目,贷记"职工服务支出"科目。"职工服务支出"科目期末结转后无余额。

职工服务支出相关的账务处理如表 6-3 所示。

表 6-3 职工服务支出相关的账务处理

会计事项	账务处理
发生职工服务支出	借:职工服务支出 　　贷:库存现金/银行存款/零余额账户用款额度 支出的款项中有形成库存物品等资产的: 借:库存物品 　　贷:资产基金
期末结转	借:财政拨款结转——本年收支结转 　　贷:职工服务支出 将本期发生额中的工会资金专项资金支出转入工会资金结转: 借:工会资金结转——本年收支结转 　　贷:职工服务支出 将本期发生额中的工会资金非专项资金支出转入工会资金结余: 借:工会资金结余——本年收支结转 　　贷:职工服务支出

3）案例解析

【例 6-7】 2×22 年 12 月 31 日，某市总工会发生劳动和技能竞赛活动支出、建家活动支出、职工创新活动支出、职工书屋活动支出、其他服务支出等职工服务支出总计 120 000 元，其中，支出的款项中形成库存物品等资产的成本为 15 000 元。本期发生额中的财政拨款支出为 80 000 元；工会资金专项资金支出为 20 000 元；工会资金非专项资金支出为 20 000 元。

该市总工会的账务处理如下：

① 发生职工服务支出：

借：职工服务支出	120 000
贷：库存现金/银行存款/零余额账户用款额度	120 000
借：库存物品	15 000
贷：资产基金	15 000

② 期末结转：

借：财政拨款结转——本年收支结转	80 000
贷：职工服务支出	80 000
借：工会资金结转——本年收支结转	20 000
贷：职工服务支出	20 000
借：工会资金结余——本年收支结转	20 000
贷：职工服务支出	20 000

6.4 维权支出

1）业务概述

"维权支出"科目核算工会用于维护职工权益的支出，包括法律援助支出、劳动关系协调支出、劳动保护支出、困难职工帮扶支出、送温暖支出和其他维权支出。

"维权支出"科目应设置以下明细科目：

50401　法律援助支出：核算工会向职工群众提供法律咨询、法律服务等发生的支出。

50402　劳动关系协调支出：核算工会用于推进创建劳动关系和谐企业活动、加强劳动争议调解和队伍建设、开展劳动合同咨询活动、集体合同示范文本印制与推广等方面的支出。

50403　劳动保护支出：核算工会用于开展群众性安全生产和职业病防治活动、加强群监员队伍建设、开展职工心理健康维护等促进安全健康生产、保护职工生命安全为宗旨开展职工劳动保护发生的支出。

50404　困难职工帮扶支出：核算工会对困难职工帮扶发生的支出。

50405　送温暖支出：核算工会向职工送温暖发生的支出。

50406　其他维权支出：核算以上各项维权活动之外的维权支出，如参与立法费等。

2）账务处理

发生维权支出时，借记"维权支出"科目，贷记"库存现金""银行存款""零余额账户用款额度"等科目。

县级以上工会提取工会干部权益保障金时，借记"维权支出"科目，贷记"专用基金"科目。

期末结转时，将"维权支出"科目本期发生额中的财政拨款支出转入财政拨款结转，借记"财政拨款结转——本年收支结转"科目，贷记"维权支出"科目；将"维权支出"科目本期发生额中的工会资金专项资金支出转入工会资金结转，借记"工会资金结转——本年收支结转"科目，贷记"维权支出"科目；将"维权支出"科目本期发生额中的工会资金非专项资金支出转入工会资金结余，借记"工会资金结余——本年收支结转"科目，贷记"维权支出"科目。"维权支出"科目期末结转后无余额。

维权支出相关的账务处理如表6-4所示。

表6-4　　　　　　　　　　　维权支出相关的账务处理

会计事项	账务处理
发生维权支出	借：维权支出 　　贷：库存现金/银行存款/零余额账户用款额度 支出的款项中有形成库存物品等资产的： 借：库存物品 　　贷：资产基金
提取工会干部权益保障金	借：维权支出 　　贷：专用基金
期末结转	借：财政拨款结转——本年收支结转 　　贷：维权支出 将本期发生额中的工会资金专项资金支出转入工会资金结转： 借：工会资金结转——本年收支结转 　　贷：维权支出 将本期发生额中的工会资金非专项资金支出转入工会资金结余： 借：工会资金结余——本年收支结转 　　贷：维权支出

3）案例解析

【例6-8】　2×22年4月12日，某市总工会为宣传劳动合同法，提高职工法律意识，开展大型主题咨询活动,支付场租费 40 000 元,用支票支付。

该市总工会的账务处理如下:

借:维权支出——劳动关系协调支出 40 000
  贷:银行存款 40 000

【例 6-9】 2×22 年 5 月 15 日,某集团工会组织本系统安全员举办生产安全知识培训暨经验交流会,发生材料费 20 000 元,场租费 30 000 元,食宿费 15 000 元,用支票支付。

该集团基层工会的账务处理如下:

借:维权支出——劳动保护支出 65 000
  贷:银行存款 65 000

【例 6-10】 2×22 年 8 月 25 日,某市总工会用购买服务的方式,为基层帮扶中心聘用专职律师,现按照合同约定支付酬金 100 000 元,用支票支付。

该市总工会的账务处理如下:

借:维权支出——法律援助支出 100 000
  贷:银行存款 100 000

【例 6-11】 2×22 年 8 月 18 日,某市总工会按照全总的统一部署,开展"金秋助学"活动,为 9 户困难职工家庭发放助学款合计 45 000 元,用现金方式付讫。

该市总工会的账务处理如下:

借:维权支出——困难职工帮扶支出 45 000
  贷:库存现金 45 000

【例 6-12】 2×22 年中秋节前夕,某系统工会开展对 300 名职工"送温暖"活动,每位职工一份粮油一份慰问金,粮油价值 200 元(用支票支付),慰问金 1 000 元(用现金支付),共发生费用 360 000 元。

该系统工会的账务处理如下:

借:维权支出——送温暖支出 360 000
  贷:库存现金 300 000
    银行存款 60 000

【例 6-13】 2×22 年 5 月 8 日,为维护职工权益,某市总工会参与市人大关于涉及职工权益的法规修订,双方组成工作小组,深入厂矿调研,发生租车费用 6 000 元,资料费 2 000 元,食宿费 15 000 元,用支票支付。

该市总工会的账务处理如下:

借：维权支出——其他维权支出　　　　　　　　　　　　　　　　　23 000
　　贷：银行存款　　　　　　　　　　　　　　　　　　　　　　　　23 000

【例 6-14】 2×22 年 12 月 31 日，某市总工会根据当年预算，提取工会干部权益保障金 600 000 元。

该市总工会的账务处理如下：

借：维权支出——其他维权支出　　　　　　　　　　　　　　　　600 000
　　贷：专用基金——权益保障金　　　　　　　　　　　　　　　　　600 000

【例 6-15】 假定某市总工会采用表结法，该工会 2×22 年 12 月 31 日"维权支出"科目余额为 880 000 元。其中，财政拨款支出 280 000 元，工会资金专项资金支出 350 000 元，工会资金非专项资金支出 250 000 元。

该市总工会结转维权支出的账务处理如下：

借：财政拨款结转——本年收支结转　　　　　　　　　　　　　　280 000
　　工会资金结转——本年收支结转　　　　　　　　　　　　　　　350 000
　　工会资金结余——本年收支结转　　　　　　　　　　　　　　　250 000
　　贷：维权支出　　　　　　　　　　　　　　　　　　　　　　　880 000

6.5　业　务　支　出

1) 业务概述

"业务支出"科目核算工会培训工会干部、加强自身建设及开展业务工作发生的各项支出。业务支出包括培训支出、专业工作会议支出、一般会议支出、专项业务支出、社会化工会工作者补贴支出和其他业务支出。

"业务支出"科目应设置以下明细科目：

50501　培训支出：核算工会干部、积极分子培训等支出。

50502　专业工作会议支出：核算用于工会会员大会或会员代表大会、委员会、常委会、经费审查委员会以及其他专业工作会议的各项支出，包括会议期间按规定开支的住宿费、伙食费、会议场地租金、交通费、文件印刷费、医药费等。

50503　一般会议支出：核算除专业工作会议范围之外的会议费，包括会议期间按规定开支的住宿费、伙食费、会议场地租金、交通费、文件印刷费、医药费等。

50504　专项业务支出：核算工会开展的专题调研、专项工作及外事活动方面的开支。

50505　社会化工会工作者补贴支出：核算工会用于发放兼职工会干部和专职社会化工会工作者补贴的开支。

50506　其他业务支出：不属于以上业务开支的其他费用。

2) 账务处理

发生业务支出时，按照实际支付的金额，借记"业务支出"科目，贷记"库存现金""银行存款""零余额账户用款额度"等科目。支出的款项中有形成库存物品等资产的，应当同时按照确定的成本借记"库存物品"等科目，贷记"资产基金"科目。

期末结转时，将"业务支出"科目本期发生额中的财政拨款支出转入财政拨款结转，借记"财政拨款结转——本年收支结转"科目，贷记"业务支出"科目；将"业务支出"科目本期发生额中的工会资金专项资金支出转入工会资金结转，借记"工会资金结转——本年收支结转"科目，贷记"业务支出"科目；将"业务支出"科目本期发生额中的工会资金非专项资金支出转入工会资金结余，借记"工会资金结余——本年收支结转"科目，贷记"业务支出"科目。

"业务支出"科目期末结转后无余额。

业务支出相关的账务处理如表 6-5 所示。

表 6-5　　　　　　　　　　业务支出相关的账务处理

会计事项	账务处理
发生业务支出	借：业务支出 　　贷：库存现金/银行存款/零余额账户用款额度 支出的款项中有形成库存物品等资产的： 借：库存物品 　　贷：资产基金
期末结转	借：财政拨款结转——本年收支结转 　　贷：业务支出 将本期发生额中的工会资金专项资金支出转入工会资金结转： 借：工会资金结转——本年收支结转 　　贷：业务支出 将本期发生额中的工会资金非专项资金支出转入工会资金结余： 借：工会资金结余——本年收支结转 　　贷：业务支出

3) 案例解析

【例 6-16】 2×22 年 4 月 28 日，某集团工会召开工会代表大会，共发生费用 8 000 元，以支票支付。

该集团基层工会的账务处理如下：

借：业务支出——专业工作会议支出　　　　　　　　　　　　　　8 000
　　贷：银行存款　　　　　　　　　　　　　　　　　　　　　　　　8 000

【例 6-17】 2×22 年 9 月 18 日，某集团工会组织新上任基层工会主席参加工会业务培训，发生场租费 20 000 元，材料费 10 000 元，均以支票支付。

该集团基层工会的账务处理如下：

借:业务支出——培训支出　　　　　　　　　　　　　　　　　　30 000
　　贷:银行存款　　　　　　　　　　　　　　　　　　　　　　　　30 000

【例 6-18】 2×22年年初,为了解工资谈判情况,某市总工会派人出访某国进行考察,共发生费用400 000元,以银行存款结算。

该市总工会的账务处理如下:

借:业务支出——专项业务支出　　　　　　　　　　　　　　　400 000
　　贷:银行存款　　　　　　　　　　　　　　　　　　　　　　　400 000

【例 6-19】 2×22年年底,某市总工会经审干部参加审计局组织的审计业务培训班,发生培训费2 000元,以现金支付。

该市总工会的账务处理如下:

借:业务支出——培训支出　　　　　　　　　　　　　　　　　2 000
　　贷:库存现金　　　　　　　　　　　　　　　　　　　　　　　2 000

【例 6-20】 2×22年年底,某市总工会为贯彻《物权法》,加强工会资产管理,组成工作小组清理本级资产权属方面的问题,其前往档案馆查阅有关资料,发生文件复印费1 000元,以现金支付。

该市总工会的账务处理如下:

借:业务支出——其他业务支出　　　　　　　　　　　　　　　1 000
　　贷:库存现金　　　　　　　　　　　　　　　　　　　　　　　1 000

【例 6-21】 假定某市总工会采用表结法,该工会2×22年12月31日"业务支出"科目余额为350 000元。其中,财政拨款支出100 000元,工会资金专项资金支出150 000元,工会资金非专项资金支出100 000元。

该市总工会结转业务支出的账务处理如下:

借:财政拨款结转——本年收支结转　　　　　　　　　　　　　100 000
　　工会资金结转——本年收支结转　　　　　　　　　　　　　150 000
　　工会资金结余——本年收支结转　　　　　　　　　　　　　100 000
　　贷:业务支出　　　　　　　　　　　　　　　　　　　　　　　350 000

6.6　行　政　支　出

1) 业务概述

"行政支出"科目核算县级以上工会为行政管理、后勤保障等发生的各项日常支出。行政支出包括工资福利支出、商品和服务支出、对个人和家庭的补助和其他行政支出。

"行政支出"科目应设置以下明细科目：

50601 工资福利支出：核算工会开支的专职工作人员和聘用人员的各类劳动报酬，以及为上述人员缴纳的各项社会保险费等，包括：基本工资、津贴补贴、奖金、社会保障缴费、伙食补助费等。

50602 商品和服务支出：核算工会购买商品和服务的支出（不包括用于购置固定资产、无形资产的支出），包括：办公费、印刷费、咨询费、手续费、水费、电费、邮电费、物业管理费、交通费（燃料费、保险费、修理费、其他交通费）、差旅费（住宿费、旅费、伙食补助费、杂费）、维修（护）费、租赁费、招待费（餐费、其他招待费）、专用材料费、劳务费、委托业务费、工会经费、福利费等。

50603 对个人和家庭的补助支出：核算工会用于对个人和家庭的补助支出，包括：离休费、退休费、退职费、抚恤金、生活补助、医疗费、住房公积金、提租补贴、购房补贴等。

50604 其他行政支出：核算不能划分到上述经济科目的其他支出。

2）账务处理

计算确认当期人员经费时，借记"行政支出"科目，贷记"应付职工薪酬"科目。

支出公用经费时，按照实际支付的金额，借记"行政支出"科目，贷记"库存现金""银行存款""零余额账户用款额度"等科目。支出的款项中有购入库存物品的，应当同时按照确定的成本，借记"库存物品"科目，贷记"资产基金"科目。

期末结转时，将"行政支出"科目本期发生额中的财政拨款支出转入财政拨款结转，借记"财政拨款结转——本年收支结转"科目，贷记"行政支出"科目；将"行政支出"科目本期发生额中的工会资金专项资金支出转入工会资金结转，借记"工会资金结转——本年收支结转"科目，贷记"行政支出"科目；将"行政支出"科目本期发生额中的工会资金非专项资金支出转入工会资金结余，借记"工会资金结余——本年收支结转"科目，贷记"行政支出"科目。"行政支出"科目期末结转后无余额。

行政支出相关的账务处理如表6-6所示。

表6-6　　　　　　　　　　　　行政支出相关的账务处理

会计事项	账务处理
计算确认当期人员经费	借：行政支出 　　贷：应付职工薪酬
支出公用经费	借：行政支出 　　贷：库存现金/银行存款/零余额账户用款额度 支出的款项中有形成库存物品等资产的： 借：库存物品 　　贷：资产基金

(续表)

会计事项	账务处理
期末结转	借：财政拨款结转——本年收支结转 　　贷：行政支出 将本期发生额中的工会资金专项资金支出转入工会资金结转： 借：工会资金结转——本年收支结转 　　贷：行政支出 将本期发生额中的工会资金非专项资金支出转入工会资金结余： 借：工会资金结余——本年收支结转 　　贷：行政支出

3）案例解析

【例 6-22】 2×22 年 7 月 26 日，某市总工会用"零余额账户用款额度"发放退休人员工资 160 000 元。

该市总工会的账务处理如下：

借：行政支出——对个人和家庭的补助支出　　　　　　　　160 000
　　贷：应付职工薪酬——退休人员　　　　　　　　　　　　160 000
借：应付职工薪酬——退休人员　　　　　　　　　　　　　160 000
　　贷：零余额账户用款额度　　　　　　　　　　　　　　　160 000

【例 6-23】 2×22 年 6 月 30 日，某市总工会支付专职人员工资 18 000 元，用现金支付。

该市总工会的账务处理如下：

借：行政支出——工资福利支出　　　　　　　　　　　　　18 000
　　贷：应付职工薪酬——在职人员　　　　　　　　　　　　18 000
借：应付职工薪酬——在职人员　　　　　　　　　　　　　18 000
　　贷：库存现金　　　　　　　　　　　　　　　　　　　　18 000

【例 6-24】 2×22 年 7 月 8 日，某市总工会向邮局支付累计发生的机关邮寄费 20 000 元，用支票支付。

该市总工会的账务处理如下：

借：行政支出——商品和服务支出　　　　　　　　　　　　20 000
　　贷：银行存款　　　　　　　　　　　　　　　　　　　　20 000

【例 6-25】 假定某市总工会采用表结法，该工会 2×22 年 12 月 31 日"行政支出"科目余额为 300 000 元。其中，财政拨款支出 100 000 元，工会资金专项资金支出 150 000 元，工会资金非专项资金支出 50 000 元。

该市总工会结转业务支出的账务处理如下：

借：财政拨款结转——本年收支结转　　　　　　　　　　　　　　100 000
　　工会资金结转——本年收支结转　　　　　　　　　　　　　　150 000
　　工会资金结余——本年收支结转　　　　　　　　　　　　　　 50 000
　　贷：行政支出　　　　　　　　　　　　　　　　　　　　　　300 000

6.7　资本性支出

"资本性支出"科目核算工会从事建设工程、设备工具购置、大型修缮和信息网络购建而发生的实际支出。资本性支出的特点是一次投入但多期受益，主要包括房屋建筑物购建支出、办公设备购置支出、专用设备购置支出、交通工具购置支出、大型修缮支出、信息网络购建支出和其他资本性支出。

"资本性支出"科目应设置以下明细科目：

50701　房屋建筑物购建支出：核算工会用于购买、自行建造办公用房、仓库、食堂等建筑物（含附属设施，如电梯、通信线路、电缆、水气管道等）的支出。

50702　办公设备购置支出：核算工会购置纳入固定资产核算范围的办公家具和办公设备的支出。

50703　专用设备购置支出：核算工会购置具有专门用途、纳入固定资产核算范围的各类专用设备的支出。

50704　交通工具购置支出：核算工会用于购置各类交通工具的支出（含车辆购置税）。

50705　大型修缮支出：核算工会各类设备、建筑物等的大型修缮支出。

50706　信息网络购建支出：核算工会用于信息网络方面的支出，如计算机硬件、软件购置、开发、应用支出等。购建的计算机硬件、软件等不符合固定资产、无形资产确认标准的，不在此科目核算。

50707　其他资本性支出：核算工会其他上述科目中未包括的资本性支出。

6.7.1　购置、有偿调入固定资产、无形资产等

1）业务概述

工会购置、有偿调入固定资产、无形资产等时，需要增加资本性支出，同时减少"银行存款"等科目的余额，并对所购入的固定资产、无形资产等进行会计确认、计量和记录。

2）账务处理

购置、有偿调入固定资产、无形资产等时，按照实际支出的金额，借记"资本性支出"科目，贷记"银行存款""零余额账户用款额度""政府补助收入"等科目；同时，按照确定的资

产成本,借记"固定资产""无形资产"科目,贷记"资产基金"科目。

购置、有偿调入固定资产、无形资产等相关的账务处理如表6-7所示。

表6-7　　　　　　购置、有偿调入固定资产、无形资产等相关的账务处理

会计事项	账务处理
购置、有偿调入固定资产、无形资产等	借:资本性支出 　　贷:银行存款/零余额账户用款额度/政府补助收入 借:固定资产/无形资产 　　贷:资产基金

3) 案例解析

【例6-26】 2×22年1月初,某市总工会开始进行机关办公网络建设,网络建设总造价500 000元。按照合同约定,1月初预付建设资金240 000元,3月随工程建设进度再行支付建设资金160 000元,待竣工验收后支付工程尾款100 000元。同时与该项目相配套,于工程竣工验收后购买电脑20台,每台6 000元。

该市总工会的账务处理如下:

① 支付工程首付款时:

借:在建工程	240 000
贷:资产基金——在建工程	240 000
借:资本性支出——信息网络购建支出	240 000
贷:银行存款	240 000

② 支付二次工程款时:

借:在建工程	160 000
贷:资产基金——在建工程	160 000
借:资本性支出——信息网络购建支出	160 000
贷:银行存款	160 000

③ 工程验收审计后,支付尾款时:

借:在建工程	100 000
贷:资产基金——在建工程	100 000
借:资本性支出——信息网络购建支出	100 000
贷:银行存款	100 000

④ 结转固定资产时:

借:固定资产	500 000
贷:在建工程	500 000

借：资产基金——在建工程　　　　　　　　　　　　　　500 000
　　贷：资产基金——固定资产　　　　　　　　　　　　　　500 000

⑤ 支付电脑价款时：

借：资本性支出——办公设备购置支出　　　　　　　　　100 000
　　贷：银行存款　　　　　　　　　　　　　　　　　　　100 000
借：固定资产　　　　　　　　　　　　　　　　　　　　120 000
　　贷：资产基金——固定资产　　　　　　　　　　　　　120 000

6.7.2 自行建造房屋建筑物等固定资产、对固定资产进行大型修缮

1）业务概述

工会自行建造房屋建筑物等固定资产、对固定资产进行大型修缮时，需要增加资本性支出，同时减少"银行存款"等科目的余额，并对所自行建造过程中发生的实际支出进行会计确认、计量和记录。

2）账务处理

自行建造房屋建筑物等固定资产、对固定资产进行大型修缮等时，按照自行建造过程中发生的实际支出，借记"资本性支出"科目，贷记"银行存款""零余额账户用款额度""政府补助收入"等科目；同时，借记"在建工程"科目，贷记"资产基金——在建工程"科目。

自行建造房屋建筑物等固定资产、对固定资产进行大型修缮相关的账务处理如表 6-8 所示。

表 6-8　自行建造房屋建筑物等固定资产、对固定资产进行大型修缮相关的账务处理

会计事项	账务处理
自行建造房屋建筑物等固定资产、对固定资产进行大型修缮等	借：资本性支出 　　贷：银行存款/零余额账户用款额度/政府补助收入 借：在建工程 　　贷：资产基金——在建工程

3）案例解析

【例 6-27】　2×22 年 6 月初，某市总工会开始对其自建办公楼进行大型修缮，建筑合同总造价 4 000 000 元。先预付工程款 1 000 000 元，8 月随着工程进度再行支付 1 500 000 元。工程定于次年 1 月底完工，工程竣工后，经审计并验收合格后，支付余款 1 500 000 元。

该市总工会的账务处理如下：

① 支付工程首付款时：

借：在建工程　　　　　　　　　　　　　　　　　　　　1 000 000
　　贷：资产基金——在建工程　　　　　　　　　　　　　　　　1 000 000
借：资本性支出——大型修缮支出　　　　　　　　　　　1 000 000
　　贷：银行存款　　　　　　　　　　　　　　　　　　　　　1 000 000

② 支付二次工程款时：

借：在建工程　　　　　　　　　　　　　　　　　　　　1 500 000
　　贷：资产基金——在建工程　　　　　　　　　　　　　　　　1 500 000
借：资本性支出——大型修缮支出　　　　　　　　　　　1 500 000
　　贷：银行存款　　　　　　　　　　　　　　　　　　　　　1 500 000

③ 工程验收审计后，支付尾款时：

借：在建工程　　　　　　　　　　　　　　　　　　　　1 500 000
　　贷：资产基金——在建工程　　　　　　　　　　　　　　　　1 500 000
借：资本性支出——大型修缮支出　　　　　　　　　　　1 500 000
　　贷：银行存款　　　　　　　　　　　　　　　　　　　　　1 500 000

④ 结转固定资产时：

借：固定资产　　　　　　　　　　　　　　　　　　　　4 000 000
　　贷：在建工程　　　　　　　　　　　　　　　　　　　　　4 000 000
借：资产基金——在建工程　　　　　　　　　　　　　　4 000 000
　　贷：资产基金——固定资产　　　　　　　　　　　　　　　　4 000 000

6.7.3　发生长期待摊费用

1）业务概述

工会发生长期待摊费用时，需要增加资本性支出，同时减少"银行存款"等科目的余额，并对自行建造过程中发生的实际支出进行会计确认、计量和记录。

2）账务处理

发生长期待摊费用时，按照实际支出的金额，借记"资本性支出"科目，贷记"银行存款""零余额账户用款额度""政府补助收入"等科目；同时，借记"长期待摊费用"科目，贷记"资产基金——长期待摊费用"科目。

发生长期待摊费用相关的账务处理如表6-9所示。

表 6-9 发生长期待摊费用相关的账务处理

会计事项	账务处理
发生长期待摊费用	借：资本性支出 　　贷：银行存款/零余额账户用款额度/政府补助收入 借：长期待摊费用 　　贷：资产基金——长期待摊费用

3）案例解析

【例 6-28】 2×22 年 6 月初，某市总工会发生长期待摊费用，实际支出金额为 150 000 元。

该市总工会的账务处理如下：

借：资本性支出　　　　　　　　　　　　　　　　　　　　　150 000
　　贷：银行存款/零余额账户用款额度/政府补助收入　　　　　　　150 000
借：长期待摊费用　　　　　　　　　　　　　　　　　　　　　150 000
　　贷：资产基金——长期待摊费用　　　　　　　　　　　　　　　150 000

6.7.4　期末结转

1）业务概述

工会在期末需对"资本性支出"科目余额进行结转，使其余额为零。

2）账务处理

期末结转时，将"资本性支出"科目本期发生额中的财政拨款支出转入财政拨款结转，借记"财政拨款结转——本年收支结转"科目，贷记"资本性支出"科目；将"资本性支出"科目本期发生额中的工会资金专项资金支出转入工会资金结转，借记"工会资金结转——本年收支结转"科目，贷记"资本性支出"科目；将"资本性支出"科目本期发生额中的工会资金非专项资金支出转入工会资金结余，借记"工会资金结余——本年收支结转"科目，贷记"资本性支出"科目。"资本性支出"科目期末结转后无余额。

期末结转相关的账务处理如表 6-10 所示。

表 6-10 期末结转相关的账务处理

会计事项	账务处理
期末结转	借：财政拨款结转——本年收支结转 　　贷：资本性支出

(续表)

会计事项	账务处理
期末结转	将本期发生额中的工会资金专项资金支出转入工会资金结转： 借：工会资金结转——本年收支结转 　　贷：资本性支出 将本期发生额中的工会资金非专项资金支出转入工会资金结余： 借：工会资金结余——本年收支结转 　　贷：资本性支出

3）案例解析

【**例6-29**】 假定某市总工会采用表结法，该工会2×22年12月31日"资本性支出"科目余额为3 000 000元。其中，财政拨款支出1 500 000元，工会资金专项资金支出1 000 000元，工会资金非专项资金支出500 000元。

该市总工会结转资本性支出的账务处理如下：

借：财政拨款结转——本年收支结转　　　　　　　　　　　1 500 000
　　工会资金结转——本年收支结转　　　　　　　　　　　1 000 000
　　工会资金结余——本年收支结转　　　　　　　　　　　　500 000
　　贷：资本性支出　　　　　　　　　　　　　　　　　　　3 000 000

6.8　补助下级支出

1）业务概述

"补助下级支出"科目核算县级以上工会为解决下级工会经费不足或根据有关规定给予下级工会的各类补助款项。补助下级支出包括一般性转移支付补助、专项转移支付补助、对工会机关的补助和其他补助。

"补助下级支出"科目应设置以下明细科目：

50801　一般性转移支付补助：核算工会按有关规定对下级未指定用途的补助。

50802　专项转移支付补助：核算工会按有关规定对下级指定专门用途的项目补助，包括对下级的帮扶困难职工的补助、对下级的用于开展向困难职工和家庭送温暖活动的补助、救灾补助等。

50803　对工会机关的补助：核算本级工会对工会机关的各项补助。

50804　其他补助：核算工会拨付下级工会的除上述明细科目所述内容以外的其他补助。

2）账务处理

发生补助下级支出时，按照实际支付的金额，借记"补助下级支出"科目，贷记"银行存款""零余额账户用款额度"等科目。

年末清算时，存在应付未付下级补助款项的，借记"补助下级支出"科目，贷记"应付下级经费——应付下级补助"科目。

期末结转时，将"补助下级支出"科目本期发生额中的财政拨款支出转入财政拨款结转，借记"财政拨款结转——本年收支结转"科目，贷记"补助下级支出"科目；将"补助下级支出"科目本期发生额中的工会资金专项资金支出转入工会资金结转，借记"工会资金结转——本年收支结转"科目，贷记"补助下级支出"科目；将"补助下级支出"科目本期发生额中的工会资金非专项资金支出转入工会资金结余，借记"工会资金结余——本年收支结转"科目，贷记"补助下级支出"科目。"补助下级支出"科目期末结转后无余额。

补助下级支出相关的账务处理如表 6-11 所示。

表 6-11　　　　　　　　　　补助下级支出相关的账务处理

会计事项	账务处理
发生补助下级支出	借：补助下级支出 　　贷：银行存款/零余额账户用款额度
年末清算	借：补助下级支出 　　贷：应付下级经费——应付下级补助
期末结转	借：财政拨款结转——本年收支结转 　　贷：补助下级支出 将本期发生额中的工会资金专项资金支出转入工会资金结转： 借：工会资金结转——本年收支结转 　　贷：补助下级支出 将本期发生额中的工会资金非专项资金支出转入工会资金结余： 借：工会资金结余——本年收支结转 　　贷：补助下级支出

3）案例解析

【例 6-30】 2×22 年 7 月 16 日，某市总工会拨付给下属某县总工会补助款项 20 000 元，该款项用于开展送温暖活动。

该市总工会的账务处理如下：

借：补助下级支出——专项转移支付补助　　　　　　　　　　　　20 000
　　贷：银行存款　　　　　　　　　　　　　　　　　　　　　　　　20 000

【例 6-31】 2×22 年 8 月 19 日，某省发生台风灾害，该省总工会拨付灾区各市总工会救灾款共计 6 000 000 元。

该省总工会的账务处理如下:

借:补助下级支出——专项转移支付补助 6 000 000
　　贷:银行存款 6 000 000

【例6-32】 假定某市总工会采用表结法,该工会2×22年12月31日"补助下级支出"科目余额为3 400 000元。其中,财政拨款支出1 500 000元,工会资金专项资金支出1 000 000元,工会资金非专项资金支出900 000元。

该市总工会结转资本性支出的账务处理如下:

借:财政拨款结转——本年收支结转 1 500 000
　　工会资金结转——本年收支结转 1 000 000
　　工会资金结余——本年收支结转 900 000
　　贷:补助下级支出 3 400 000

6.9 对附属单位的支出

1) 业务概述

"对附属单位的支出"科目核算工会对独立核算的附属企事业单位的补助。"对附属单位的支出"科目应当按照单位设置明细科目。

2) 账务处理

发生相关支出时,按照实际支付的金额,借记"对附属单位的支出"科目,贷记"银行存款""零余额账户用款额度"等科目。

期末结转时,将"对附属单位的支出"科目本期发生额中的财政拨款支出转入财政拨款结转,借记"财政拨款结转——本年收支结转"科目,贷记"对附属单位的支出"科目;将"对附属单位的支出"科目本期发生额中的工会资金专项资金支出转入工会资金结转,借记"工会资金结转——本年收支结转"科目,贷记"对附属单位的支出"科目;将"对附属单位的支出"科目本期发生额中的工会资金非专项资金支出转入工会资金结余,借记"工会资金结余——本年收支结转"科目,贷记"对附属单位的支出"科目。"对附属单位的支出"科目期末结转后无余额。

对附属单位的支出相关的账务处理如表6-12所示。

表6-12　　　　　　　　对附属单位的支出相关的账务处理

会计事项	账务处理
发生相关的支出	借:对附属单位的支出 　　贷:银行存款/零余额账户用款额度

(续表)

会计事项	账务处理
期末结转	借：财政拨款结转——本年收支结转 　　贷：对附属单位的支出 将本期发生额中的工会资金专项资金支出转入工会资金结转： 借：工会资金结转——本年收支结转 　　贷：对附属单位的支出 将本期发生额中的工会资金非专项资金支出转入工会资金结余： 借：工会资金结余——本年收支结转 　　贷：对附属单位的支出

3) 案例解析

【例6-33】 2×22年12月31日，某市总工会对附属单位的支出总计100 000元，其中，本期发生额中的财政拨款支出为70 000元；工会资金专项资金支出为20 000元；工会资金非专项资金支出为10 000元。

该市总工会的账务处理如下：

① 发生相关的支出：

借：对附属单位的支出　　　　　　　　　　　　　　　　100 000
　　贷：银行存款/零余额账户用款额度　　　　　　　　　　　　100 000

② 期末结转：

借：财政拨款结转——本年收支结转　　　　　　　　　　　70 000
　　贷：对附属单位的支出　　　　　　　　　　　　　　　　　70 000
借：工会资金结转——本年收支结转　　　　　　　　　　　20 000
　　贷：对附属单位的支出　　　　　　　　　　　　　　　　　20 000
借：工会资金结余——本年收支结转　　　　　　　　　　　10 000
　　贷：对附属单位的支出　　　　　　　　　　　　　　　　　10 000

6.10 其他支出

根据《工会会计制度》，其他支出是指各级工会发生的除职工活动支出、维权支出、业务支出、行政支出、资本性支出、补助下级支出、事业支出以外的其他各项支出。其中，其他各项支出包括资产盘亏、固定资产处置净损失、捐赠支出以及按规定计提有关专用资金等。为核算其他各项支出，各级工会应该设置"其他支出"科目。本科目借方登记工会发生的各项其他支出，贷方登记会计期末转入"结余"科目的金额；期末结转后，本科目无余额。

6.10.1 每日现金账款核对中发现现金短缺

"其他支出"科目核算工会除职工活动支出、职工活动组织支出、职工服务支出、维权支出、业务支出、行政支出、资本性支出、补助下级支出、对附属单位的支出等支出以外的各项支出,如资产盘亏、资产处置净损失、捐赠支出以及按规定计提有关专用基金等。"其他支出"科目期末结转后无余额。

1) 业务概述

工会需每日将现金账与库存现金进行核对,如发现现金短缺且无法查明原因,应进行相应的会计处理。

2) 账务处理

每日现金账款核对中如发现现金短缺,属于无法查明原因的部分,报经批准后,借记"其他支出"科目,贷记"待处理财产损溢"科目。

每日现金账款核对中发现现金短缺相关的账务处理如表 6-13 所示。

表 6-13　　　每日现金账款核对中发现现金短缺相关的账务处理

会计事项	账务处理
每日现金账款核对中如发现现金短缺,属于无法查明原因的部分	借:其他支出 　　贷:待处理财产损溢

3) 案例解析

【例 6-34】 2×22 年 12 月 9 日,某市总工会对库存现金进行盘点,发现现金短缺 800 元。

该市总工会的账务处理如下:

借:其他支出　　　　　　　　　　　　　　　　　　　　　　　　800
　　贷:待处理财产损溢　　　　　　　　　　　　　　　　　　　　800

6.10.2 核销预计无法收回的其他应收款

1) 业务概述

工会对预计无法收回的其他应收款应予以核销,并进行相关会计处理。

2) 账务处理

核销预计无法收回的其他应收款时,报经批准后,借记"其他支出"科目,贷记"待处理财产损溢"科目。

核销预计无法收回的其他应收款相关的账务处理如表 6-14 所示。

表 6-14　　　　核销预计无法收回的其他应收款相关的账务处理

会计事项	账务处理
核销预计无法收回的其他应收款	借：其他支出 　　贷：待处理财产损溢

3) 案例解析

【例 6-35】 2×22 年 11 月 9 日,某市总工会对预计无法收回的 1 000 元其他应收款进行核销。

该市总工会的账务处理如下：

借：其他支出　　　　　　　　　　　　　　　　　　　　　　　1 000
　　贷：待处理财产损溢　　　　　　　　　　　　　　　　　　　　1 000

6.10.3　接受捐赠、无偿调入或对外捐赠、无偿调出资产

1) 业务概述

工会接受捐赠、无偿调入或对外捐赠、无偿调出实物资产、无形资产时,发生应由工会自身承担的相关税费、运输费等,应进行相关的会计处理。

2) 账务处理

接受捐赠、无偿调入或对外捐赠、无偿调出实物资产、无形资产时,发生应由本级工会承担的相关税费、运输费等的,借记"其他支出"科目,贷记"银行存款""零余额账户用款额度"等科目。

接受捐赠、无偿调入或对外捐赠、无偿调出实物资产、无形资产相关的账务处理如表 6-15 所示。

表 6-15　　接受捐赠、无偿调入或对外捐赠、无偿调出实物资产、无形资产相关的账务处理

会计事项	账务处理
接受捐赠、无偿调入或对外捐赠、无偿调出实物资产、无形资产时,发生应由本级工会承担的相关税费、运输费等	借：其他支出 　　贷：银行存款/零余额账户用款额度

3) 案例解析

【例6-36】 2×22年2月19日,某市总工会对外捐赠一批库存物品,发生运输费用800元,用银行存款支付。

该市总工会的账务处理如下:

借:其他支出　　　　　　　　　　　　　　　　　　　　　　800
　　贷:银行存款　　　　　　　　　　　　　　　　　　　　　　800

6.10.4　报废、毁损的实物资产,处理收支结清

1) 业务概述

工会报废、毁损的实物资产,应按规定予以处置,处置过程中发生的收入及支出应按规定进行会计处理。

2) 账务处理

报废、毁损的实物资产,处理收支结清时,如果处理收入小于相关费用的,按照相关费用减去处理收入后的净支出,借记"其他支出"科目,贷记"待处理财产损溢"科目。

报废、毁损的实物资产,处理收支结清相关的账务处理如表6-16所示。

表6-16　　　　报废、毁损的实物资产,处理收支结清相关的账务处理

会计事项	账务处理
报废、毁损的实物资产,处理收入小于相关费用	借:其他支出 　　贷:待处理财产损溢

3) 案例解析

【例6-37】 2×22年12月15日,某基层工会在对库存物品清理时,发现部分工会桌椅严重损毁,存在安全风险,已经不能使用,按相关该批桌椅进行处理,发生支出500元。

该基层工会的账务处理如下:

借:其他支出　　　　　　　　　　　　　　　　　　　　　　500
　　贷:待处理财产损溢　　　　　　　　　　　　　　　　　　500

6.10.5　对外捐赠

1) 业务概述

工会对外捐赠时,应按照规定增加"其他支出"科目余额,减少"库存现金""银行存款"

等科目余额。

2)账务处理

对外捐赠支出,借记"其他支出"科目,贷记"库存现金""银行存款"等科目。

对外捐赠相关的账务处理如表 6-17 所示。

表 6-17 对外捐赠相关的账务处理

会计事项	账务处理
对外捐赠支出	借:其他支出 　贷:库存现金/银行存款

3)案例解析

【例 6-38】 2×22 年 8 月 25 日,某地发生台风灾害,某市总工会响应省级工会号召,向灾区捐款 400 000 元。

该市总工会的账务处理如下:

借:其他支出　　　　　　　　　　　　　　　　　　　400 000
　　贷:银行存款　　　　　　　　　　　　　　　　　　　　　400 000

6.10.6　提取权益保障金以外的专用基金

1)业务概述

工会提取权益保障金以外的专用基金时,应按照规定增加"其他支出"科目余额,增加"专用基金"科目余额。

2)账务处理

提取权益保障金以外的专用基金时,借记"其他支出"科目,贷记"专用基金"科目。

提取权益保障金以外的专用基金相关的账务处理如表 6-18 所示。

表 6-18 提取权益保障金以外的专用基金相关的账务处理

会计事项	账务处理
提取权益保障金以外的专用基金	借:其他支出 　贷:专用基金

3)案例解析

【例 6-39】 2×22 年 6 月 15 日,某市总工会按照规定提取权益保障金以外的专用基金 80 000 元。

该市总工会的账务处理如下：

借：其他支出　　　　　　　　　　　　　　　　　　　　　　　　80 000
　　贷：专用基金　　　　　　　　　　　　　　　　　　　　　　　80 000

6.10.7　期末确认外币汇兑损益

1）业务概述

工会需在期末对外币汇兑损益进行确认，按照规定进行会计处理。

2）账务处理

期末确认外币汇兑损益时，借记或贷记"其他支出"科目，贷记或借记"银行存款"等科目。

期末确认外币汇兑损益相关的账务处理如表 6-19 所示。

表 6-19　　　　　　　期末确认外币汇兑损益相关的账务处理

会计事项	账务处理
期末确认外币汇兑损益	借：其他支出 　　贷：银行存款等 或 借：银行存款等 　　贷：其他支出

3）案例解析

【例 6-40】　2×22 年 12 月 15 日，某市总工会确认外币汇兑损益，产生外币汇兑损失 2 000 元。

该市总工会的账务处理如下：

借：其他支出　　　　　　　　　　　　　　　　　　　　　　　　2 000
　　贷：银行存款　　　　　　　　　　　　　　　　　　　　　　　2 000

6.10.8　期末结转

1）业务概述

工会在每年年末，都需要将"其他支出"科目结转，使其余额为零。

2)账务处理

期末结转时,将"其他支出"科目本期发生额中的财政拨款支出转入财政拨款结转,借记"财政拨款结转——本年收支结转"科目,贷记"其他支出"科目;将"其他支出"科目本期发生额中的工会资金专项资金支出转入工会资金结转,借记"工会资金结转——本年收支结转"科目,贷记"其他支出"科目;将"其他支出"科目本期发生额中的工会资金非专项资金支出转入工会资金结余,借记"工会资金结余——本年收支结转"科目,贷记"其他支出"科目。

期末结转相关的账务处理如表 6-20 所示。

表 6-20　　　　　　　　　　期末结转相关的账务处理

会计事项	账务处理
期末结转	借:财政拨款结转——本年收支结转 　　贷:其他支出 将本期发生额中的工会资金专项资金支出转入工会资金结转: 借:工会资金结转——本年收支结转 　　贷:其他支出 将本期发生额中的工会资金非专项资金支出转入工会资金结余: 借:工会资金结余——本年收支结转 　　贷:其他支出

3)案例解析

【例 6-41】 假定某市总工会采用表结法,该工会 2×22 年 12 月 31 日"其他支出"科目余额为 82 000 元。其中,财政拨款支出 15 000 元,工会资金专项资金支出 37 000 元,工会资金非专项资金支出 30 000 元。

该市总工会结转资本性支出的账务处理如下:

借:财政拨款结转——本年收支结转　　　　　　　　　　　　15 000
　　工会资金结转——本年收支结转　　　　　　　　　　　　37 000
　　工会资金结余——本年收支结转　　　　　　　　　　　　30 000
　　贷:其他支出　　　　　　　　　　　　　　　　　　　　　　　82 000

6.11　安排预算稳定调节基金

1)业务概述

"安排预算稳定调节基金"科目核算县级以上工会按照有关规定安排的预算稳定调节

基金。

县级以上工会应当设置"安排预算稳定调节基金"一级科目,无明细科目。

2)账务处理

按规定安排预算稳定调节基金时,按照计提的金额,借记"安排预算稳定调节基金"科目,贷记"预算稳定调节基金"科目。

期末,将"安排预算稳定调节基金"科目本期发生额转入"工会资金结余"科目,借记"工会资金结余——本年收支结转"科目,贷记"安排预算稳定调节基金"科目。"安排预算稳定调节基金"科目年末结转后无余额。

安排预算稳定调节基金相关的账务处理如表 6-21 所示。

表 6-21　　　　　　　　安排预算稳定调节基金相关的账务处理

会计事项	账务处理
安排预算稳定调节基金时	借:安排预算稳定调节基金 　贷:预算稳定调节基金
期末结转	借:工会资金结余——本年收支结转 　贷:安排预算稳定调节基金

3)案例解析

【例 6-42】 2×22 年 8 月 15 日,某市总工会按照规定计提安排预算稳定调节基金 50 000 元。

该市总工会账务处理如下:

借:安排预算稳定调节基金　　　　　　　　　　　　　　50 000
　贷:预算稳定调节基金　　　　　　　　　　　　　　　　　　50 000

【例 6-43】 2×22 年 12 月 19 日,某市总工会按照规定将安排预算稳定调节基金 10 000 元进行结转。

该市总工会账务处理如下:

借:工会资金结余——本年收支结转　　　　　　　　　　10 000
　贷:安排预算稳定调节基金　　　　　　　　　　　　　　　　 1 000

第 7 章

工会会计报表

7.1 工会会计报表概述

7.1.1 工会会计报表的定义和分类

工会会计报表是反映各级工会财务状况、业务活动和预算执行结果的书面文件。工会会计报表是各级工会领导、上级工会及其他会计报表使用者了解情况、掌握政策、指导工作的重要资料。

工会会计报表主要包括资产负债表、收入支出表及其附表和附注,即资产负债表(工会 01 表)、收入支出表(工会 02 表)、财政拨款收入支出表(工会附 01 表)、国有资产情况表(工会附 02 表)和成本费用表(工会附 03 表)。其中,资产负债表、收入支出表和成本费用表需要每月编制。

工会会计报表分为年度会计报表和中期会计报表。以短于一个完整的会计年度的期间(如半年度、季度和月度)编制的会计报表称为中期会计报表。年度会计报表是以整个会计年度为基础编制的会计报表。

7.1.2 工会会计报表的编制原则

编制会计报表要做到真实可靠、全面完整、编报及时、前后一致。会计报表的编制依据是登记完整、核对无误的账簿记录和其他有关资料。会计报表必须经会计主管人员和单位负责人审阅签章并加盖公章后上报。

① 真实可靠。要求会计报表如实反映财务状况、经营成果和现金流量,数字真实可靠。在编制报表之前本期发生的所有账务必须全部登记入账,全面清查资产、核实债务,并以账簿记录为依据编制,不能以预算数代替实际数,不能弄虚作假、隐瞒谎报。

② 全面完整。会计报表是一套完整的指标体系。报表内容要严格按财政部制订的新《工会会计制度》规定的统一种类、格式进行编制,不得漏编、漏报。

③ 编报及时。会计报表的时效性很强,各级工会必须按上级工会规定的时间和期限及时编制会计报表,如果不及时编制,就会失去会计报表应有的作用,不利于各级工会领导了解情况、掌握政策、指导工作。

④ 前后一致。编制会计报表依据的方法,前后期应当遵循一致性原则,不能随意变更,如果确需改变某些会计方法,应报表附注中说明改变的原因及改变后对报表指标的影响。

7.1.3 编制工会会计报表的重要意义

编制工会会计报表的重要意义如下:

① 提高工会组织透明度,增强社会公信力。保证信息透明对各级工会组织的发展非常重要,而编制会计报表可以有效提高透明度,增强工会社会公信力,从而有利于各级工会组织在社会公众中树立良好、可信的形象,促进其长远发展。

② 可以为会计信息使用者决策提供有用的信息。工会会计报表是根据工会日常工作中形成的大量数据而编制的,它是大量数据进行高度浓缩整理后的产物,各级工会组织定期编制会计报表,可以为会计信息使用者提供对其决策有用的信息。

③ 可以如实反映各级工会经济资源、债务情况、收入、支出和现金流量情况。一般而言,会计具有反映和监督两个基本职能,其中最本质的职能是反映职能。各级工会组织通过编制会计报表,可以真实、完整地反映其控制的经济资源、所承担的债务状况、所取得的收入、支出情况以及现金流量情况等,从而反映出各级工会组织的经济实力、偿债能力和现金周转情况等广泛信息。

7.2 资产负债表

资产负债表是反映工会某一会计期末全部资产、负债和净资产情况的报表。工会至少应当编制月度、年度资产负债表,可以根据需要编制季度、半年度资产负债表。

7.2.1 编制说明

工会资产负债表是在期末登记完有关总账和明细账的基础上编制的。资产负债表的编制是以日常会计核算记录的数据为基础进行归类、整理和汇总,加工成报表项目的过程。工会资产负债表的主体部分的各项目都列有"年初数"和"年末数"两个栏目,是一种比较资产负债表。以下分别说明各栏目的填列方法。

1)"年初余额"的填列方法

工会资产负债表"年初余额"栏内各项目,应当根据上年度资产负债表"年末余额"栏内各对应项目数字填列。如果上年度资产负债表规定的各个项目的名称和内容同本年度不一致,应对上年年末资产负债表各项目的名称和数字按照本年度的规定进行调整,填入本表年初余额栏内。对于资产负债表的月报和年报,年初余额都应当按照上年年末余额填列。

2)"期末余额"的填列方法

"期末余额"是指某一会计期期末的数字,即中期期末或年末的数字,应根据本期期末总账各科目余额填列。"结余"项目应该根据上期资产负债表"结余——期末数"加上本期收入支出表"本期结余——本月数"并加上本期以货币形式收回的投资,减去本期对外货币和库存物品投资,再减去本期提取的后备金后的余额填列。

年度资产负债表"年末余额"栏内各项目,根据本年年末总账各科目余额填列。

(1) 资产类项目

① "货币资金"项目,反映工会期末库存现金、银行存款的合计数。本项目应当根据"库存现金""银行存款"科目的期末余额的合计数填列。

② "零余额账户用款额度"项目,反映县级以上工会期末尚未支用的零余额账户用款额度金额。本项目仅在中期报表中列示,年度报表中不列示。本项目应当根据"零余额账户用款额度"科目的期末余额填列。

③ "财政应返还额度"项目,反映县级以上工会期末财政应返还额度的金额。本项目应当根据"财政应返还额度"科目的期末余额填列。

④ "应收上级经费"项目,反映工会期末应收未收的上级工会应转拨(或拨付)的工会拨缴经费及补助金额。本项目应当根据"应收上级经费"科目的期末余额填列。

⑤ "应收下级经费"项目,反映县级以上工会期末应收未收的下级工会应上缴的工会拨缴经费金额。本项目应当根据"应收下级经费"科目的期末余额填列。

⑥ "其他应收款"项目,反映工会期末尚未收回的其他应收款金额。本项目应当根据"其他应收款"科目的期末余额填列。

⑦ "库存物品"项目,反映工会期末存储的库存物品的实际成本。本项目应当根据"库存物品"科目的期末余额填列。

⑧ "流动资产合计"项目,反映工会期末流动资产的合计数。本项目应当根据本表中"货币资金""零余额账户用款额度"[中期报表]、"财政应返还额度""应收上级经费""应收下级经费""其他应收款"和"库存物品"项目金额的合计数填列。

⑨ "投资"项目,反映工会期末持有的投资账面余额。本项目应当根据"投资"科目的期末余额填列。

⑩ "在建工程"项目,反映工会期末所有的建设项目工程的实际成本。本项目应当根据"在建工程"科目的期末余额填列。

⑪ "固定资产原值"项目,反映工会期末固定资产的原值。本项目应当根据"固定资产"科目的期末余额填列。

"累计折旧"项目,反映工会期末固定资产已计提的累计折旧金额。本项目应当根据"累计折旧"科目的期末余额填列。

"固定资产净值"项目,反映工会期末固定资产的账面价值。本项目应当根据"固定资产"科目期末余额减去"累计折旧"科目期末余额后的金额填列。

⑫"无形资产原值"项目,反映工会期末无形资产的原值。本项目应当根据"无形资产"科目的期末余额填列。

"累计摊销"项目,反映工会期末无形资产已计提的累计摊销金额。本项目应当根据"累计摊销"科目的期末余额填列。

"无形资产净值"项目,反映工会期末无形资产的账面价值。本项目应当根据"无形资产"科目期末余额减去"累计摊销"科目期末余额后的金额填列。

⑬"长期待摊费用"项目,反映工会期末已经支出,但应由本期和以后各期负担的分摊期限在1年以上(不含1年)的各项支出金额。本项目应当根据"长期待摊费用"科目的期末余额填列。

⑭"待处理财产损溢"项目,反映工会期末尚未处理完毕的各种资产的净损失或净溢余。本项目应当根据"待处理财产损溢"科目的期末借方余额填列;如"待处理财产损溢"科目期末为贷方余额,以"—"号填列。

⑮"资产总计"项目,反映工会期末资产的合计数。本项目应当根据本表中"流动资产合计""投资""在建工程""固定资产净值""无形资产净值""长期待摊费用"和"待处理财产损溢"项目金额的合计数填列。

(2) 负债类项目

①"应付职工薪酬"项目,反映县级以上工会期末按有关规定应付给职工及为职工支付的各种薪酬金额。本项目应当根据"应付职工薪酬"科目的期末余额填列。

②"应付上级经费"项目,反映工会期末应缴未缴上级的工会拨缴经费金额。本项目应当根据"应付上级经费"科目的期末余额填列。

③"应付下级经费"项目,反映县级以上工会期末应付未付下级的转拨(或拨付)工会拨缴经费及补助金额。本项目应当根据"应付下级经费"科目的期末余额填列。

④"其他应付款"项目,反映工会期末尚未支付的其他应付及暂收款项金额。本项目应当根据"其他应付款"科目的期末余额填列。

⑤"代管经费"项目,反映工会期末受托代管的其他组织的资金金额。本项目应当根据"代管经费"科目的期末余额填列。

⑥"负债合计"项目,反映工会期末负债的合计数。本项目应当根据本表中"应付职工薪酬""应付上级经费""应付下级经费""其他应付款"和"代管经费"项目金额的合计数填列。

(3) 净资产类项目

①"资产基金"项目,反映工会期末库存物品、投资、在建工程、固定资产、无形资产、长期待摊费用等非货币性资产在净资产中占用的金额。本项目应当根据"资产基金"科目的期末余额填列。

②"专用基金"项目,反映县级以上工会期末累计提取但尚未使用的专用基金余额。本项目应当根据"专用基金"科目的期末余额填列。

③"工会资金结转"项目,反映工会累计滚存的除财政拨款外的工会经费结转金额。

本项目应当根据"工会资金结转"科目的期末余额填列。

④"工会资金结余"项目,反映工会累计滚存的除财政拨款外的工会经费结余金额。本项目应当根据"工会资金结余"科目的期末余额填列。

⑤"财政拨款结转"项目,反映县级以上工会累计滚存的财政拨款结转金额。本项目应当根据"财政拨款结转"科目的期末余额填列。

⑥"财政拨款结余"项目,反映县级以上工会累计滚存的财政拨款结余金额。本项目应当根据"财政拨款结余"科目的期末余额填列。

⑦"预算稳定调节基金"项目,反映县级以上工会累计滚存的预算稳定调节基金金额。本项目应当根据"预算稳定调节基金"科目的期末余额填列。

⑧"净资产合计"项目,反映工会期末净资产合计数。本项目应当根据本表中"资产基金""专用基金""工会资金结转""工会资金结余""财政拨款结转""财政拨款结余"和"预算稳定调节基金"项目金额的合计数填列。

⑨"负债与净资产总计"项目,应当根据本表中"负债合计"和"净资产合计"项目金额的合计数填列。

7.2.2 报表格式

资产负债表采用账户结构,报表分为左右两方,左方列示资产各项目,反映全部资产的分布及存在形态,右方列示负债和净资产各项目,反映全部负债和净资产的内容及构成情况。资产按其流动性由强到弱顺序排列,具体包括流动资产、投资、固定资产,其中,零余额账户用款额度是月报项目,年报中不需列示;负债按到期日远近或偿付紧迫程度的顺序排列,具体包括应付职工薪酬、应付上级经费、应付下级经费、其他应付款;净资产包括资产基金、专用基金、工会资金结转、工会资金结余、财政拨款结转、财政拨款结余、预算稳定调节基金。资产负债表左右双方平衡,即资产总计等于负债和净资产总计。

资产负债表的格式如表 7-1 所示。

表 7-1 资产负债表 工会 01 表

编制单位:　　　　　　　　　　　　　年　月　　　　　　　　　　　　单位:元

资产	年初余额	期末余额	负债与净资产	年初余额	期末余额
一、资产			二、负债		
流动资产:			应付职工薪酬		
货币资金			应付上级经费		
零余额账户用款额度*			应付下级经费		
财政应返还额度			其他应付款		
应收上级经费			代管经费		

第 7 章　工会会计报表

（续表）

资产	年初余额	期末余额	负债与净资产	年初余额	期末余额
应收下级经费			负债合计		
其他应收款					
库存物品			三、净资产		
流动资产合计			资产基金		
投资			专用基金		
在建工程			工会资金结转		
固定资产原值			工会资金结余		
减:累计折旧			财政拨款结转		
固定资产净值			财政拨款结余		
无形资产原值			预算稳定调节基金		
减:累计摊销			净资产合计		
固定资产净值					
无形资产净值					
减:累计摊销					
无形资产净值					
长期待摊费用					
待处理财产损溢					
资产总计			负债与净资产总计		

工会主席：　　　　　　财务负责人：　　　　　　复核：　　　　　　制表：

注："＊"标识项目为中期报表项目，年报中不需列示。

7.2.3 编制举例

【例 7-1】 假设某工会 2×22 年 1 月 1 日的资产负债表如表 7-2 所示。

表 7-2　　　　　　　　　　　　资产负债表　　　　　　　　　　　　工会 01 表
编制单位：　　　　　　　　　　2×22 年 1 月 1 日　　　　　　　　　　单位:元

资产	年初余额	期末余额	负债与净资产	年初余额	期末余额
一、资产			二、负债		
流动资产：			应付职工薪酬		
货币资金	294 500		应付上级经费		
零余额账户用款额度			应付下级经费	100 000	

165

(续表)

资产	年初余额	期末余额	负债与净资产	年初余额	期末余额
财政应返还额度			其他应付款	32 000	
应收上级经费			代管经费		
应收下级经费			负债合计	132 000	
其他应收款	5 000				
库存物品			**三、净资产**		
流动资产合计	299 500		资产基金	430 000	
投资	30 000		专用基金		
在建工程			工会资金结转		
固定资产原值	500 000		工会资金结余		
减:累计折旧	100 000		财政拨款结转		
固定资产净值	400 000		财政拨款结余	167 500	
无形资产原值			预算稳定调节基金		
减:累计摊销			净资产合计	597 500	
固定资产净值					
无形资产净值					
减:累计摊销					
无形资产净值					
长期待摊费用					
待处理财产损溢					
资产总计	729 500		负债与净资产总计	729 500	

工会主席： 财务负责人： 复核： 制表：

假设某工会 2×22 年 1 月份发生的经济业务如下：

① 1 月 15 日,收到基层上缴工会经费 200 000 元,本级留成 110 000 元,应上缴上级工会经费 90 000 元。

② 1 月 16 日,收到上级工会转来救灾补助 400 000 元,其他补助 90 000 元。

③ 1 月 17 日,暂收某基层工会购买办公用品款 20 000 元。

④ 1 月 18 日,向银行提取现金 3 000 元备用。

⑤ 1 月 19 日,机关干部王某出差,借差旅费 2 000 元。

⑥ 1 月 20 日,张某报差旅费 2 500 元,冲原借款,付现金 500 元。

⑦ 1 月 25 日,购入一台不需要安装就可投入使用的办公设备,设备价格为 70 000 元,以银行存款支付。

⑧ 1 月 31 日,计提 1 月份固定资产折旧,计提折旧金额 10 000 元。

本例不考虑后备金的计提。

该工会 2×22 年 1 月份的会计分录如下:

① 借:银行存款　　　　　　　　　　　　　　　　　　　　200 000
　　　贷:拨缴经费收入　　　　　　　　　　　　　　　　　　110 000
　　　　　应付上级经费　　　　　　　　　　　　　　　　　　 90 000

② 借:银行存款　　　　　　　　　　　　　　　　　　　　490 000
　　　贷:上级补助收入——专项转移支付补助　　　　　　　 400 000
　　　　　　　　　　　——一般性转移支付补助　　　　　　　 90 000

③ 借:银行存款　　　　　　　　　　　　　　　　　　　　 20 000
　　　贷:其他应付款——××单位　　　　　　　　　　　　　 20 000

④ 借:库存现金　　　　　　　　　　　　　　　　　　　　　3 000
　　　贷:银行存款　　　　　　　　　　　　　　　　　　　　 3 000

⑤ 借:其他应收款——王某　　　　　　　　　　　　　　　　2 000
　　　贷:库存现金　　　　　　　　　　　　　　　　　　　　 2 000

⑥ 借:行政支出——商品和服务支出——差旅费　　　　　　　2 500
　　　贷:库存现金　　　　　　　　　　　　　　　　　　　　　 500
　　　　　其他应收款——张某　　　　　　　　　　　　　　　 2 000

⑦ 借:资本性支出——办公设备购置　　　　　　　　　　　 70 000
　　　贷:银行存款　　　　　　　　　　　　　　　　　　　　70 000

同时:

借:固定资产——一般设备——××设备　　　　　　　　　　70 000
　　贷:资产基金——一般设备——××设备　　　　　　　　　70 000

⑧ 借:资产基金　　　　　　　　　　　　　　　　　　　　10 000
　　　贷:累计折旧　　　　　　　　　　　　　　　　　　　　10 000

1 月份结账的会计分录如下:

借:拨缴经费收入　　　　　　　　　　　　　　　　　　　110 000
　　上级补助收入——专项转移支付补助　　　　　　　　　　400 000
　　　　　　　　——一般性转移支付补助　　　　　　　　　 90 000
　　贷:工会资金结余——本年收支结转　　　　　　　　　　200 000
　　　　工会资金结转——本年收支结转　　　　　　　　　　400 000

借：工会资金结余　　　　　　　　　　　　　　　　　　　　　72 500
　　贷：行政支出——商品和服务支出——差旅费　　　　　　　　2 500
　　　　资本性支出——办公设备购置　　　　　　　　　　　　70 000

根据本例中 1 月份期初余额及本月发生额，编制的 2×22 年 1 月 31 日资产负债表如表 7-3 所示。

表 7-3　　　　　　　　　　　　　资产负债表　　　　　　　　　　　　工会 01 表

编制单位：　　　　　　　　　　　2×22 年 1 月 31 日　　　　　　　　单位：元

资产	年初余额	期末余额	负债与净资产	年初余额	期末余额
一、资产			二、负债		
流动资产：			应付职工薪酬		
货币资金	294 500	932 000	应付上级经费		90 000
零余额账户用款额度			应付下级经费	100 000	100 000
财政应返还额度			其他应付款	32 000	52 000
应收上级经费			代管经费		
应收下级经费			负债合计	132 000	242 000
其他应收款	5 000	5 000			
库存物品			三、净资产		
流动资产合计	299 500	937 000	资产基金	430 000	490 000
投资	30 000	30 000	专用基金		
在建工程			工会资金结转		400000
固定资产原值	500 000	570 000	工会资金结余		127500
减：累计折旧	100 000	110 000	财政拨款结转		
固定资产净值	400 000	460 000	财政拨款结余	167 500	167 500
无形资产原值			预算稳定调节基金		
减：累计摊销			净资产合计	597 500	1 185 000
固定资产净值					
无形资产净值					
减：累计摊销					
无形资产净值					
长期待摊费用					
待处理财产损溢					
资产总计	729 500	1 427 000	负债与净资产总计	729 500	1 427 000

工会主席：　　　　　　财务负责人：　　　　　　复核：　　　　　　制表：

【例 7-2】 沿用[例 7-1]中的资料,假设该工会 2×22 年 2 月发生的经济业务如下:

① 2 月 9 日,收到基层工会上缴工会经费 500 000 元,本级留成 300 000 元,应付上级工会 200 000 元。

② 2 月 15 日,收到银行存款利息收入 7 000 元。

③ 2 月 24 日,开办工会业务培训课程,培训费 20 000 元,用转账支票支付。

④ 2 月 28 日,计提 2 月份固定资产折旧,计提折旧金额 10 000 元。

该工会 2×22 年 2 月的会计分录如下:

① 借:银行存款　　　　　　　　　　　　　　　　　　　　500 000
　　　贷:拨缴经费收入　　　　　　　　　　　　　　　　　　　　300 000
　　　　　应付上级经费　　　　　　　　　　　　　　　　　　　　200 000

② 借:银行存款　　　　　　　　　　　　　　　　　　　　　7 000
　　　贷:其他收入　　　　　　　　　　　　　　　　　　　　　　　7 000

③ 借:业务支出——培训费　　　　　　　　　　　　　　　　20 000
　　　贷:银行存款　　　　　　　　　　　　　　　　　　　　　　20 000

④ 借:资产基金　　　　　　　　　　　　　　　　　　　　　10 000
　　　贷:累计折旧　　　　　　　　　　　　　　　　　　　　　　10 000

2 月份结账的会计分录如下:

借:拨缴经费收入　　　　　　　　　　　　　　　　　　　　300 000
　　其他收入　　　　　　　　　　　　　　　　　　　　　　　7 000
　　贷:工会资金结余　　　　　　　　　　　　　　　　　　　307 000
借:工会资金结余　　　　　　　　　　　　　　　　　　　　20 000
　　贷:业务支出——培训费　　　　　　　　　　　　　　　　20 000

根据上述资料,编制的 2 月 28 日资产负债表如表 7-4 所示。

表 7-4　　　　　　　　　　　　　**资产负债表**　　　　　　　　　　　　　工会 01 表

编制单位:　　　　　　　　　　　2×22 年 2 月 28 日　　　　　　　　　　　单位:元

资产	年初余额	期末余额	负债与净资产	年初余额	期末余额
一、资产			**二、负债**		
流动资产:			应付职工薪酬		
货币资金	294 500	1 419 000	应付上级经费		290 000
零余额账户用款额度			应付下级经费	100 000	100 000
财政应返还额度			其他应付款	32 000	52 000
应收上级经费			代管经费		

(续表)

资产	年初余额	期末余额	负债与净资产	年初余额	期末余额
应收下级经费			负债合计	132 000	442 000
其他应收款	5 000	5 000			
库存物品			三、净资产		
流动资产合计	299 500	1 424 000	资产基金	430 000	480 000
投资	30 000	30 000	专用基金		
在建工程			工会资金结转		400 000
固定资产原值	500 000	570 000	工会资金结余		414 500
减：累计折旧	100 000	120 000	财政拨款结转		
固定资产净值	400 000	450 000	财政拨款结余	167 500	167 500
无形资产原值			预算稳定调节基金		
减：累计摊销			净资产合计	597 500	1 462 000
固定资产净值					
无形资产净值					
减：累计摊销					
无形资产净值					
长期待摊费用					
待处理财产损溢					
资产总计	729 500	1 904 000	负债与净资产总计	729 500	1 904 000

工会主席：　　　　　　财务负责人：　　　　　　复核：　　　　　　制表：

【例 7-3】 沿用[例 7-1]和[例 7-2]中的资料，假设该工会 2×22 年 3 月至 12 月发生的经济业务如下：

1. 3 月 8 日，某工会将现金 500 元存入银行。
2. 12 月 20 日，某工会召开业务工作会议，转账支付会议费 6 000 元。
3. 3～12 月，每月计提固定资产折旧额 10 000 元。

该工会 2×22 年 2 月的会计分录如下：

① 借：银行存款　　　　　　　　　　　　　　　　　　　500
　　　贷：库存现金　　　　　　　　　　　　　　　　　　　　500

② 借：业务支出——会议费　　　　　　　　　　　　　6 000
　　　贷：银行存款　　　　　　　　　　　　　　　　　　　　6 000
　　借：工会资金结余　　　　　　　　　　　　　　　　6 000
　　　贷：业务支出——会议费　　　　　　　　　　　　　　6 000

③ 3~12月每月分录如下：

借：资产基金　　　　　　　　　　　　　　　　　　　　　　　10 000
　　贷：累计折旧　　　　　　　　　　　　　　　　　　　　　　　　10 000

根据[例7-1]和[例7-2]中的年初余额和1、2月份发生额,并根据[例7-3]的工会3月至12月发生的经济业务,编制的2×22年12月31日资产负债表如表7-5所示。

表7-5　　　　　　　　　　　　　资产负债表　　　　　　　　　　工会01表

编制单位：　　　　　　　　　　2×22年12月31日　　　　　　　　　单位:元

资产	年初余额	年末余额	负债与净资产	年初余额	年末余额
一、资产			二、负债		
流动资产：			应付职工薪酬		
货币资金	294 500	1 413 000	应付上级经费		290 000
财政应返还额度			应付下级经费	100 000	100 000
应收上级经费			其他应付款	32 000	52 000
应收下级经费			代管经费		
其他应收款	5 000	5 000	负债合计	132 000	442 000
库存物品					
流动资产合计	299 500	1 418 000	三、净资产		
投资	30 000	30 000	资产基金	430 000	380 000
在建工程			专用基金		
固定资产原值	500 000	570 000	工会资金结转		400 000
减:累计折旧	100 000	220 000	工会资金结余		408 500
固定资产净值	400 000	350 000	财政拨款结转		
无形资产原值			财政拨款结余	167 500	167 500
减:累计摊销			预算稳定调节基金		
固定资产净值			净资产合计	597 500	1 356 000
无形资产净值					
减:累计摊销					
无形资产净值					
长期待摊费用					
待处理财产损溢					
资产总计	729 500	1 798 000	负债与净资产总计	729 500	1 798 000

工会主席：　　　　　　　财务负责人：　　　　　　　复核：　　　　　　　制表：

7.3 收入支出表

收入支出表是反映工会某一会计期间全部收入、支出及结余情况的报表,工会至少应当编制月度、年度收入支出表,可以根据需要编制季度、半年度收入支出表。

7.3.1 编制说明

编制年度收入支出表时,将表头中的"＿＿＿年＿＿月"改为"＿＿＿年度";并将"本月数"栏改为"本年数"栏,将"本年累计数"栏改为"上年数"栏。

本表"本月数"栏内各项目,根据本月各项目的实际发生额填列。年度收入支出表"本年数"栏内各项目,根据本年度各项目的实际发生额填列。

本表"本年累计数"栏内各项目,根据自年初至本期期末各项目的累计实际发生额填列,也可以根据上月收入支出表"本年累计数"加上本月收入支出表"本月数"后的金额填列。

年度收入支出表"上年数"栏内各项目,根据上年度收入支出表"本年数"栏内各对应项目数字填列。

本表"本月数"栏各项目的内容和填列方法如下:

(1) "年初资金结转结余"项目及其所属各明细项目

"年初资金结转结余"项目及其所属各明细项目,反映工会本年初所有资金结转结余的金额。本项目及其所属各明细项目,只在编制年度收入支出表时填列。

① "年初资金结转结余"项目根据各明细项目的合计数填列。

② "年初资金结转"项目根据"工会资金结转""财政拨款结转"科目的年初余额合计数填列。

③ "年初资金结余"项目根据"工会资金结余""财政拨款结余"科目的年初余额合计数填列。

本项目及其所属各明细项目的数额,应当与上年度收入支出表中"年末资金结转结余"中各项目的金额相等。

(2) "资金结转结余调整及变动"项目

"资金结转结余调整及变动"项目,反映工会因发生需要调整以前年度各项资金结转结余的事项,以及本年因收回投资等导致各项资金结转结余变动的金额。本项目根据"工会资金结转""工会资金结余""财政拨款结转""财政拨款结余"科目下"年初余额调整""归集上缴"科目本期发生额的合计数填列。若为负数,以"-"填列。

(3) 收入类项目

① "收入合计"项目,反映工会本期收入总额。本项目应当根据本表中"会费收入"

"拨缴经费收入""上级补助收入""政府补助收入""行政补助收入""附属单位上缴收入""投资收益""其他收入"和"动用预算稳定调节基金"项目金额的合计数填列。

②"会费收入"项目,反映基层工会收到的工会会员会费的金额。本项目应当根据"会费收入"科目的本期发生额填列。

③"拨缴经费收入"项目,反映工会收到的基层单位行政拨缴、下级工会按规定上缴及上级工会按规定转拨的工会拨缴经费中归属于本级工会的经费金额。本项目应当根据"拨缴经费收入"科目的本期发生额填列。

④"上级补助收入"项目,反映工会收到的上级工会给予的补助金额。本项目应当根据"上级补助收入"科目的本期发生额填列。

⑤"政府补助收入"项目,反映县级以上工会收到的各级人民政府按照工会法和国家的有关规定给予工会的补助金额。本项目应当根据"政府补助收入"科目的本期发生额填列。

⑥"行政补助收入"项目,反映基层工会收到的所在单位行政方面按照工会法和国家的有关规定给予工会的补助金额。本项目应当根据"行政补助收入"科目的本期发生额填列。

⑦"附属单位上缴收入"项目,反映工会收到的所属企事业单位按规定上缴的金额。本项目应当根据"附属单位上缴收入"科目的本期发生额填列。

⑧"投资收益"项目,反映工会收到的对外投资发生的损益金额。本项目应当根据"投资收益"科目的本期发生额填列;如为投资净损失,以"-"号填列。

⑨"其他收入"项目,反映工会收到的各类其他收入的金额。本项目应当根据"其他收入"科目的本期发生额填列。

⑩"动用预算稳定调节基金"项目,反映县级以上工会按照工会预算管理规定动用的预算稳定调节基金金额。本项目应当根据"动用预算稳定调节基金"科目的本期发生额填列。

(4)支出类项目

①"支出合计"项目,反映工会本期支出总额。本项目应当根据本表中"职工活动支出""职工活动组织支出""职工服务支出""维权支出""业务支出""行政支出""资本性支出""补助下级支出""对附属单位的支出""其他支出"和"安排预算稳定调节基金"项目金额的合计数填列。

②"职工活动支出"项目,反映基层工会开展职工教育活动、文体活动、宣传活动、劳模疗休养活动、会员活动等发生的支出金额。本项目应当根据"职工活动支出"科目的本期发生额填列。

③"职工活动组织支出"项目,反映县级以上工会组织开展职工教育活动、文体活动、宣传活动、劳模疗休养活动等发生的支出金额。本项目应当根据"职工活动组织支出"科目的本期发生额填列。

④"职工服务支出"项目,反映工会开展职工劳动和技能竞赛活动、职工创新活动、建

家活动、职工书屋、职工互助保障、心理咨询等工作发生的支出金额。本项目应当根据"职工服务支出"科目的本期发生额填列。

⑤"维权支出"项目,反映工会用于维护职工权益的支出金额。本项目应当根据"维权支出"科目的本期发生额填列。

⑥"业务支出"项目,反映工会培训工会干部、加强自身建设及开展业务工作发生的支出金额。本项目应当根据"业务支出"科目的本期发生额填列。

⑦"行政支出"项目,反映县级以上工会为行政管理、后勤保障等发生的各项日常支出金额。本项目应当根据"行政支出"科目的本期发生额填列。

⑧"资本性支出"项目,反映工会从事建设工程、设备工具购置、大型修缮和信息网络购建而发生的实际支出金额。本项目应当根据"资本性支出"科目的本期发生额填列。

⑨"补助下级支出"项目,反映县级以上工会为解决下级工会经费不足或根据有关规定给予下级工会的各类补助金额。本项目应当根据"补助下级支出"科目的本期发生额填列。

⑩"对附属单位的支出"项目,反映工会按规定对所属企事业单位的补助金额。本项目应当根据"对附属单位的支出"科目的本期发生额填列。

⑪"其他支出"项目,反映工会发生的各项其他支出的金额。本项目应当根据"其他支出"科目的本期发生额填列;如为贷方发生额,以"－"号填列。

⑫"安排预算稳定调节基金"项目,反映县级以上工会按照有关规定使用超收的拨缴经费收入安排的预算稳定调节基金金额。本项目应当根据"安排预算稳定调节基金"科目的本期发生额填列。

(5)"本期收支差额"项目

"本期收支差额"项目,反映工会本期发生的各项资金收入和支出相抵后的余额。本项目应当根据本表中"收入合计"项目金额减去"支出合计"项目金额后的余额填列。如为负数,以"－"号填列。

(6)"年末资金结转结余"项目及其所属各明细项目

"年末资金结转结余"项目及其所属各明细项目,反映工会本年各项资金结转结余的年末余额。本项目及其所属各明细项目,仅在编制年度收入支出表时填列。

①"年末资金结转结余"项目根据各明细项目的合计数填列。

②"年末资金结转"项目根据"工会资金结转""财政拨款结转"科目年末余额的合计数填列。

③"年末资金结余"项目根据"工会资金结余""财政拨款结余"科目年末余额的合计数填列。

7.3.2 报表格式

收入支出表的格式如表 7-6 所示。

第 7 章 工会会计报表

表 7-6　　　　　　　　　　　　收入支出表　　　　　　　　　　　　工会 02 表
编制单位：　　　　　　　　　　　　___年_月　　　　　　　　　　　　单位:元

项　目	本月数	本年累计数
一、年初资金结转结余		
（一）年初资金结转		
（二）年初资金结余		
二、资金结转结余调整及变动		
三、收入合计		
（一）会费收入		
（二）拨缴经费收入		
（三）上级补助收入		
（四）政府补助收入		
（五）行政补助收入		
（六）附属单位上缴收入		
（七）投资收益		
（八）其他收入		
（九）动用预算稳定调节基金		
四、支出合计		
（一）职工活动支出		
（二）职工活动组织支出		
（三）职工服务支出		
（四）维权支出		
（五）业务支出		
（六）行政支出		
（七）资本性支出		
（八）补助下级支出		
（九）对附属单位的支出		
（十）其他支出		
（十一）安排预算稳定调节基金		
五、本期收支差额		
六、年末资金结转结余		
（一）年末资金结转		
（二）年末资金结余		

工会主席：　　　　　财务负责人：　　　　　复核：　　　　　制表：

7.3.3 编制举例

【例 7-4】 沿用[例 7-1]中的资料,编制该工会 2×22 年 1 月份工会经费收入支出表。

(1) 该工会 1 月份工会经费收入支出表"本月数"的填列:

"拨缴经费收入"科目"本月数"=110 000(元);

"上级补助收入"科目"本月数"=490 000(元),其中"专项转移支付补助"400 000 元,"一般性转移支付补助"90 000 元;

"行政支出——商品和服务支出"科目"本月数"=2 500(元);

"资本性支出——办公设备购置"科目"本月数"=70 000(元)。

(2) 1 月份收入支出表"本年累计数"金额同"本月数"。

编制的 1 月份收入支出表如表 7-7 所示。

表 7-7　　　　　　　　　　　收入支出表　　　　　　　　　　工会 02 表
编制单位:某工会　　　　　　　2×22 年 1 月　　　　　　　　　单位:元

项　目	本月数	本年累计数
一、年初资金结转结余		
（一）年初资金结转		
（二）年初资金结余		
二、资金结转结余调整及变动		
三、收入合计	600 000	600 000
（一）会费收入		
（二）拨缴经费收入	110 000	110 000
（三）上级补助收入	490 000	490 000
（四）政府补助收入		
（五）行政补助收入		
（六）附属单位上缴收入		
（七）投资收益		
（八）其他收入		
（九）动用预算稳定调节基金		
四、支出合计	72 500	72 500
（一）职工活动支出		

第 7 章　工会会计报表

(续表)

项　目	本月数	本年累计数
(二)职工活动组织支出		
(三)职工服务支出		
(四)维权支出		
(五)业务支出		
(六)行政支出	2 500	2 500
(七)资本性支出	70 000	70 000
(八)补助下级支出		
(九)对附属单位的支出		
(十)其他支出		
(十一)安排预算稳定调节基金		
五、本期收支差额	527 500	527 500
六、年末资金结转结余		
(一)年末资金结转		
(二)年末资金结余		

工会主席：　　　　　财务负责人：　　　　　复核：　　　　　制表：

【**例 7-5**】 沿用[例 7-2]和[例 7-4]中的资料，编制该工会 2×21 年 2 月份收入支出表。

(1) 2 月份收入支出表"本月数"的填列：

"拨缴经费收入"科目"本月数"＝300 000(元)；

"其他收入"科目"本月数"＝7 000(元)；

"业务支出"科目"本月数"＝20 000(元)。

(2) 2 月份收入支出表"本年累计数"的填列：

"拨缴经费收入"科目"本年累计数"＝1 月份收入支出表"拨缴经费收入"科目"本年累计数"＋2 月份收入支出表"拨缴经费收入"科目"本月数"＝110 000＋300 000＝410 000(元)；

"其他收入"科目"本年累计数"＝1 月份收入支出表"其他收入"科目"本年累计数"＋2 月份收入支出表"其他收入"科目"本月数"＝0＋7 000＝7 000(元)；

"业务支出"科目"本年累计数"＝1 月份收入支出表"业务支出"科目"本年累计数"＋2 月份收入支出表"业务支出"科目"本月数"＝0＋20 000＝20 000(元)。

编制的 2 月份收入支出表如表 7-8 所示。

表 7-8　　　　　　　　　　　收入支出表　　　　　　　　　工会 02 表

编制单位:某工会　　　　　　　2×22 年 2 月　　　　　　　　　单位:元

项　目	本月数	本年累计数
一、年初资金结转结余		
（一）年初资金结转		
（二）年初资金结余		
二、资金结转结余调整及变动		
三、收入合计	307 000	4 597 000
（一）会费收入		
（二）拨缴经费收入	300 000	410 000
（三）上级补助收入		490 000
（四）政府补助收入		
（五）行政补助收入		
（六）附属单位上缴收入		
（七）投资收益		
（八）其他收入	7 000	7 000
（九）动用预算稳定调节基金		
四、支出合计	20 000	92 500
（一）职工活动支出		
（二）职工活动组织支出		
（三）职工服务支出		
（四）维权支出		
（五）业务支出	20 000	20 000
（六）行政支出		2 500
（七）资本性支出		70 000
（八）补助下级支出		
（九）对附属单位的支出		
（十）其他支出		
（十一）安排预算稳定调节基金		
五、本期收支差额	287 000	4 504 500
六、年末资金结转结余		
（一）年末资金结转		
（二）年末资金结余		

工会主席：　　　　　财务负责人：　　　　　复核：　　　　　制表：

【例7-6】 沿用[例7-3]和[例7-5]中的资料,编制工会2×22年度收入支出表。

(1) 2×22年度收入支出表"上年数"的填列:

按照2×21年度收入支出表"本年数"的金额填列。

(2) 2×22年度收入支出表"本年数"的填列:

"拨缴经费收入"科目"本年数"=12月份收入支出表"拨缴经费收入"科目"本年累计数"=410 000(元);

"上级补助收入"科目"本年数"=12月份收入支出表"上级补助收入"科目"本年累计数"=490 000(元);

"其他收入"科目"本年数"=12月份收入支出表"其他收入"科目"本年累计数"=7 000(元);

"业务支出"科目"本年数"=12月份收入支出表"业务支出"科目"本年累计数"=20 000(元);

"行政支出"科目"本年数"=12月份收入支出表"行政支出"科目"本年累计数"=2 500(元);

"资本性支出"科目"本年数"=12月份收入支出表"资本性支出"科目"本年累计数"=70 000(元)。

编制的工会2×22年度收入支出表如表7-9所示。

表7-9　　　　　　　　　　　收入支出表　　　　　　　　　工会02表
编制单位:某工会　　　　　　　　2×22年度　　　　　　　　　单位:元

项　目	本年数	上年数(略)
一、年初资金结转结余	167 500	
(一)年初资金结转		
(二)年初资金结余	167 500	
二、资金结转结余调整及变动		
三、收入合计	4 597 000	
(一)会费收入		
(二)拨缴经费收入	410 000	
(三)上级补助收入	490 000	
(四)政府补助收入		
(五)行政补助收入		
(六)附属单位上缴收入		
(七)投资收益		
(八)其他收入	7 000	
(九)动用预算稳定调节基金		

(续表)

项　目	本年数	上年数（略）
四、支出合计	92 500	
（一）职工活动支出		
（二）职工活动组织支出		
（三）职工服务支出		
（四）维权支出		
（五）业务支出	20 000	
（六）行政支出	2 500	
（七）资本性支出	70 000	
（八）补助下级支出		
（九）对附属单位的支出		
（十）其他支出		
（十一）安排预算稳定调节基金		
五、本期收支差额	4 504 500	
六、年末资金结转结余		
（一）年末资金结转		
（二）年末资金结余	4 672 000	167 500

工会主席：　　　　财务负责人：　　　　复核：　　　　制表：

7.4　财政拨款收入支出表

财政拨款收入支出表是反映工会某一会计期间从同级政府财政部门取得的财政拨款收入、支出及结转结余情况的报表。工会应当编制年度财政拨款收入支出表，可以根据需要编制中期财政拨款收入支出表。

7.4.1　编制说明

本表反映县级以上工会本年财政拨款的收入、支出和结转结余的情况。县级以上工会应当按年度编制财政拨款收入支出表。

不从同级政府财政部门取得财政拨款的县级以上工会，不填列本表。

本表"项目"栏内各项目，应当根据县级以上工会取得的财政拨款分项设置。其中"项目支出"项目下，根据每个项目设置。

本表各栏及其对应项目的内容和填列方法如下：

① "年初财政拨款结转结余"栏中各项目,反映县级以上工会年初各项财政拨款结转结余的金额。各项目应当根据"财政拨款结转""财政拨款结余"科目及其明细科目的年初余额填列。本栏中各项目的数额应当与上年度财政拨款收入支出表中"年末财政拨款结转结余"栏中各项目的数额相等。

② "调整年初财政拨款结转结余"栏中各项目,反映县级以上工会对年初财政拨款结转结余的调整金额。各项目应当根据"财政拨款结转""财政拨款结余"科目下"年初余额调整"明细科目及其所属明细科目的本年发生额填列;如调整减少年初财政拨款结转结余,以"一"号填列。

③ "本年归集上缴"栏中各项目,反映县级以上工会本年按规定实际上缴的财政拨款结余资金金额。各项目应当根据"财政拨款结余"科目下"归集上缴"科目及其所属明细科目的本年发生额,以"一"号填列。

④ "单位内部调剂"栏中各项目,反映县级以上工会本年财政拨款结转结余资金在工会内部不同项目等之间的调剂金额。各项目应当根据"财政拨款结转"和"财政拨款结余"科目下的"单位内部调剂"明细科目及其所属明细科目的本年发生额填列;对工会内部调剂减少的财政拨款结余金额,以"一"号填列。

⑤ "本年财政拨款收入"栏中各项目,反映县级以上工会本年从同级政府部门取得的财政预算拨款金额。各项目应当根据"政府补助收入"科目下"财政拨款收入"明细科目及其所属明细科目的本年发生额填列。

⑥ "本年财政拨款支出"栏中各项目,反映县级以上工会本年发生的财政拨款支出金额。各项目应当根据除"安排预算稳定调节基金"科目以外的各支出类科目下"财政拨款"明细科目及其所属明细科目的本年发生额填列。

⑦ "年末财政拨款结转结余"栏中各项目,反映县级以上工会年末财政拨款结转结余的金额。各项目应当根据"财政拨款结转""财政拨款结余"科目及其所属明细科目的年末余额填列。

7.4.2 报表格式

财政拨款收入支出表的格式如表 7-10 所示。

表 7-10　　　　　　　　　　财政拨款收入支出表　　　　　　　　　工会附 01 表

编制单位:某工会　　　　　　　　　　　　＿＿年　　　　　　　　　　　　　　单位:元

项目	年初财政拨款结转结余		调整年初财政拨款结转结余	本年归集上缴	单位内部调剂		本年财政拨款收入	本年财政拨款支出	年末财政拨款结转结余	
	结转	结余			结转	结余			结转	结余
基本支出:										
1. 人员经费										

(续表)

项目	年初财政拨款结转结余		调整年初财政拨款结转结余	本年归集上缴	单位内部调剂		本年财政拨款收入	本年财政拨款支出	年末财政拨款结转结余	
	结转	结余			结转	结余			结转	结余
2.公用经费										
项目支出:										
1.XX项目										
2.XX项目										
……										
总计										

工会主席： 财务负责人： 复核： 制表：

7.5 国有资产情况表

国有资产情况表，是反映工会某一会计期间持有的国有资产情况的报表。

7.5.1 编制说明

本表反映县级以上工会年末持有的国有资产的情况。县级以上工会应当按年编制国有资产情况表。

本表"年初余额"栏各项目金额，应当根据上年度国有资产情况表"年末余额"栏内各对应项目数字填列。

本表"年末余额"栏各项目的内容和填列方法如下：

① "货币资金"项目，反映县级以上工会年末库存现金及银行存款中财政拨款的合计数。本项目应当根据"库存现金""银行存款"科目下"国有资产"明细科目年末余额的合计数填列。

② "财政应返还额度"项目，反映县级以上工会年末财政应返还额度的金额。本项目应当根据"财政应返还额度"科目的年末余额填列。

③ "库存物品"项目，反映县级以上工会年末存储的财政拨款形成的库存物品的实际成本。本项目应当根据"库存物品"科目下"国有资产"明细科目的年末余额填列。

④ "流动资产合计"项目，反映工会期末流动资产中国有资产的合计数。本项目应当根据本表中"货币资金""财政应返还额度""库存物品"项目金额的合计数填列。

⑤ "在建工程"项目，反映县级以上工会年末所有的建设项目工程中国有资产部分的实际成本。本项目应当根据"在建工程"科目下"国有资产"明细科目的年末余额填列。

⑥"固定资产原值"项目,反映县级以上工会年末固定资产中国有资产部分的原值。本项目应当根据"固定资产"科目下"国有资产"明细科目的年末余额填列。

"累计折旧"项目,反映县级以上工会年末固定资产中国有资产部分已计提的累计折旧金额。本项目应当根据"累计折旧"科目下"国有资产"明细科目的年末余额填列。

"固定资产净值"项目,反映县级以上工会年末固定资产中国有资产部分的账面价值。本项目应当根据"固定资产原值"项目减去"累计折旧"项目后的金额填列。

⑦"无形资产原值"项目,反映县级以上工会年末无形资产中国有资产部分的原值。本项目应当根据"无形资产"科目下"国有资产"明细科目的年末余额填列。

"累计摊销"项目,反映县级以上工会年末无形资产中国有资产部分已计提的累计摊销金额。本项目应当根据"累计摊销"科目下"国有资产"明细科目的年末余额填列。

"无形资产净值"项目,反映县级以上工会年末无形资产中国有资产部分的账面价值。本项目应当根据"无形资产原值"项目减去"累计摊销"项目后的金额填列。

⑧"长期待摊费用"项目,反映县级以上工会年末已经支出的,应由本期和以后各期负担的分摊期限在 1 年以上(不含 1 年)的财政拨款支出。本项目应当根据"长期待摊费用"科目下"国有资产"明细科目的年末余额填列。

⑨"非流动资产合计"项目,反映县级以上工会年末非流动资产中国有资产的合计数。本项目应当根据本表中"在建工程""固定资产净值""无形资产净值""长期待摊费用"项目金额的合计数填列。

⑩"资产总计"项目,反映县级以上工会年末国有资产的合计数。本项目应当根据"流动资产合计"项目与"非流动资产合计"项目金额的合计数填列。

7.5.2 报表格式

国有资产情况表的格式如表 7-11 所示。

表 7-11 　　　　　　　　　　国有资产情况表 　　　　　　　　　工会附 02 表
编制单位: 　　　　　　　　　　　　　　　___年 　　　　　　　　　　　　　　单位:元

项　目	年初余额	年末余额
流动资产:		
货币资金		
财政应返还额度		
库存商品		
流动资产合计		
非流动资产:		
在建工程		

(续表)

项 目	年初余额	年末余额
固定资产原值		
减:累计折旧		
固定资产净值		
无形资产原值		
减:累计摊销		
无形资产净值		
长期待摊费用		
非流动资产合计		
资产总计		

工会主席： 财务负责人： 复核： 制表：

7.6 成本费用表

成本费用表,是反映工会某一会计期间成本费用情况的报表。工会至少应当编制月度、年度成本费用表,可以根据需要编制季度、半年度成本费用表。

7.6.1 编制说明

本表反映县级以上工会某一会计期间内的成本费用情况。县级以上工会至少应当编制月度、年度成本费用表,可以根据需要编制季度、半年度成本费用表。

编制年度成本费用表时,将"本月数"栏改为"本年数"栏,将"本年累计数"栏改为"上年数"栏。

本表"本月数"栏内各项目,根据本月各项目的实际发生额填列。年度成本费用表"本年数"栏内各项目,根据本年度各项目的实际发生额填列。

本表"本年累计数"栏内各项目,根据自年初至本期期末各项目的累计实际发生额填列,也可以根据上月成本费用表"本年累计数"加上本月成本费用表"本月数"后的金额填列。

年度成本费用表"上年数"栏内各项目,根据上年度成本费用表"本年数"栏内各对应项目数字填列。

本表"本月数"栏各项目的内容和填列方法如下：

① "职工活动组织费用"项目,反映县级以上工会组织开展职工教育活动、文体活动、宣传活动、劳模疗休养活动等所发生的费用。本项目根据"职工活动组织支出"科目的本

期发生额填列。

② "职工服务费用"项目,反映县级以上工会开展职工劳动和技能竞赛活动、职工创新活动、建家活动、职工书屋、职工互助保障、心理咨询等工作发生的费用。本项目根据"职工服务支出"科目的本期发生额填列。

③ "维权费用"项目,反映县级以上工会用于维护职工权益的费用。本项目根据"维权支出"科目的本期发生额填列。

④ "业务费用"项目,反映县级以上工会培训工会干部、加强自身建设及开展业务工作发生的费用。本项目根据"业务支出"科目的本期发生额填列。

⑤ "行政费用"项目,反映县级以上工会为行政管理、后勤保障等发生的各项费用。本项目根据"行政支出"科目的本期发生额填列。

⑥ "补助下级费用"项目,反映县级以上工会补助下级发生的费用。本项目根据"补助下级支出"科目的本期发生额填列。

⑦ "对附属单位的费用"项目,反映县级以上工会按规定对附属企事业单位补助发生的费用。本项目根据"对附属单位的支出"科目的本期发生额填列。

⑧ "折旧及摊销费用"项目,反映县级以上工会应承担的折旧、摊销及待摊费用。本项目根据"累计折旧""累计摊销""长期待摊费用"科目本期贷方发生额的合计数填列。

⑨ "其他费用"项目,反映县级以上工会发生的除以上费用项目外的其他费用。本项目根据"其他支出"科目的本期发生额填列。

⑩ "调整事项"项目,反映由于会计核算基础差异导致的费用调整金额。本项目根据本期调整事项的实际发生额填列,若为调减事项,以"-"号填列。

⑪ "费用总计"项目,反映县级以上工会发生的成本费用合计数。本项目根据本表中"职工活动组织费用""职工服务费用""维权费用""业务费用""行政费用""补助下级费用""对附属单位的费用""折旧及摊销费用""其他费用"和"调整事项"项目金额的合计数填列。

调整事项:

① 调整库存物品对当期费用的影响。当期购入库存物品的支出,不作为当期费用;当期领用、发出库存物品对应的支出,作为当期费用。县级以上工会应当将"库存物品"科目期初余额减去期末余额后的差额,作为当期费用的调增金额。

② 调整在建工程对当期费用的影响。建设项目竣工验收并交付使用时,县级以上工会应当将在建工程中"待核销基建支出"明细科目的本期发生额计入当期费用,作为当期费用的调增金额。

③ 调整其他事项对当期费用的影响。存在其他事项因核算基础不同导致当期费用与支出存在差异的,比照上述原则进行处理。

7.6.2 报表格式

成本费用表的格式如表 7-12 所示。

表 7-12　　　　　　　　　　　成本费用表　　　　　　　　　工会附 03 表
编制单位：　　　　　　　　　　　___年__月　　　　　　　　　　单位：元

项　目	本月数	本年累计数
职工活动组织费用		
职工服务费用		
维权费用		
业务费用		
行政费用		
补助下级费用		
对附属单位的费用		
折旧及摊销费用		
其他费用		
调整事项		
费用总计		

工会主席：　　　　财务负责人：　　　　复核：　　　　制表：

7.7　附　注

附注是对在资产负债表、工会经费收入支出表等报表中列示项目所作的进一步说明，以及未能在这些报表中列示项目的说明，附注的编制期是年报。

工会的年度会计报表附注至少应当披露下列内容：

① 遵循《工会会计制度》的声明；

② 整体财务状况、预算执行情况的说明；

③ 重要会计政策、会计估计及其变更情况的说明；

④ 会计报表重要项目的进一步说明，包括其主要构成、增减变动情况等；

⑤ 重要资产处置、资产重大损失情况的说明；

⑥ 以名义金额计量的资产名称、数量等情况，以及以名义金额计量理由的说明；

⑦ 以前年度结转结余调整情况的说明；

⑧ 有助于理解和分析会计报表需要说明的其他事项。

法律、行政法规和国家统一的会计制度另有规定的，从其规定。

附 件

工会会计制度

目 录

第一章 总则
第二章 一般原则
第三章 资产
第四章 负债
第五章 净资产
第六章 收入
第七章 支出
第八章 财务报表
第九章 附则

附录1：工会会计科目和财务报表
附录2：工会固定资产折旧年限表

新工会会计制度：账务处理与案例解析

第一章 总 则

第一条 为了规范工会会计行为，保证会计信息质量，根据《中华人民共和国会计法》（以下简称会计法）、《中华人民共和国工会法》（以下简称工会法）等法律法规，制定本制度。

第二条 本制度适用于各级工会，包括基层工会及县级以上（含县级，下同）工会。工会所属事业单位、工会所属企业及挂靠工会管理的社会团体，不适用本制度。

第三条 工会会计是核算、反映、监督工会预算执行和经济活动的专业会计。工会依法建立独立的会计核算管理体系，与工会预算管理体制相适应。

第四条 工会应当对其自身发生的经济业务或者事项进行会计处理和报告。

第五条 工会会计处理应当以工会的持续运行为前提。

第六条 工会会计处理应当划分会计期间，分期结算账目和编制会计报表。

会计期间至少分为年度和月度。会计年度、月度等会计期间的起讫日期采用公历日期。

第七条 工会会计处理应当以货币计量，以人民币作为记账本位币。

第八条 工会会计处理一般采用收付实现制，部分经济业务或者事项应当按照本制度的规定采用权责发生制。

第九条 工会会计要素包括：资产、负债、净资产、收入和支出。其平衡公式为：资产 ＝ 负债＋净资产。

第十条 工会会计处理应当采用借贷记账法记账。

第十一条 工会会计记录的文字应当使用中文。在民族自治地方，会计记录可以同时使用当地通用的一种民族文字。

第十二条 县级以上工会应当设置会计机构，配备专职会计人员。基层工会应当根据会计业务的需要设置会计机构或者在有关机构中设置会计人员并指定会计主管人员；不具备设置条件的，应当委托经批准设立从事代理记账业务的中介机构代理记账。

第十三条 各级工会的法定代表人应当对本级工会的会计工作以及会计资料的真实性、完整性负责。

第十四条 各级工会应当建立健全内部控制制度，并确保内部控制有效施行。县级以上工会应当组织指导和检查下级工会会计工作，负责制定有关实施细则；组织工会会计人员培训，不断提高政策、业务水平。

第十五条 工会应当重视并不断推进会计信息化的应用。工会开展会计信息化工作，应当符合财政部制定的相关会计信息化工作规范和标准，确保利用现代信息技术手段进行会计处理及生成的会计信息符合会计法和本制度的规定。

第二章　一般原则

第十六条 工会提供的会计信息应当符合工会管理工作的要求,满足会计信息使用者的需要,满足本级工会加强财务管理的需要。

第十七条 工会应当以实际发生的经济业务或者事项为依据进行会计处理,如实反映工会财务状况和收支情况等信息,保证会计信息真实可靠、内容完整。

第十八条 工会提供的会计信息应当清晰明了,便于理解和使用。

第十九条 工会会计处理应当采用规定的会计政策,前后各期一致,不得随意变更,以确保会计信息口径一致,相互可比。

第二十条 工会会计处理应当遵循重要性原则。对于重要的经济业务或者事项,应当单独反映。

第二十一条 工会应当对已经发生的经济业务或者事项及时进行会计处理和报告,不得提前或者延后。

第二十二条 工会应当对指定用途的资金按规定的用途专款专用,并单独反映。

第二十三条 工会在发生会计政策变更、会计估计变更和会计差错更正时,除本制度另有规定外,一般采用未来适用法进行会计处理。

会计政策,是指工会在会计核算时所遵循的特定原则、基础以及所采用的具体会计处理方法。会计估计,是指工会对结果不确定的经济业务或者事项以最近可利用的信息为基础所作的判断,如固定资产、无形资产的预计使用年限等。会计差错,是指工会在会计核算时,在确认、计量、记录、报告等方面出现的错误,通常包括计算或记录错误、应用会计政策错误、疏忽或曲解事实产生的错误、财务舞弊等。未来适用法,是指将变更后的会计政策应用于变更当期及以后各期发生的经济业务或者事项,或者在会计估计变更当期和未来期间确认会计估计变更的影响的方法。

第三章　资　产

第二十四条 资产是工会过去的经济业务或者事项形成的,由工会控制的,预期能够产生服务潜力或者带来经济利益流入的经济资源。服务潜力是指工会利用资产提供公共产品和服务以履行工会职能的潜在能力。经济利益流入表现为现金及现金等价物的流入,或者现金及现金等价物流出的减少。工会的资产包括流动资产、在建工程、固定资产、无形资产、投资和长期待摊费用等。

第二十五条 工会对符合本制度第二十四条规定的资产定义的经济资源,在同时满足以下条件时,应当确认为资产:

（一）与该经济资源相关的服务潜力很可能实现或者经济利益很可能流入工会；

（二）该经济资源的成本或者价值能够可靠地计量。

符合资产定义并确认的资产项目，应当列入资产负债表。

第二十六条 工会的资产按照国家有关规定依法确认为国有资产的，应当作为国有资产登记入账；依法确认为工会资产的，应当作为工会资产登记入账。

第二十七条 工会的资产在取得时应当按照实际成本计量。除国家另有规定外，工会不得自行调整其账面价值。对于工会接受捐赠的现金资产，应当按照实际收到的金额入账。对于工会接受捐赠、无偿调入的非现金资产，其成本按照有关凭据注明的金额加上相关税费、运输费等确定；没有相关凭据，但按照规定经过资产评估的，其成本按照评估价值加上相关税费、运输费等确定；没有相关凭据、也未经过评估的，其成本比照同类或类似资产的价格加上相关税费、运输费等确定。如无法采用上述方法确定资产成本的，按照名义金额（人民币1元）入账，相关税费、运输费等计入当期支出。工会盘盈的资产，其成本比照本条第二款确定。

第一节　流动资产

第二十八条 流动资产是指预计在一年内（含一年）变现或者耗用的资产。主要包括货币资金、应收款项和库存物品等。

第二十九条 货币资金包括库存现金、银行存款等。

货币资金应当按照实际发生额入账。工会应当设置库存现金和银行存款日记账，按照业务发生顺序逐日逐笔登记。库存现金应当做到日清月结，其账面余额应当与库存数相符；银行存款的账面余额应当与银行对账单定期核对，如有不符，应当编制银行存款余额调节表调节相符。

工会发生外币业务的，应当按照业务发生当日的即期汇率，将外币金额折算为人民币金额记账，并登记外币金额和汇率。期末，各种外币账户的期末余额，应当按照期末的即期汇率折算为人民币，作为外币账户期末人民币余额。调整后的各种外币账户人民币余额与原账面余额的差额，作为汇兑损益计入当期支出。

第三十条 应收款项包括应收上级经费、应收下级经费和其他应收款等。

应收上级经费是本级工会应收未收的上级工会应拨付（或转拨）的工会拨缴经费和补助。

应收下级经费是县级以上工会应收未收的下级工会应上缴的工会拨缴经费。

其他应收款是工会除应收上下级经费以外的其他应收及暂付款项。

应收款项应当按照实际发生额入账。年末，工会应当分析各项应收款项的可收回性，对于确实不能收回的应收款项应报经批准认定后及时予以核销。

第三十一条 库存物品指工会取得的将在日常活动中耗用的材料、物品及达不到固定资产标准的工具、器具等。

库存物品在取得时应当按照其实际成本入账。工会购入、有偿调入的库存物品以实际支付的价款记账。工会接受捐赠、无偿调入的库存物品按照本制度第二十七条规定所确定的成本入账。

库存物品在发出（领用或出售等）时，工会应当根据实际情况在先进先出法、加权平均法、个别计价法中选择一种方法确定发出库存物品的实际成本。库存物品发出方法一经选定，不得随意变更。

工会应当定期对库存物品进行清查盘点，每年至少全面盘点一次。对于盘盈、盘亏或报废、毁损的库存物品，应当及时查明原因，报经批准认定后及时进行会计处理。

工会盘盈的库存物品应当按照确定的成本入账，报经批准后相应增加资产基金；盘亏的库存物品，应当冲减其账面余额，报经批准后相应减少资产基金。对于报废、毁损的库存物品，工会应当冲减其账面余额，报经批准后相应减少资产基金，清理中取得的变价收入扣除清理费用后的净收入（或损失）计入当期收入（或支出），按规定应当上缴财政的计入其他应付款。

第二节 固定资产

第三十二条 固定资产是指工会使用年限超过1年（不含1年），单位价值在规定标准以上，并在使用过程中基本保持原有物质形态的资产，一般包括：房屋及构筑物；专用设备；通用设备；文物和陈列品；图书、档案；家具、用具、装具及动植物。

通用设备单位价值在1 000元以上，专用设备单位价值在1 500元以上的，应当确认为固定资产。单位价值虽未达到规定标准，但是使用时间超过1年（不含1年）的大批同类物资，应当按照固定资产进行核算和管理。

第三十三条 固定资产在取得时应当按照其实际成本入账。

工会购入、有偿调入的固定资产，其成本包括实际支付的买价、运输费、保险费、安装费、装卸费及相关税费等。

工会自行建造的固定资产，其成本包括该项资产至交付使用前所发生的全部必要支出。

工会接受捐赠、无偿调入的固定资产，按照本制度第二十七条规定所确定的成本入账。

工会在原有固定资产基础上进行改建、扩建、大型修缮后的固定资产，其成本按照原固定资产账面价值加上改建、扩建、大型修缮发生的支出，再扣除固定资产被替换部分的账面价值后的金额确定。

已交付使用但尚未办理竣工决算手续的固定资产，工会应当按照估计价值入账，待办理竣工决算后再按照实际成本调整原来的暂估价值。

第三十四条 在建工程是工会已经发生必要支出，但尚未交付使用的建设项目工程。工会作为建设单位的基本建设项目应当按照本制度规定统一进行会计核算。

工会对在建工程应当按照实际发生的支出确定其工程成本，并单独核算。在建工程的工程成本应当根据以下具体情况分别确定：

（一）对于自营工程，按照直接材料、直接人工、直接机械施工费等确定其成本；

（二）对于出包工程，按照应支付的工程价款等确定其成本；

（三）对于设备安装工程，按照所安装设备的价值、工程安装费用、工程试运转等所发生的支出等确定其成本。

建设项目完工交付使用时，工会应当将在建工程成本转入固定资产等进行核算。

第三十五条 工会应当对固定资产计提折旧，但文物和陈列品，动植物，图书、档案，单独计价入账的土地和以名义金额计量的固定资产除外。

工会应当根据相关规定以及固定资产的性质和使用情况，合理确定固定资产的使用年限。固定资产的使用年限一经确定，不得随意变更。

工会一般应当采用年限平均法或者工作量法计提固定资产折旧，计提折旧时不考虑预计净残值。在确定固定资产折旧方法时，应当考虑与固定资产相关的服务潜力或经济利益的预期实现方式。固定资产的折旧方法一经确定，不得随意变更。

工会应当按月对固定资产计提折旧。当月增加的固定资产，当月计提折旧；当月减少的固定资产，当月不再计提折旧。固定资产提足折旧后，无论是否继续使用，均不再计提折旧；提前报废的固定资产，也不再补提折旧。

固定资产因改建、扩建或大型修缮等原因而延长其使用年限的，工会应当按照重新确定的固定资产成本以及重新确定的折旧年限计算折旧额。

工会应当对暂估入账的固定资产计提折旧，实际成本确定后不需调整原已计提的折旧额。

第三十六条 工会处置（出售）固定资产时，应当冲减其账面价值并相应减少资产基金，处置中取得的变价收入扣除处置费用后的净收入（或损失）计入当期收入（或支出），按规定应当上缴财政的计入其他应付款。

第三十七条 工会应当定期对固定资产进行清查盘点，每年至少全面盘点一次。对于盘盈、盘亏或报废、毁损的固定资产，工会应当及时查明原因，报经批准认定后及时进行会计处理。

工会盘盈的固定资产，应当按照确定的成本入账，报经批准后相应增加资产基金；盘亏的固定资产，应当冲减其账面余额，报经批准后相应减少资产基金。对于报废、毁损的固定资产，工会应当冲减其账面余额，报经批准后相应减少资产基金，清理中取得的变价收入扣除清理费用后的净收入（或损失）计入当期收入（或支出），按规定应当上缴财政的计入其他应付款。

第三节　无形资产

第三十八条 无形资产是指工会控制的没有实物形态的可辨认非货币性资产，包括专利权、商标权、著作权、土地使用权、非专利技术等。工会购入的不构成相关硬件不可缺少组成部分的应用软件，应当确认为无形资产。

第三十九条 无形资产在取得时应当按照其实际成本入账。工会外购的无形资产，其成本包括购买价款、相关税费以及可归属于该项资产达到预定用途前所发生的其他支出。

工会委托软件公司开发的软件,视同外购无形资产确定其成本。工会接受捐赠、无偿调入的无形资产,按照本制度第二十七条规定所确定的成本入账。

对于非大批量购入、单价小于1 000元的无形资产,工会可以于购买的当期将其成本直接计入支出。

第四十条 工会应当按月对无形资产进行摊销,使用年限不确定的、以名义金额计量的无形资产除外。

工会应当按照以下原则确定无形资产的摊销年限:法律规定了有效年限的,按照法律规定的有效年限作为摊销年限;法律没有规定有效年限的,按照相关合同中的受益年限作为摊销年限;上述两种方法无法确定有效年限的,应当根据无形资产为工会带来服务潜力或者经济利益的实际情况,预计其使用年限。

工会应当采用年限平均法或工作量法对无形资产进行摊销,应摊销金额为其成本,不考虑预计净残值。

工会应当按月进行摊销。当月增加的无形资产,当月进行摊销;当月减少的无形资产,当月不再进行摊销。无形资产提足摊销后,无论是否继续使用,均不再进行摊销;核销的无形资产,也不再补提摊销。

因发生后续支出而增加无形资产成本的,对于使用年限有限的无形资产,工会应当按照重新确定的无形资产成本以及重新确定的摊销年限计算摊销额。

第四十一条 工会处置(出售)无形资产时,应当冲减其账面价值并相应减少资产基金,处置中取得的变价收入扣除处置费用后的净收入(或损失)计入当期收入(或支出),按规定应当上缴财政的计入其他应付款。

第四十二条 工会应当定期对无形资产进行清查盘点,每年至少全面盘点一次。工会在资产清查盘点过程中发现的无形资产盘盈、盘亏等,参照本制度固定资产相关规定进行处理。

第四节 其他资产

第四十三条 投资是指工会按照国家有关法律、行政法规和工会的相关规定,以货币资金、实物资产等方式向其他单位的投资。投资按其流动性分为短期投资和长期投资;按其性质分为股权投资和债权投资。

投资在取得时应当按照其实际成本入账。工会以货币资金方式对外投资的,以实际支付的款项(包括购买价款以及税金、手续费等相关税费)作为投资成本记账。工会以实物资产和无形资产方式对外投资的,以评估确认或合同、协议确定的价值记账。

对于投资期内取得的利息、利润、红利等各项投资收益,工会应当计入当期投资收益。

工会处置(出售)投资时,实际取得价款与投资账面余额的差额,应当计入当期投资收益。

对于因被投资单位破产、被撤销、注销、吊销营业执照或者被政府责令关闭等情况造成难以收回的未处置不良投资,工会应当在报经批准后及时核销。

第四十四条 长期待摊费用是工会已经支出,但应由本期和以后各期负担的分摊期限在1年以上(不含1年)的各项支出,如对以经营租赁方式租入的固定资产发生的改良支出等。

长期待摊费用应当在对应资产的受益年限内平均摊销。如果某项长期待摊费用已经不能使工会受益,应当将其摊余金额一次性转销。

第四章 负 债

第四十五条 负债是指工会过去的经济业务或者事项形成的,预期会导致经济资源流出的现时义务。

现时义务是指工会在现行条件下已承担的义务。未来发生的经济业务或者事项形成的义务不属于现时义务,不应当确认为负债。

工会的负债包括应付职工薪酬、应付款项等。

第四十六条 工会对于符合本制度第四十五条规定的现时义务,在同时满足以下条件时,应当确认为负债:

(一)履行该义务很可能导致含有服务潜力或者经济利益的经济

资源流出工会;

(二)该义务的金额能够可靠计量。

符合负债定义并确认的负债项目,应当列入资产负债表。

第四十七条 应付职工薪酬是工会按照国家有关规定应付给本单位职工及为职工支付的各种薪酬,包括基本工资、国家统一规定的津贴补贴、规范津贴补贴(绩效工资)、改革性补贴、社会保险费(如职工基本养老保险费、职业年金、基本医疗保险费等)和住房公积金等。

第四十八条 应付款项包括应付上级经费、应付下级经费和其他应付款。

应付上级经费指本级工会按规定上缴上级工会的工会拨缴经费。

应付下级经费指本级工会应付下级工会的各项补助以及应转拨下级工会的工会拨缴经费。

其他应付款指除应付上下级经费之外的其他应付及暂存款项,包括工会按规定收取的下级工会筹建单位交来的建会筹备金等。

第四十九条 工会的各项负债应当按照实际发生额入账。

第五章 净资产

第五十条 净资产是指工会的资产减去负债后的余额,包括资产基金、专用基金、工会资金结转、工会资金结余、财政拨款结转、财政拨款结余和预算稳定调节基金。

第五十一条 资产基金指工会库存物品、固定资产、在建工程、无形资产、投资和长期待摊费用等非货币性资产在净资产中占用的金额。

资产基金应当在取得库存物品、固定资产、在建工程、无形资产、投资及发生长期待摊费用时确认。资产基金应当按照实际发生额入账。

第五十二条 专用基金指县级以上工会按规定依法提取和使用的有专门用途的基金。

工会提取专用基金时,应当按照实际提取金额计入当期支出;使用专用基金时,应当按照实际支出金额冲减专用基金余额;专用基金未使用的余额,可以滚存下一年度使用。

第五十三条 工会资金结转是指工会预算安排项目的支出年终尚未执行完毕或者因故未执行,且下年需要按原用途继续使用的工会资金。

工会资金结余是指工会年度预算执行终了,预算收入实际完成数扣除预算支出和工会结转资金后剩余的工会资金。

第五十四条 财政拨款结转是指县级以上工会预算安排项目的支出年终尚未执行完毕或者因故未执行,且下年需要按原用途继续使用的财政拨款资金。

财政拨款结余是指县级以上工会年度预算执行终了,预算收入实际完成数扣除预算支出和财政拨款结转资金后剩余的财政拨款资金。

第五十五条 预算稳定调节基金是县级以上工会为平衡年度预算按规定设置的储备性资金。

第六章 收 入

第五十六条 收入是指工会根据工会法以及有关政策规定开展业务活动所取得的非偿还性资金。收入按照来源分为会费收入、拨缴经费收入、上级补助收入、政府补助收入、行政补助收入、附属单位上缴收入、投资收益和其他收入。

会费收入指工会会员依照规定向基层工会缴纳的会费。

拨缴经费收入指基层单位行政拨缴、下级工会按规定上缴及上级工会按规定转拨的工会拨缴经费中归属于本级工会的经费。

上级补助收入指本级工会收到的上级工会补助的款项,包括一般性转移支付补助和专项转移支付补助。

政府补助收入指各级人民政府按照工会法和国家有关规定给予县级以上工会的补助款项。

行政补助收入指基层工会取得的所在单位行政方面按照工会法和国家有关规定给予工会的补助款项。

附属单位上缴收入指工会所属的企事业单位按规定上缴的收入。

投资收益指工会对外投资发生的损益。

其他收入指工会除会费收入、拨缴经费收入、上级补助收入、政府补助收入、行政补助收入、附属单位上缴收入和投资收益之外的各项收入。

第五十七条 工会各项收入应当按照实际发生额入账。

第七章 支 出

第五十八条 支出是指工会为开展各项工作和活动所发生的各项资金耗费和损失。支出按照功能分为职工活动支出、职工活动组织支出、职工服务支出、维权支出、业务支出、行政支出、资本性支出、补助下级支出、对附属单位的支出和其他支出。

职工活动支出指基层工会开展职工教育活动、文体活动、宣传活动、劳模疗休养活动、会员活动等发生的支出。

职工活动组织支出指县级以上工会组织开展职工教育活动、文体活动、宣传活动和劳模疗休养活动等发生的支出。

职工服务支出指工会开展职工劳动和技能竞赛活动、职工创新活动、建家活动、职工书屋、职工互助保障、心理咨询等工作发生的支出。

维权支出指工会用于维护职工权益的支出,包括劳动关系协调、劳动保护、法律援助、困难职工帮扶、送温暖和其他维权支出。

业务支出指工会培训工会干部、加强自身建设及开展业务工作发生的各项支出。

行政支出指县级以上工会为行政管理、后勤保障等发生的各项日常支出。

资本性支出指工会从事建设工程、设备工具购置、大型修缮和信息网络购建等而发生的实际支出。

补助下级支出指县级以上工会为解决下级工会经费不足或根据有关规定给予下级工会的各类补助款项。

对附属单位的支出指工会按规定对所属企事业单位的补助。

其他支出指工会除职工活动支出、职工活动组织支出、职工服务支出、维权支出、业务支出、行政支出、资本性支出、补助下级支出和对附属单位的支出以外的各项支出。

第五十九条 工会各项支出应当按照实际发生额入账。

第八章 财务报表

第六十条 工会财务报表是反映各级工会财务状况、业务活动和预算执行结果的书面文件。工会财务报表是各级工会领导、上级工会及其他财务报表使用者了解情况、掌握政策、指导工作的重要资料。

第六十一条 工会财务报表包括会计报表和附注。会计报表分为主表和附表，主表包括资产负债表和收入支出表，附表包括财政拨款收入支出表、国有资产情况表和成本费用表。

资产负债表，是反映工会某一会计期末全部资产、负债和净资产情况的报表。

收入支出表，是反映工会某一会计期间全部收入、支出及结转结余情况的报表。

财政拨款收入支出表，是反映县级以上工会某一会计期间从同级政府财政部门取得的财政拨款收入、支出及结转结余情况的报表。

国有资产情况表，是反映县级以上工会某一会计期间持有的国有资产情况的报表。

成本费用表，是反映县级以上工会某一会计期间成本费用情况的报表。

附注是对在资产负债表、收入支出表等报表中列示项目所作的进一步说明，以及未能在这些报表中列示项目的说明。

第六十二条 工会财务报表分为年度财务报表和中期财务报表。以短于一个完整的会计年度的期间（如半年度、季度和月度）编制的财务报表称为中期财务报表。年度财务报表是以整个会计年度为基础编制的财务报表。

第六十三条 工会要负责对所属单位财务报表和下级工会报送的年度财务报表进行审核、核批和汇总工作，定期向本级工会领导和上级工会报告本级工会预算执行情况。

第六十四条 工会财务报表要根据登记完整、核对无误的账簿记录和其他有关资料编制，做到数字准确、内容完整、报送及时。工会财务报表应当由各级工会的法定代表人和主管会计工作的负责人、会计机构负责人（会计主管人员）签名并盖章。

第九章 附 则

第六十五条 工会填制会计凭证、登记会计账簿、管理会计档案等，应当按照《会计基础工作规范》《会计档案管理办法》等规定执行。

第六十六条 本制度从 2022 年 1 月 1 日起实施。2009 年 5 月 31 日财政部印发的《工会会计制度》（财会〔2009〕7 号）同时废止。

附录 1

工会会计科目和财务报表

目 录

第一部分　总说明
第二部分　会计科目名称和编号
第三部分　会计科目使用说明
第四部分　会计报表格式
第五部分　会计报表编制说明
第六部分　会计报表附注

第一部分 总说明

一、本制度统一规定工会会计科目的名称和编号,以便于编制会计凭证,登记会计账簿,查阅账目,实行会计信息化管理。本制度已规定的一级科目,不得减并、自行增设;本制度已规定的明细科目,不得减并,不得擅自更改科目名称,不需要的科目可以不用。各省级工会可以根据需要自行增设未规定的明细科目,或将相应权限授权给所属下级工会。

二、对于本制度中规定的各支出类会计科目,除"安排预算稳定调节基金"科目外,工会应当分别按照"基本支出"和"项目支出"进行明细核算,在"项目支出"下按照具体项目进行明细核算;同时,按照《政府收支分类科目》中"部门预算支出经济分类科目"的款级科目进行明细核算。

从同级政府财政部门取得财政拨款的县级以上工会,除"安排预算稳定调节基金"科目外,还应当在其他各支出类科目下根据资金来源按照"财政拨款""工会资金"进行明细核算;同时,在"财政拨款"明细科目下按《政府收支分类科目》中"支出功能分类科目"的项级科目进行明细核算。

三、县级以上工会的部分资产依法确认为国有资产的,应当根据实际情况在资产类科目、"资产基金"科目下设置"国有资产""工会资产"明细科目,分别核算工会持有的国有资产和工会资产。对于同时使用财政拨款和工会资金购建的资产,县级以上工会应当设置备查簿登记资金来源及其金额和比例。

四、工会在填制会计凭证、登记会计账簿时,应当填列会计科目的名称,或者同时填列会计科目的名称和编号,不得只填列科目编号、不填列科目名称。

五、工会应当根据本制度有关财务报表的编制基础、编制依据、编制原则和方法的要求,提供真实、完整的财务报表。工会不得违反规定,随意改变财务报表的编制基础、编制依据、编制原则和方法,不得随意改变本制度规定的财务报表有关数据的会计口径。

第二部分　会计科目名称和编号

基层工会主要会计科目名称和编号

序号	科目编号	名称
一、资产类		
1	101	库存现金
2	102	银行存款
3	131	应收上级经费
4	135	其他应收款
5	141	库存物品
6	162	固定资产
7	163	累计折旧
8	182	待处理财产损溢
二、负债类		
9	211	应付上级经费
10	215	其他应付款
三、净资产类		
11	301	资产基金
12	321	工会资金结转
13	322	工会资金结余
四、收入类		
14	401	会费收入
15	402	拨缴经费收入
16	403	上级补助收入
17	405	行政补助收入

(续表)

序号	科目编号	名称
18	408	其他收入
五、支出类		
19	501	
20	503	职工活动支出
21	504	维权支出
22	505	业务支出
23	507	资本性支出
24	510	其他支出

注：对于本表未列出的会计科目，基层工会可以根据实际需要按照县级以上工会的会计科目进行账务处理。

县级以上工会会计科目名称和编号

序号	科目编号	名称
一、资产类		
1	101	库存现金
2	102	银行存款
3	111	零余额账户用款额度
4	121	财政应返还额度
5	131	应收上级经费
6	132	应收下级经费
7	135	其他应收款
8	141	库存物品
9	151	投资
10	161	在建工程
11	162	固定资产
12	163	累计折旧
13	171	无形资产
14	172	累计摊销
15	181	长期待摊费用
16	182	待处理财产损溢
二、负债类		
17	201	应付职工薪酬
18	211	应付上级经费
19	212	应付下级经费
20	215	其他应付款
21	221	代管经费

(续表)

序号	科目编号	名称
三、净资产类		
22	301	资产基金
	30101	库存物品
	30102	投资
	30103	在建工程
	30104	固定资产
	30105	无形资产
	30106	长期待摊费用
23	311	专用基金
24	321	工会资金结转
25	322	工会资金结余
26	331	财政拨款结转
27	332	财政拨款结余
28	341	预算稳定调节基金
四、收入类		
29	402	拨缴经费收入
30	403	上级补助收入
31	404	政府补助收入
32	406	附属单位上缴收入
33	407	投资收益
34	408	其他收入
35	411	动用预算稳定调节基金
五、支出类		
36	502	职工活动组织支出
37	503	职工活动支出
38	504	维权支出

(续表)

序号	科目编号	名称
39	505	业务支出
40	506	行政支出
41	507	资本性支出
42	508	补助下级支出
43	509	对附属单位的支出
44	510	其他支出
45	521	安排预算稳定调节基金

第三部分　会计科目使用说明

一、资产类科目

第 101 号科目　库存现金

一、本科目核算工会的库存现金。

二、各级工会应当严格按照国家有关现金管理的规定收支现金,并按照本制度规定核算现金的各项收支业务。

工会有受托代管资金业务的,应当在本科目下设置"代管经费"明细科目,核算工会受托代管的现金。

三、库存现金的主要账务处理如下:

(一)从银行等金融机构提取现金,按照实际提取的金额,借记本科目,贷记"银行存款"科目;将现金存入银行等金融机构,按照实际存入的金额,借记"银行存款"科目,贷记本科目。

(二)因支付内部职工出差等原因所需的现金,按照实际借出的金额,借记"其他应收款"科目,贷记本科目;收到出差人员交回的差旅费剩余款并结算时,按照实际收回的现金,借记本科目,按照应报销的金额,借记"行政支出"等有关科目,按照实际借出的现金,贷记"其他应收款"科目。

(三)因其他业务收到现金,按照实际收到的金额,借记本科目,贷记有关科目;支出现金,按照实际支出的金额,借记有关科目,贷记本科目。

(四)收到受托代管的现金时,按照实际收到的金额,借记本科目(代管经费),贷记"代管经费"科目;支付受托代管的现金时,按照实际支付的金额,借记"代管经费"科目,贷记本科目(代管经费)。

四、本科目应设置"现金日记账",由出纳人员根据收付款凭证,按照业务发生顺序,逐笔登记,每日终了,应计算当日的现金收入合计数、支出合计数和结余数,并将结余数与实际库存数进行核对,做到账款相符。

每日账款核对中发现有待查明原因的现金短缺或溢余的,应当通过"待处理财产损溢"科目核算。属于现金短缺的,应当按照实际短缺的金额,借记"待处理财产损溢"科目,贷记本科目;属于现金溢余的,应当按照实际溢余的金额,借记本科目,贷记"待处理财产损溢"科目。待查明原因后及时进行账务处理,具体内容参见"待处理财产损溢"科目。

五、有外币现金的工会,按照折算后的人民币金额记账,并设立辅助账登记外币现金的币种、外币金额、即期汇率、折算后的人民币金额及来源简要说明等。有关外币现金业务的账务处理参见"银行存款"科目的相关规定。

六、本科目期末借方余额,反映工会实际持有的库存现金。

第102号科目　银行存款

一、本科目核算工会存入银行或其他金融机构的各种款项。包括活期存款、定期存款等。

二、工会应当严格按照国家有关支付结算办法的规定办理银行存款收支业务的结算,并按照本制度规定核算银行存款的各项收支业务。

工会可以根据实际情况在本科目下设置经费集中户等明细科目。设置经费集中户的工会,应当先在经费集中户中归集工会拨缴经费,再按规定将属于本级工会的经费转入本级工会基本户,属于上级或下级工会的经费上缴上级工会或转拨下级工会。

工会有受托代管资金业务的,应当在本科目下设置"代管经费"明细科目,核算工会受托代管的银行存款。

三、银行存款的主要账务处理如下:

(一)将现金存入银行等金融机构,按照实际存入的金额,借记本科目,贷记"库存现金"科目。从银行等金融机构提取现金,按照实际提取的金额,借记"库存现金"科目,贷记本科目。

(二)通过银行转账方式取得工会拨缴经费和其他相关收入,按照实际收到的金额,借记本科目,按照应确认收入的金额,贷记"拨缴经费收入""上级补助收入""政府补助收入""行政补助收入"等科目,按照应付上下级工会的金额,贷记"应付上级经费""应付下级经费"科目。

(三)通过银行转账方式支付各项支出,按照实际支出的金额,借记"职工活动支出""维权支出""业务支出"等科目,贷记本科目。

(四)收到银行存款利息,按照实际收到的金额,借记本科目,贷记"其他收入"科目。

(五)收到受托代管的银行存款时,按照实际收到的金额,借记本科目(代管经费),贷记"代管经费"科目;支付受托代管的银行存款时,按照实际支付的金额,借记"代管经费"科目,贷记本科目(代管经费)。

四、工会发生外币业务的,主要账务处理如下:

(一)以外币购买物资、设备等,按照购入当日的即期汇率将支付的外币折算为人民币金额,借记"职工活动支出""维权支出"等科目,贷记本科目的外币账户;同时,借记"库存物品"等科目,贷记"资产基金"科目。

(二)以外币收取相关款项等,按照收入确认当日的即期汇率将收取的外币折算为人民币金额,借记本科目的外币账户,贷记有关收入科目。

(三)期末,根据各外币银行存款账户按照期末汇率调整后的人民币余额与原账面人民币余额的差额,作为汇兑损益,借记或贷记本科目,贷记或借记"其他支出"科目。

五、各级工会应当按照开户银行、存款种类分别设置"银行存款日记账",由出纳人员根据收付款凭证,按照业务的发生顺序逐笔登记,每日终了应结出余额。"银行存款日记账"应当定期与银行对账,至少每月核对一次,如有差额,应当编制"银行存款余额调节表",调节相符。

六、本科目期末借方余额,反映工会实际存在银行或其他金融机构的款项。

第111号科目 零余额账户用款额度

一、本科目核算实行国库集中支付的县级以上工会根据财政部门批复的用款计划收到和支用的零余额账户用款额度。

二、零余额账户用款额度的主要账务处理如下:

(一)收到代理银行转来的"授权支付到账通知书"时,根据通知书所列金额,借记本科目,贷记"政府补助收入"科目。

(二)实际发生支出时,按照实际支出的金额,借记"维权支出""行政支出""资本性支出"等科目,贷记本科目。

(三)年末,根据代理银行提供的对账单作注销额度的相关账务处理,借记"财政应返还额度——财政授权支付"科目,贷记本科目。如果工会本年度财政授权支付预算指标数大于零余额账户用款额度下达数,根据未下达的用款额度,借记"财政应返还额度——财政授权支付"科目,贷记"政府补助收入"科目。

下年初,根据代理银行提供的额度恢复到账通知书作相关恢复额度的账务处理,借记本科目,贷记"财政应返还额度——财政授权支付"科目。工会收到财政部门批复的上年未下达零余额账户用款额度,借记本科目,贷记"财政应返还额度——财政授权支付"科目。

三、本科目期末借方余额,反映县级以上工会尚未支用的零余额账户用款额度。年度终了注销零余额账户用款额度后,本科目应无余额。

第121号科目 财政应返还额度

一、本科目核算实行国库集中支付的县级以上工会年终应收财政返还的资金额度。

二、本科目应当设置"12101 财政直接支付""12102 财政授权支付"两个明细科目,进行明细核算。

三、财政应返还额度的主要账务处理如下:

(一)财政直接支付。

年末,根据本年度财政直接支付预算指标数大于当年财政直接支付实际支出数的差额,借记本科目(财政直接支付),贷记"政府补助收入"科目。

工会使用以前年度财政直接支付额度支付款项时,借记"维权支出""行政支出""资本性支出"等科目的相关明细科目,贷记本科目(财政直接支付)。

(二)财政授权支付。

年末,根据代理银行提供的对账单注销额度,具体账务处理参见"零余额账户用款额度"科目。下年初,根据代理银行提供的额度恢复到账通知书恢复额度,具体账务处理参见"零余额账户用款额度"科目。

四、本科目期末借方余额,反映县级以上工会应收财政返还的资金额度。

第131号科目 应收上级经费

一、本科目核算工会应收未收的上级工会应拨付(或转拨)的工会拨缴经费和补助。

二、工会可以根据需要在本科目下设置以下明细科目:

13101 应收上级补助:核算上级工会应拨付给本级工会的各项补助收入。

13102 应收上级转拨经费:核算上级工会采用税务代收、财政划拨形式收缴的工会经费中应划转给本级工会的部分。

三、应收上级经费的主要账务处理如下:

(一)年末,根据上级工会补助通知中的相关金额,借记本科目(应收上级补助),贷记"上级补助收入"科目。

收到上级工会拨来的补助时,按照实际收到的金额,借记"银行存款"科目,贷记本科目(应收上级补助)。

(二)年末,根据上级工会经费转拨通知中的相关金额,借记本科目(应收上级转拨经费),按规定属于本级工会的部分,贷记"拨缴经费收入"科目,按规定应转拨下级工会的部分,贷记"应付下级经费——应付下级转拨经费"科目。

收到上级工会转拨的工会经费时,按照实际收到的金额,借记"银行存款"科目,贷记本科目(应收上级转拨经费)。

四、本科目期末借方余额,反映工会应收未收的上级拨缴经费和补助。

第132号科目 应收下级经费

一、本科目核算县级以上工会应收未收的下级工会应上缴的工会拨缴经费。

二、应收下级经费的主要账务处理如下:

(一)年末,根据下级工会经费收缴报告表中的相关金额,借记本科目,按规定属于本级工会的部分,贷记"拨缴经费收入"科目,按规定应上缴上级工会的部分,贷记"应付上级经费"科目。

(二)收到下级工会的上缴经费时,借记"银行存款"科目,贷记本科目。

三、本科目期末借方余额,反映县级以上工会应收未收的下级工会应上缴的工会拨缴经费。

第135号科目 其他应收款

一、本科目核算工会除应收上下级经费以外的其他应收及暂付款项。

二、本科目应当按照其他应收款的类别以及债务单位(或个人)设置明细账,进行明细核算。

三、其他应收款的主要账务处理如下:

（一）发生其他应收及暂付款项，借记本科目，贷记"库存现金""银行存款"等科目。

结算收回或核销转列支出时，按照收回的金额，借记"库存现金""银行存款"等科目，按照列入支出的金额，借记有关支出科目，按照结算总额，贷记本科目。

（二）逾期三年以上、因债务人原因尚未收回的其他应收款，报经批准认定确实无法收回的应予以核销。

转入待处理资产时，按照待核销的其他应收款金额，借记"待处理财产损溢"科目，贷记本科目。

报经批准予以核销时，借记"其他支出"科目，贷记"待处理财产损溢"科目。

核销的呆账，应在备查簿中保留登记。

已核销呆账重新收回的，按照实际收到的款项，借记"银行存款"等科目，贷记"其他收入"科目。

四、各级工会应对其他应收及暂付款项严格控制，健全手续，及时清理，不得长期挂账。

五、本科目期末借方余额，反映工会尚未收回的其他应收及暂付款项。

第141号科目 库存物品

一、本科目核算工会取得的将在日常活动中耗用的材料、物品及达不到固定资产标准的工具、器具等。

工会随买随用的物品，可以在购入时直接计入支出，不通过本科目核算。

二、本科目应当按照库存物品的类别、品名设置明细账，并根据出入库单逐笔核算。

三、库存物品的主要账务处理如下：

（一）取得库存物品时。

1. 购入物品验收入库，按照确定的成本，借记本科目，贷记"资产基金——库存物品"科目；同时，按照实际支付的金额，借记"职工活动支出""维权支出""行政支出"等科目，贷记"银行存款""零余额账户用款额度""政府补助收入"等科目。

2. 接受捐赠、无偿调入的库存物品，按照确定的成本，借记本科目，贷记"资产基金——库存物品"科目；同时，按照实际支付的相关税费、运输费等金额，借记"其他支出"科目，贷记"银行存款""零余额账户用款额度""政府补助收入"等科目。

（二）发出库存物品时。

1. 开展业务活动等领用、发出库存物品时，按照领用、发出库存物品的实际成本，借记"资产基金——库存物品"科目，贷记本科目。

2. 经批准对外出售库存物品时，按照出售库存物品的实际成本，借记"资产基金——库存物品"科目，贷记本科目。按照出售过程中取得的价款，借记"银行存款"等科目，贷记"其他收入"科目，按规定应上缴同级财政的，贷记"其他应付款"科目。出售过程中工会发生的税费等支出，借记"其他支出"科目，贷记"银行存款"等科目。

3. 经批准对外捐赠、无偿调出库存物品时，按照对外捐赠、无偿调出库存物品的实际成本,借记"资产基金——库存物品"科目,贷记本科目。对外捐赠、无偿调出库存物品发生的由工会承担的运输费等支出,借记"职工活动支出""维权支出""行政支出"等科目,贷记"银行存款""零余额账户用款额度"等科目。

4. 经批准以库存物品对外进行股权投资时,按照投出库存物品的实际成本,借记"资产基金——库存物品"科目,贷记本科目;同时,按照确定的投资成本,借记"投资"科目,贷记"资产基金——投资"科目。按照发生的相关税费,借记"其他支出"科目,贷记"银行存款"等科目。

四、库存物品每年至少盘点一次,盘盈、盘亏或报废、毁损应查明原因,按规定程序批准后及时处理。

（一）盘盈的库存物品,按照确定的成本,借记本科目,贷记"待处理财产损溢"科目。

（二）盘亏或者报废、毁损的库存物品,按照账面余额,借记"待处理财产损溢"科目,贷记本科目。

五、本科目期末借方余额,反映工会尚未使用的库存物品的实际成本。

第151号科目　投资

一、本科目核算工会按照国家有关法律、行政法规和工会的相关规定,以货币资金、实物资产等方式向其他单位的投资。

二、本科目应当按照投资类别、投资单位等设置明细账,进行明细核算。

三、投资的主要账务处理如下:

（一）债券投资。

1. 购入国债等债券,按照确定的成本,借记本科目,贷记"资产基金——投资"科目;同时,按照投资成本金额,借记"工会资金结余——累计结余"科目,贷记"银行存款"等科目。

2. 债券投资持有期间收到利息时,按照实际收到的金额,借记"银行存款"等科目,贷记"投资收益"科目。

3. 对外转让或到期收回债券投资本息,按照收回投资的账面余额,借记"资产基金——投资"科目,贷记本科目;同时,按照实际收到的金额,借记"银行存款"科目,按照收回投资的账面余额,贷记"工会资金结余——累计结余"科目,按照其差额,贷记或借记"投资收益"科目。

（二）股权投资。

1. 以货币资金对外进行股权投资,按照确定的成本,借记本科目,贷记"资产基金——投资"科目;同时,按照投资成本金额,借记"工会资金结余——累计结余"科目,贷记"银行存款"等科目。

以库存物品、固定资产、无形资产对外进行股权投资,按照确定的成本,借记本科目,贷记"资产基金——投资"科目;按照发生的相关税费,借记"其他支出"科目,贷记"银行存款"等科目;同时,按照投出资产的账面价值,借记"资产基金"科目,按照已经计提的折旧、摊销金额,借记"累计折旧""累计摊销"科目,按照投出资产的账面余额,贷记"库存物品""固定资产""无形资产"科目。

2. 投资持有期间实际收到股利等投资收益时,按照实际收到的金额,借记"银行存款"等科目,贷记"投资收益"科目。

3. 转让股权投资时,按照转让股权投资的账面余额,借记"资产基金——投资"科目,贷记本科目。按照实际取得的价款,借记"银行存款"等科目,按照投资的账面余额,贷记"工会资金结余——累计结余"科目,按照其差额,贷记或借记"投资收益"科目。

4. 因被投资单位破产清算等原因,有确凿证据表明股权投资发生损失,按规定报经批准后予以核销。按照待核销的股权投资账面余额,借记"待处理财产损溢"科目,贷记本科目。报经批准予以核销时,按照已核销的股权投资账面余额,借记"资产基金——投资"科目,贷记"待处理财产损溢"科目。

已经核销的投资呆账,保留备查账簿。

已经核销的投资呆账,重新收回的,借记"银行存款"等科目,贷记"其他收入"科目。收回实物的,需重新进行评估,按照评估价值入账。

四、本科目期末借方余额,反映工会持有投资的金额。

第161号科目 在建工程

一、本科目核算工会在建的建设项目工程的实际成本。工会在建的信息系统项目工程,也通过本科目核算。

二、本科目应当设置"建筑安装工程投资""设备投资""待摊投资""其他投资""待核销基建支出""基建转出投资""预付工程款"等明细科目,并按照具体项目进行明细核算。

(一)"建筑安装工程投资"明细科目,核算工会发生的构成建设项目实际支出的建筑工程和安装工程的实际成本,不包括被安装设备本身的价值以及按照合同规定支付给施工单位的预付备料款和预付工程款。本明细科目应当设置"建筑工程"和"安装工程"两个明细科目进行明细核算。

(二)"设备投资"明细科目,核算工会发生的构成建设项目实际支出的各种设备的实际成本。

(三)"待摊投资"明细科目,核算工会发生的构成建设项目实际支出的、按照规定应当分摊计入有关工程成本和设备成本的各项间接费用和税费支出。本明细科目应当按照具体费用项目进行明细核算。

(四)"其他投资"明细科目,核算工会发生的构成建设项目实际支出的房屋购置支出,基本畜禽、林木等购置、饲养、培育支出,办公生活用家具、器具购置支出,软件研发和不能计入设备投资的软件购置等支出。工会为进行可行性研究而购置的固定资产,以及取得土地使用权支付的土地出让金,也通过本明细科目核算。本明细科目应当设置"房屋购置""基本畜禽支出""林木支出""办公生活用家具、器具购置""可行性研究固定资产购置""无形资产"等明细科目。

(五)"待核销基建支出"明细科目,核算建设项目发生的江河清障、航道清淤、飞播造林、补助群众造林、水土保持、城市绿化、取消项目的可行性研究费以及项目整体报废等不能形成资产部分的基建投资支出。本明细科目应当按照待核销基建支出的类别进行明细核算。

（六）"基建转出投资"明细科目，核算为建设项目配套而建成的、产权不归属本工会的专用设施的实际成本。本明细科目应当按照转出投资的类别进行明细核算。

（七）"预付工程款"明细科目，核算工会预付给施工企业或代建单位的工程款。本明细科目应当按照收取预付款的单位进行明细核算。

三、在建工程的主要账务处理如下：

（一）建筑安装工程投资。

1. 将固定资产转入改建、扩建等时，按照固定资产的账面价值，借记本科目（建筑安装工程投资），贷记"资产基金——在建工程"科目；同时，按照固定资产的账面价值，借记"资产基金——固定资产"科目，按照已计提的折旧金额，借记"累计折旧"科目，按照固定资产的账面余额，贷记"固定资产"科目。

固定资产改建、扩建过程中涉及替换（或拆除）原资产的某些组成部分的，按照被替换（或拆除）部分的账面价值，借记"待处理财产损溢"科目，贷记本科目（建筑安装工程投资）。

2. 对于发包建筑安装工程，预付工程款时，根据实际支付的金额，借记本科目（预付工程款），贷记"资产基金——在建工程"科目；同时，借记"资本性支出"科目，贷记"银行存款""零余额账户用款额度""政府补助收入"等科目。根据建筑安装工程价款结算账单与施工企业结算工程价款时，按照应承付的工程价款，借记本科目（建筑安装工程投资），贷记本科目（预付工程款）。涉及补付价款的，按照补付的金额，借记本科目（建筑安装工程投资），贷记"资产基金——在建工程"科目；同时，借记"资本性支出"科目，贷记"银行存款""零余额账户用款额度""政府补助收入"等科目。

3. 对于自行施工的小型建筑安装工程，按照发生的各项支出金额，借记本科目（建筑安装工程投资），贷记"资产基金——在建工程"科目；同时，借记"资本性支出"科目，贷记"银行存款""零余额账户用款额度""政府补助收入""应付职工薪酬"等科目。

4. 工程竣工，办妥竣工验收交接手续并交付使用时，按照建筑安装工程成本（含应分摊的待摊投资），借记"资产基金——在建工程"科目，贷记本科目（建筑安装工程投资）；同时，借记"固定资产"等科目，贷记"资产基金——固定资产"等科目。

（二）设备投资。

1. 购入设备时，按照购入成本，借记本科目（设备投资），贷记"资产基金——在建工程"科目；同时，借记"资本性支出"科目，贷记"银行存款""零余额账户用款额度""政府补助收入"等科目。采用预付款方式购入设备的，有关预付款的账务处理参照本科目有关"建筑安装工程投资"明细科目的规定。

2. 设备安装完毕，办妥竣工验收交接手续并交付使用时，按照设备投资成本（含设备安装工程成本和分摊的待摊投资），借记"资产基金——在建工程"科目，贷记本科目（设备投资、建筑安装工程投资——安装工程");同时,借记"固定资产"科目,贷记"资产基金——固定资产"科目。

将不需要安装的设备和达不到固定资产标准的工具、器具交付使用时,按照相关设备、工具、器具的实际成本,借记"资产基金——在建工程"科目,贷记本科目(设备投资);同时,借记"固定资产""库存物品"科目,贷记"资产基金——固定资产""资产基金——库存物品"科目。

(三)待摊投资。

建设工程发生的构成建设项目实际支出的,按照规定应当分摊计入有关工程成本和设备成本的各项间接费用和税费支出,先在本明细科目中归集;建设工程办妥竣工验收手续并交付使用时,按照合理的分配方法,摊入相关工程成本、在安装设备成本等。

1. 工会发生的构成待摊投资的各类费用,按照实际发生金额,借记本科目(待摊投资),贷记"资产基金——在建工程"科目;同时,借记"资本性支出""资产基金"科目,贷记"银行存款""零余额账户用款额度""政府补助收入""累计折旧""累计摊销"等科目。

2. 对于建设过程中试生产、设备调试等产生的收入,按照依据有关规定应当冲减建设工程成本的部分,借记"资产基金——在建工程"科目,贷记本科目(待摊投资);同时,按照取得的收入金额,借记"银行存款"等科目,按照依据有关规定应当冲减建设工程成本的部分,贷记"资本性支出"科目,按照其差额,贷记"其他应付款"或"其他收入"科目。

3. 由于自然灾害、管理不善等原因造成的单项工程或单位工程报废或毁损,扣除残料价值和过失人或保险公司等赔款后的净损失,报经批准后计入继续施工的工程成本的,按照工程成本扣除残料价值和过失人或保险公司等赔款后的净损失,借记本科目(待摊投资),按照报废或毁损的工程成本,贷记本科目(建筑安装工程投资),按照其差额,借记"资产基金——在建工程"科目;同时,按照残料变价收入、过失人或保险公司赔款等,借记"银行存款""其他应收款"等科目,贷记"资本性支出"科目。

4. 工程交付使用时,按照合理的分配方法分配待摊投资,借记本科目(建筑安装工程投资、设备投资),贷记本科目(待摊投资)。待摊投资中有按规定应当分摊计入待核销基建支出和转出投资价值的,应当借记本科目(待核销基建支出、基建转出投资),贷记本科目(待摊投资)。

待摊投资的分配方法,可按照下列公式计算:

(1)按照实际分配率分配。适用于建设工期较短、整个项目的所有单项工程一次竣工的建设项目。

实际分配率=待摊投资明细科目余额÷(建筑工程明细科目余额+安装工程明细科目余额+设备投资明细科目余额)×100%

(2)按照概算分配率分配。适用于建设工期长、单项工程分期分批建成投入使用的建设项目。

概算分配率=(概算中各待摊投资项目的合计数-其中可直接分配部分)÷(概算中建筑工程、安装工程和设备投资合计)×100%

(3) 某项固定资产应分配的待摊投资＝该项固定资产的建筑工程成本或该项固定资产(设备)的采购成本和安装成本合计×分配率

(四) 其他投资。

1. 工会为建设工程发生的房屋购置支出,基本畜禽、林木等的购置、饲养、培育支出,办公生活用家具、器具购置支出,软件研发和不能计入设备投资的软件购置等支出,按照实际发生金额,借记本科目(其他投资),贷记"资产基金——在建工程"科目；同时,借记"资本性支出"科目,贷记"银行存款""零余额账户用款额度""政府补助收入"等科目。

2. 工程完成将形成的房屋、基本畜禽、林木等各种财产以及无形资产交付使用时,按照其实际成本,借记"资产基金——在建工程"科目,贷记本科目(其他投资)；同时,借记"固定资产""无形资产"等科目,贷记"资产基金——固定资产""资产基金——无形资产"等科目。

(五) 待核销基建支出。

1. 建设项目发生的江河清障、航道清淤、飞播造林、补助群众造林、水土保持、城市绿化等不能形成资产的各类待核销基建支出,按照实际发生金额,借记本科目(待核销基建支出),贷记"资产基金——在建工程"科目；同时,借记"资本性支出"科目,贷记"银行存款""零余额账户用款额度""政府补助收入"等科目。

2. 取消的建设项目发生的可行性研究费,按照实际发生金额,借记本科目(待核销基建支出),贷记本科目(待摊投资)。

3. 由于自然灾害等原因发生的建设项目整体报废所形成的净损失,报经批准后转入待核销基建支出,按照项目整体报废所形成的净损失,借记本科目(待核销基建支出),按照报废的工程成本,贷记本科目(建筑安装工程投资等),按照其差额,借记"资产基金——在建工程"科目；同时,按照报废工程回收的残料变价收入、保险公司赔款等,借记"银行存款""其他应收款"等科目,贷记"资本性支出"科目。

4. 建设项目竣工验收并交付使用时,对发生的待核销基建支出进行冲销,借记"资产基金——在建工程"科目,贷记本科目(待核销基建支出)。

(六) 基建转出投资。

为建设项目配套而建成的、产权不归属本工会的专用设施,在项目竣工验收并交付使用时,按照转出的专用设施的成本,借记本科目(基建转出投资),贷记本科目(建筑安装工程投资)；同时,借记"资产基金——在建工程"科目,贷记本科目(基建转出投资)。

(七) 代建制项目的会计处理。

1. 拨付代建单位工程款时,按照拨付的款项金额,借记本科目(预付工程款),贷记"资产基金——在建工程"科目；同时,借记"资本性支出"科目,贷记"银行存款""零余额账户用款额度""政府补助收入"等科目。

2. 按照工程进度结算工程款或年终代建单位对账确认在建工程成本时,按照确定的金额,借记本科目下的"建筑安装工程投资"等明细科目,贷记本科目(预付工程款)。

3. 确认代建管理费时,按照确定的金额,借记本科目(待摊投资),贷记本科目(预付工程款)。

4.项目完工交付使用资产时,按照代建单位转来在建工程成本中尚未确认入账的金额,借记本科目"建筑安装工程投资"等明细科目,贷记本科目(预付工程款)。按照在建工程成本,借记"资产基金——在建工程"科目,贷记本科目(建筑安装工程投资);同时,借记"固定资产"等科目,贷记"资产基金——固定资产"等科目。

工程结算、确认代建费或竣工决算时涉及补付资金的,应当在确认在建工程和资产基金的同时,按照补付的金额,借记"资本性支出"科目,贷记"银行存款""零余额账户用款额度""政府补助收入"等科目。

四、本科目的期末借方余额,反映工会尚未完工的各项在建工程发生的实际成本。

第162号科目　固定资产

一、本科目核算工会各项固定资产的原值。

二、工会应当设置固定资产明细账,按照类别和项目进行明细核算。

三、固定资产核算时,应当考虑以下情况:

(一)购入需要安装的固定资产,应当先通过"在建工程"科目核算,安装完毕交付使用时再转入本科目核算。

(二)单位行政方面提供工会使用的、工会以经营租赁方式取得的固定资产,不通过本科目核算,应当设置备查簿进行登记。

四、固定资产的主要账务处理如下:

(一)固定资产在取得时,应当分以下情况进行处理:

1.购入、有偿调入固定资产,按照确定的成本,借记本科目[不需安装]或"在建工程"科目[需安装],贷记"资产基金——固定资产"[不需安装]或"资产基金——在建工程"[需安装]科目;同时,按照实际支付的金额,借记"资本性支出"科目,贷记"银行存款""零余额账户用款额度""政府补助收入"等科目。

购入固定资产扣留质量保证金的,在取得固定资产时,按照确定的固定资产成本,借记本科目[不需安装]或"在建工程"科目[需安装],贷记"资产基金——固定资产"[不需安装]或"资产基金——在建工程"[需安装]科目。同时取得固定资产全款发票的,按照构成资产成本的全部支出金额,借记"资本性支出"科目,按照实际支付的金额,贷记"银行存款""零余额账户用款额度""政府补助收入"等科目,按照扣留的质量保证金金额,贷记"其他应付款"科目;取得的发票金额不包括质量保证金的,按照不包括质量保证金的支出金额,借记"资本性支出"科目,贷记"银行存款""零余额账户用款额度""政府补助收入"等科目。

实际支付质量保证金时,借记"其他应付款"科目或"资本性支出"科目,贷记"银行存款""零余额账户用款额度""政府补助收入"等科目。

2.自行建造固定资产,工程完工交付使用时,按照自行建造过程中发生的实际支出,借记本科目,贷记"资产基金——固定资产"科目;同时,借记"资产基金——在建工程"科目,贷记"在建工程"科目。

已交付使用但尚未办理竣工决算手续的固定资产,按照估计价值入账,待办理竣工决算后再按照实际成本调整原来的暂估价值。按照实际成本与暂估价值的差额,借记或贷记本科目,贷记或借记"资产基金——固定资产"科目。

3. 接受捐赠、无偿调入的固定资产,按照确定的成本,借记本科目[不需安装]或"在建工程"科目[需安装],贷记"资产基金——固定资产"[不需安装]或"资产基金——在建工程"[需安装]科目;按照发生的相关税费、运输费等,借记"其他支出"科目,贷记"银行存款""零余额账户用款额度"等科目。

4. 在原有固定资产基础上进行改建、扩建、大型修缮的固定资产,将固定资产转入改建、扩建、大型修缮时,按照固定资产的账面价值,借记"资产基金——固定资产"科目,按照固定资产已计提折旧金额,借记"累计折旧"科目,按照固定资产的账面余额,贷记本科目;同时,按照固定资产的账面价值,借记"在建工程"科目,贷记"资产基金——在建工程"科目。工程完工交付使用时,按照确定的固定资产成本,借记本科目,贷记"资产基金——固定资产"科目;同时,借记"资产基金——在建工程"科目,贷记"在建工程"科目。

(二)按月计提固定资产折旧时,按照应计提的金额,借记"资产基金——固定资产"科目,贷记"累计折旧"科目。

(三)与固定资产有关的后续支出,应当分以下情况进行处理:

1. 为增加固定资产使用效能或延长其使用寿命而发生的改建、扩建或大型修缮等后续支出,应当计入固定资产成本,通过"在建工程"科目核算,完工交付使用时转入本科目。有关账务处理参见"在建工程"科目。

2. 为维护固定资产正常使用而发生的日常修理等后续支出,应当计入当期支出但不计入固定资产成本,借记"行政支出"等科目,贷记"银行存款""零余额账户用款额度"等科目。

(四)按规定报经批准处置固定资产,应当分以下情况进行处理:

1. 以固定资产对外进行股权投资,按照投出固定资产的账面价值,借记"资产基金——固定资产"科目,按照已计提折旧,借记"累计折旧"科目,按照固定资产的账面余额,贷记本科目。同时,按照确定的投资成本,借记"投资"科目,贷记"资产基金——投资"科目。

2. 出售固定资产,按照出售固定资产的账面价值,借记"资产基金——固定资产"科目,按照已计提折旧,借记"累计折旧"科目,按照固定资产的账面余额,贷记本科目。按照出售过程中取得的价款,借记"银行存款"等科目,贷记"其他收入"科目,按规定应上缴同级财政的,贷记"其他应付款"科目。出售过程中工会发生的税费等支出,借记"其他支出"科目,贷记"银行存款"等科目。

3. 对外捐赠、无偿调出固定资产,按照固定资产的账面价值,借记"资产基金——固定资产"科目,按照已计提折旧,借记"累计折旧"科目,按照固定资产的账面余额,贷记本科目。发生的由工会承担的运输费、装卸费等,按照实际支付的金额,借记"其他支出"科目,贷记"银行存款"等科目。

五、固定资产应当每年至少盘点一次,对盘盈、盘亏、毁损或报废的,应当查明原因,写出书面报告,按规定报经批准认定后及时进行账务处理,同时将有关情况在会计报表附注中予以披露。

(一)盘盈的固定资产,按照确定的入账成本,借记本科目,贷记"待处理财产损溢"科目。

(二)盘亏或者毁损、报废的固定资产,按照账面价值,借记"待处理财产损溢"科目,按照已计提折旧,借记"累计折旧"科目,按照固定资产的账面余额,贷记本科目。

六、本科目期末借方余额,反映工会固定资产的原值。

第163号科目　累计折旧

一、本科目核算工会计提的固定资产累计折旧。

二、本科目应当按照所对应固定资产的类别、项目进行明细核算。

三、固定资产累计折旧的主要账务处理如下:

(一)按月计提固定资产折旧时,按照应计提折旧金额,借记"资产基金——固定资产"科目,贷记本科目。

(二)经批准处置固定资产时,按照所处置固定资产的账面价值,借记"资产基金——固定资产"[对外捐赠、无偿调出等]或"待处理财产损溢"[盘亏、毁损、报废等]科目,按照固定资产已计提折旧,借记本科目,按照固定资产的账面余额,贷记"固定资产"科目。

四、本科目期末贷方余额,反映工会计提的固定资产折旧累计数。

第171号科目　无形资产

一、本科目核算工会各项无形资产的原值。

二、工会应当设置无形资产明细账,按照类别、项目等进行明细核算。

三、无形资产的主要账务处理如下:

(一)无形资产在取得时,应当分以下情况进行处理:

1. 外购的无形资产,按照确定的成本,借记本科目,贷记"资产基金——无形资产"科目;同时,按照实际支付的金额,借记"资本性支出"科目,贷记"银行存款""零余额账户用款额度""政府补助收入"等科目。

2. 委托软件公司开发软件视同外购无形资产进行处理。支付软件开发费时,按照实际支付的金额,借记"资本性支出"科目,贷记"银行存款""零余额账户用款额度""政府补助收入"等科目。软件开发完成交付使用时,按照确定的成本,借记本科目,贷记"资产基金——无形资产"科目。

3. 接受捐赠、无偿调入的无形资产,按照确定的成本,借记本科目,贷记"资产基金——无形资产"科目;按照发生的相关税费等,借记"其他支出"科目,贷记"银行存款""零余额账户用款额度"等科目。

（二）按月摊销无形资产时，按照应摊销的金额，借记"资产基金——无形资产"科目，贷记"累计摊销"科目。

（三）按规定报经批准处置无形资产时，应当分以下情况进行处理：

1. 以无形资产对外进行股权投资，按照投出无形资产的账面价值，借记"资产基金——无形资产"科目，按照已计提摊销，借记"累计摊销"科目，按照无形资产的账面余额，贷记本科目；同时，按照确定的投资成本，借记"投资"科目，贷记"资产基金——投资"科目。

2. 出售无形资产，按照出售无形资产的账面价值，借记"资产基金——无形资产"科目，按照已计提摊销，借记"累计摊销"科目，按照无形资产的账面余额，贷记本科目。按照取得的价款金额，借记"银行存款"等科目，贷记"其他收入"科目，按规定应上缴同级财政的，贷记"其他应付款"科目。出售过程中发生的税费等支出，借记"其他支出"科目，贷记"银行存款"等科目。

3. 对外捐赠、无偿调出无形资产，按照无形资产的账面价值，借记"资产基金——无形资产"科目，按照已计提摊销，借记"累计摊销"科目，按照无形资产的账面余额，贷记本科目。

4. 无形资产预期不能为工会带来服务潜力或经济利益，应当按规定报经批准后将该无形资产的账面价值予以核销。转入待处理资产时，按照待核销无形资产的账面价值，借记"待处理财产损溢"科目，按照已计提摊销，借记"累计摊销"科目，按照无形资产的账面余额，贷记本科目。报经批准予以核销时，按照核销无形资产的账面价值，借记"资产基金——无形资产"科目，贷记"待处理财产损溢"科目。

四、无形资产应当每年至少盘点一次，对盘盈、盘亏的无形资产，参照"固定资产"科目相关规定进行账务处理。

五、本科目期末借方余额，反映工会无形资产的原值。

第172号科目 累计摊销

一、本科目核算工会对使用年限有限的无形资产计提的累计摊销。

二、本科目应当按照所对应无形资产的类别、项目进行明细核算。

三、无形资产累计摊销的主要账务处理如下：

（一）按月对无形资产进行摊销时，按照应摊销的金额，借记"资产基金——无形资产"科目，贷记本科目。

（二）经批准处置无形资产时，按照所处置无形资产的账面价值，借记"资产基金——无形资产"[对外捐赠、无偿调出等]或"待处理财产损溢"[盘亏、待核销等]科目，按照已计提摊销，借记本科目，按照无形资产的账面余额，贷记"无形资产"科目。

四、本科目期末贷方余额，反映工会计提的无形资产摊销累计数。

第181号科目　长期待摊费用

一、本科目核算工会已经支出,但应由本期和以后各期负担的分摊期限在1年以上(不含1年)的各项支出。如对以经营租赁方式租入的固定资产的改良支出等。

二、本科目应当按照对应资产的类别进行明细核算。

三、长期待摊费用的主要账务处理如下:

(一)发生长期待摊费用时,按照支出金额,借记本科目,贷记"资产基金——长期待摊费用"科目;同时,按照实际支付的金额,借记"资本性支出"科目,贷记"银行存款""零余额账户用款额度""政府补助收入"等科目。

(二)在受益期间摊销长期待摊费用时,按照摊销金额,借记"资产基金——长期待摊费用"科目,贷记本科目。

(三)如果某项长期待摊费用已经不能使工会受益,应当将其摊余金额一次性转销。按照剩余待摊销金额,借记"资产基金——长期待摊费用"科目,贷记本科目。

四、本科目期末借方余额,反映工会尚未摊销完毕的长期待摊费用。

第182号科目　待处理财产损溢

一、本科目核算工会待处理财产的价值及财产处理损溢。工会财产的处理包括资产的盘盈、盘亏、报废、毁损以及非实物资产损失核销等。

二、本科目应当按照待处理的资产项目进行明细核算;对于在资产处理过程中取得收入或发生相关费用的项目,还应当设置"待处理财产价值""处理净收入"明细科目,进行明细核算。

三、工会财产的处理,一般应当先记入本科目,按照规定报经批准后及时进行账务处理。年末结账前一般应处理完毕。

四、待处理财产损溢的主要账务处理如下:

(一)账款核对时发现短缺或溢余的库存现金。

1. 每日账款核对中发现现金短缺或溢余,属于现金短缺的,按照实际短缺的金额,借记本科目,贷记"库存现金"科目;属于现金溢余的,按照实际溢余的金额,借记"库存现金"科目,贷记本科目。

2. 如为现金短缺,属于应由责任人等赔偿的,借记"其他应收款"科目,贷记本科目;属于无法查明原因的,报经批准核销时,借记"其他支出"科目,贷记本科目。

3. 如为现金溢余,属于应支付给有关人员或单位的,借记本科目,贷记"其他应付款"科目;属于无法查明原因的,报经批准后,借记本科目,贷记"其他收入"科目。

(二)按规定报经批准予以核销的其他应收款、股权投资、无形资产。

1. 转入待处理资产时,按照资产的账面价值,借记本科目[核销无形资产的,还应按照计提的摊销金额,借记"累计摊销"科目],按照资产的账面余额,贷记"其他应收款""投资""无形资产"科目。

2. 报经批准予以核销时,借记"其他支出"科目[其他应收款核销]或"资产基金——投资""资产基金——无形资产"科目[投资、无形资产核销],贷记本科目。

(三)资产清查过程中发现的盘盈、盘亏或报废、毁损的库存物品、固定资产、无形资产等各种资产。

1. 盘盈的各类资产。

(1) 转入待处理资产时,按照确定的成本,借记"库存物品""固定资产""无形资产"等科目,贷记本科目(待处理财产价值)。

(2) 按照规定报经批准后处理时,借记本科目(待处理财产价值),贷记"资产基金"科目。

2. 盘亏或者毁损、报废的各类资产。

(1) 转入待处理资产时,借记本科目(待处理财产价值)[盘亏、毁损、报废固定资产、无形资产的,还应借记"累计折旧""累计摊销"科目],贷记"库存物品""在建工程""固定资产""无形资产"等科目。

报经批准处理时,借记"资产基金"科目,贷记本科目(待处理财产价值)。

(2) 处理毁损、报废实物资产过程中取得的残值或残值变价收入、保险理赔和过失人赔偿等,借记"库存现金""银行存款""其他应收款"等科目,贷记本科目(处理净收入);处理毁损、报废实物资产过程中发生的相关费用,借记本科目(处理净收入),贷记"库存现金""银行存款"等科目。

处理收支结清,如果处理收入大于相关费用的,按照处理收入减去相关费用后的净收入,借记本科目(处理净收入),贷记"其他收入"科目,需按规定上缴同级政府财政的,贷记"其他应付款"科目;如果处理收入小于相关费用的,按照相关费用减去处理收入后的净支出,借记"其他支出"科目,贷记本科目(处理净收入)。

五、本科目期末如为借方余额,反映工会尚未处理完毕的各种资产的净损失;期末如为贷方余额,反映尚未处理完毕的各种资产净溢余。年末,经批准处理后,本科目一般应无余额。

二、负债类科目

第201号科目 应付职工薪酬

一、本科目核算县级以上工会按照有关规定应付给本单位职工及为职工支付的各种薪酬,包括基本工资、国家统一规定的津贴补贴、规范津贴补贴(绩效工资)、改革性补贴、社会保险费(如职工基本养老保险费、职业年金、基本医疗保险费等)和住房公积金等。

二、本科目应当根据国家有关规定按照"基本工资"(含离休费及退休人员统筹外养老保险待遇)、"国家统一规定的津贴补贴""规范津贴补贴(绩效工资)""改革性补贴""社会保险费""住房公积金""其他个人收入"等进行明细核算。其中,"社会保险费""住房公积金"明细科目核算内容包括工会从职工工资中代扣代缴的社会保险费、住房公积金,以及工会为职工计算缴纳的社会保险费、住房公积金。

三、应付职工薪酬的主要账务处理如下：

（一）计算确认当期应付职工薪酬（含工会为职工计算缴纳的社会保险费、住房公积金）时，借记"行政支出"科目，贷记本科目。

（二）向职工支付工资、津贴补贴等薪酬时，按照实际支付的金额，借记本科目，贷记"银行存款"等科目。

（三）按照税法规定代扣职工个人所得税时，借记本科目，贷记"其他应付款"科目。从应付职工薪酬中代扣为职工垫付的水电费、房租等费用时，按照实际扣除的金额，借记本科目（基本工资），贷记"其他应收款"等科目。

从应付职工薪酬中代扣社会保险费和住房公积金，按照代扣的金额，借记本科目（基本工资），贷记本科目（社会保险费、住房公积金）。

（四）按照国家有关规定缴纳职工社会保险费和住房公积金时，按照实际支付的金额，借记本科目（社会保险费、住房公积金），贷记"银行存款"等科目。

（五）从应付职工薪酬中支付的其他款项，借记本科目，贷记"银行存款"等科目。

四、本科目期末贷方余额，反映县级以上工会应付未付的职工薪酬。

第211号科目 应付上级经费

一、本科目核算工会按规定应上缴的工会拨缴经费。

二、应付上级经费的主要账务处理如下：

（一）本级工会确认工会拨缴经费时，按照下级工会经费收缴报告表中的相关金额或实际收到的总金额，借记"应收下级经费""银行存款"等科目，按规定属于本级工会的部分，贷记"拨缴经费收入"科目，按规定应上缴上级工会的部分，贷记本科目，按规定应转拨下级工会的部分，贷记"应付下级经费——应付下级转拨经费"科目。

（二）实际上缴工会经费时，借记本科目，贷记"银行存款"科目。

三、本科目期末贷方余额，反映工会应缴上级但尚未上缴的工会拨缴经费。

第212号科目 应付下级经费

一、本科目核算县级以上工会应付下级工会的各项补助和应转拨下级工会的工会拨缴经费。

二、工会可以根据需要在本科目下设置以下明细科目：

21201 应付下级补助：核算县级以上工会应拨付给下级工会的一般性转移支付补助和专项转移支付补助。

21202 应付下级转拨经费：核算县级以上工会采用税务代收、财政划拨的形式收缴的应划转给下级工会作为下级工会拨缴经费收入的工会拨缴经费。

三、应付下级经费的主要账务处理如下：

（一）本级工会年末清算对下级工会的补助时，根据补助通知中的相关金额，借记"补助下级支出"科目，贷记本科目（应付下级补助）。

次年,实际拨付补助时,借记本科目(应付下级补助),贷记"银行存款"科目。

(二)采用税务代收、财政划拨方式收缴工会经费的:

1. 本级工会通过税务部门代收、财政部门划拨的工会经费,按照实际收到的总金额,借记"银行存款"科目,按规定属于本级工会的部分,贷记"拨缴经费收入"科目,按规定应上缴上级工会的部分,贷记"应付上级经费"科目,按规定应转拨下级工会的部分,贷记本科目(应付下级转拨经费)。

实际转拨下级工会经费时,借记本科目,贷记"银行存款"科目。

2. 本级工会确认上级工会通过税务部门代收、财政部门划拨的工会经费,按照上级工会经费转拨通知中的金额或实际收到的总金额,借记"应收上级经费——应收上级转拨经费""银行存款"科目,按规定属于本级工会的部分,贷记"拨缴经费收入"科目,按规定应转拨下级工会的部分,贷记本科目(应付下级转拨经费)。

实际转拨下级工会经费时,借记本科目,贷记"银行存款"科目。

3. 本科目期末贷方余额,反映县级以上工会应拨付下级但尚未拨付的补助和工会拨缴经费。

第215号科目 其他应付款

一、本科目核算工会除应付上下级经费之外的其他应付及暂存款项,包括工会按规定收取的下级工会的建会筹备金、应支付的税金等。

二、本科目应按对方单位或个人设置明细账,进行明细核算。

三、其他应付款的主要账务处理如下:

(一)本级工会收到筹建单位交来的建会筹备金,按照实际收到的总金额,借记"银行存款"科目,贷记本科目。

在筹建单位建立工会后,本级工会按照规定对建会筹备金进行处理。按照对应的金额,借记本科目,按规定属于本级工会的部分,贷记"拨缴经费收入"科目,按规定应上缴上级工会的部分,贷记"应付上级经费"科目,按规定需返还筹建单位工会的部分,贷记"应付下级经费"科目。

(二)发生房产税等纳税义务,以及按照税法规定应代扣代缴个人所得税的,按照应交税费金额,借记"行政支出""应付职工薪酬"等科目,贷记本科目。工会实际缴纳上述各种税费时,借记本科目,贷记"银行存款"等科目。

(三)发生其他应付及暂存款项,借记"库存现金""银行存款"等科目,贷记本科目。支付款项时,借记本科目,贷记"库存现金""银行存款"等科目。

四、本科目期末贷方余额,反映工会尚未支付的其他应付及暂存款项。

第221号科目 代管经费

一、本科目核算其他组织委托工会代管的有指定用途的、不属于工会收入的资金,如代管的社团活动费、职工互助保险等。

二、本科目应当按照拨入代管经费的项目或单位设置明细账。

三、代管经费的主要账务处理如下：

（一）收到代管的资金时，按照实际收到的金额，借记"库存现金""银行存款"科目，贷记本科目。

（二）实际支出时，按照实际支出的金额，借记本科目，贷记"库存现金""银行存款"科目。

四、本科目期末贷方余额，反映工会受托代管的资金。

三、净资产类科目

第301号科目　资产基金

一、本科目核算工会库存物品、投资、在建工程、固定资产、无形资产、长期待摊费用等非货币性资产在净资产中占用的金额。

二、本科目应当设置"库存物品""投资""在建工程""固定资产""无形资产""长期待摊费用"等明细科目，进行明细核算。

三、资产基金的主要账务处理如下：

（一）确认资产基金时，按照确定的成本或金额，借记"库存物品""投资""在建工程""固定资产""无形资产""长期待摊费用"科目，贷记本科目；同时，按照实际发生的支出，借记"职工活动支出""行政支出""资本性支出""工会资金结余"等科目，贷记"银行存款""零余额账户用款额度"等科目。

（二）领用和发出库存物品时，按照领用和发出库存物品的成本，借记本科目（库存物品），贷记"库存物品"科目。

（三）在建工程完工交付使用时，按照确定的固定资产成本，借记"固定资产"科目，贷记本科目（固定资产）；同时，借记本科目（在建工程），贷记"在建工程"科目。

（四）计提固定资产折旧、无形资产摊销及分摊长期待摊费用时，按照计提的折旧、摊销及分摊的长期待摊费用的金额，借记本科目（固定资产、无形资产、长期待摊费用），贷记"累计折旧""累计摊销""长期待摊费用"科目。

（五）以库存物品、固定资产、无形资产对外进行股权投资时，按照确定的投资成本，借记"投资"科目，贷记本科目（投资）；同时，按照投出资产的账面价值，借记本科目（库存物品、固定资产、无形资产），按照已计提的折旧、摊销金额，借记"累计折旧""累计摊销"科目，按照投出资产的账面余额，贷记"库存物品""固定资产""无形资产"科目。

收回投资时，按照收回投资的账面余额，借记本科目（投资），贷记"投资"科目；同时，按照实际取得的价款，借记"银行存款"等科目，按照收回投资的账面余额，贷记"工会资金结余"科目，按照其差额，贷记或借记"投资收益"科目。

（六）对外捐赠、无偿调出库存物品、固定资产、无形资产时，按照资产的账面价值，借记本科目（库存物品、固定资产、无形资产），按照已计提的折旧、摊销金额，借记"累计折旧""累计摊销"科目,按照资产的账面余额,贷记"库存物品""固定资产""无形资产"科目。

(七)通过"待处理财产损溢"科目核算的资产处置,有关本科目的账务处理参见"待处理财产损溢"科目。

四、本科目期末贷方余额,反映工会非货币性资产在净资产中占用的金额。

第311号科目　专用基金

一、本科目核算县级以上工会根据国家和全国总工会有关规定,依法提取和使用的有专门用途的基金,包括权益保障金、住房改革支出等。

二、专用基金的主要账务处理如下:

(一)提取专用基金时,借记"维权支出""其他支出"等科目,贷记本科目。

(二)实际使用专用基金时,借记本科目,贷记"库存现金""银行存款"等科目。

三、本科目期末贷方余额,反映县级以上工会专用基金的数额。

第321号科目　工会资金结转

一、本科目核算工会资金结转资金的调整、结转和滚存情况。

二、本科目应当设置以下明细科目:

32101　年初余额调整:核算工会因发生会计差错更正、以前年度支出收回等原因,需要调整工会资金结转的金额。

32102　单位内部调剂:核算工会经批准对工会结余资金改变用途,调整用于工会其他未完成项目等的金额。

32103　本年收支结转:核算工会本期专项工会资金收支相抵后的余额。

32104　累计结转:核算工会滚存的工会资金专项资金结转金额。

三、工会资金结转的主要账务处理如下:

(一)因发生会计差错更正、以前年度支出收回的,按照调整或收回的属于工会资金结转的金额,借记或贷记"银行存款"等科目,贷记或借记本科目(年初余额调整)。

(二)经批准对工会资金结余资金改变用途,调整用于工会其他未完成项目的,按照批准的金额,借记"工会资金结余——单位内部调剂"科目,贷记本科目(单位内部调剂)。

(三)期末,将各类财政拨款以外的工会经费专项资金的收入、支出本期发生额转入本科目,借记"拨缴经费收入""上级补助收入""政府补助收入——非同级财政拨款收入""行政补助收入""附属单位上缴收入""投资收益""其他收入"科目下各专项资金收入明细科目,贷记本科目(本年收支结转);借记本科目(本年收支结转),贷记"职工活动支出""职工活动组织支出""职工服务支出""维权支出""业务支出""行政支出""资本性支出""补助下级支出""对附属单位的支出""其他支出"的"工会资金"明细科目下各专项资金支出明细科目。

(四)年末,冲销有关明细科目余额。将本科目(本年收支结转、年初余额调整、单位内部调剂)余额转入本科目(累计结转)。结转后,本科目除"累计结转"明细科目外,其他明细科目应无余额。

（五）年末，对工会结转资金各项目执行情况进行分析，按照有关规定将符合结余资金性质的剩余资金转入"工会资金结余"科目。借记本科目（累计结转），贷记"工会资金结余——结转转入"科目。

四、本科目期末贷方余额，反映工会滚存的工会资金结转资金数额。

第322号科目　工会资金结余

一、本科目核算工会资金结余资金的调整、结余和滚存情况。

二、本科目应当设置以下明细科目：

32201　年初余额调整：核算工会因发生会计差错更正、以前年度支出收回等原因，需要调整工会资金结余的金额。

32202　单位内部调剂：核算工会经批准对工会结余资金改变用途，调整用于工会其他未完成项目等的金额。

32203　本年收支结转：核算工会本期各非专项工会资金收支相抵后的余额。

32204　结转转入：核算工会按规定转入工会资金结余的工会结转资金。

32205　累计结余：核算工会滚存的工会结余资金。

三、工会资金结余的主要账务处理如下：

（一）因发生会计差错更正、以前年度支出收回的，按照调整或收回的属于工会资金结余的金额，借记或贷记"银行存款"等科目，贷记或借记本科目（年初余额调整）。

（二）经批准对工会结余资金改变用途，调整用于工会其他未完成项目的，按照批准的金额，借记本科目（单位内部调剂），贷记"工会资金结转——单位内部调剂"科目。

（三）以货币资金对外投资时，按照投资成本金额，借记本科目（累计结余），贷记"银行存款"等科目；同时，按照确定的投资成本，借记"投资"科目，贷记"资产基金——投资"科目。

转让或收回投资时，按照实际取得的价款，借记"银行存款"等科目，按照转让或收回投资的账面余额，贷记本科目（累计结余），按照其差额，贷记或借记"投资收益"科目；同时，按照转让或收回投资的账面余额，借记"资产基金——投资"科目，贷记"投资"科目。

（四）期末，将除财政拨款以外的各工会经费非专项资金的收入、支出本期发生额转入本科目，借记"会费收入""拨缴经费收入""上级补助收入""政府补助收入——非同级财政拨款收入""行政补助收入""附属单位上缴收入""投资收益""其他收入"科目下各非专项资金收入明细科目和"动用预算稳定调节基金"科目，贷记本科目（本年收支结转）；借记本科目（本年收支结转），贷记"职工活动支出""职工活动组织支出""职工服务支出""维权支出""业务支出""行政支出""资本性支出""补助下级支出""对附属单位的支出""其他支出"的"工会资金"明细科目下各非专项资金支出明细科目和"安排预算稳定调节基金"科目。

（五）年末，对工会结转资金各明细项目执行情况进行分析，按照有关规定将符合结余资金性质的项目余额转入本科目,借记"工会资金结转——累计结转"科目,贷记本科目(结转转入)。

(六)年末,冲销有关明细科目余额。将本科目(本年收支结转、年初余额调整、单位内部调剂、结转转入)余额转入本科目(累计结余)。结转后,本科目除"累计结余"明细科目外,其他明细科目应无余额。

四、本科目期末贷方余额,反映工会滚存的工会资金结余资金数额。

第331号科目 财政拨款结转

一、本科目核算从同级政府财政部门取得财政拨款的县级以上工会财政拨款结转资金的调整、结转和滚存情况。

二、本科目应当设置以下明细科目:

33101 年初余额调整:核算工会因发生会计差错更正、以前年度支出收回等原因,需要调整财政拨款结转的金额。

33102 单位内部调剂:核算工会经财政部门批准对财政拨款结余资金改变用途,调整用于工会其他未完成项目等的金额。

33103 本年收支结转:核算工会本期财政拨款收支相抵后的余额。

33104 累计结转:核算工会滚存的财政拨款结转资金。

本科目还应按照"基本支出结转"和"项目支出结转"进行明细核算,在"基本支出结转"明细科目下按照"人员经费"和"公用经费"进行明细核算,在"项目支出结转"明细科目下按照具体项目进行明细核算;同时,按照《政府收支分类科目》中"支出功能分类科目"的项级科目进行明细核算。

三、财政拨款结转的主要账务处理如下:

(一)因发生会计差错更正、以前年度支出收回的,按照调整或收回的金额,借记或贷记"零余额账户用款额度""财政应返还额度"等科目,贷记或借记本科目(年初余额调整)。

(二)经财政部门批准对财政拨款结余资金改变用途,调整用于工会其他未完成项目的,按照批准的金额,借记"财政拨款结余——单位内部调剂"科目,贷记本科目(单位内部调剂)。

(三)期末,将财政拨款收入、支出的本期发生额转入本科目,借记"政府补助收入——财政拨款收入"科目,贷记本科目(本年收支结转);借记本科目(本年收支结转),贷记"职工活动组织支出""职工服务支出""维权支出""业务支出""行政支出""资本性支出""补助下级支出""对附属单位的支出"和"其他支出"科目的"财政拨款"明细科目。

(四)年末,冲销有关明细科目余额。将本科目(本年收支结转、年初余额调整、单位内部调剂)余额转入本科目(累计结转)。结转后,本科目除"累计结转"明细科目外,其他明细科目应无余额。

(五)年末,对各项目执行情况进行分析,按照有关规定将符合结余资金性质的金额转入"财政拨款结余"科目。借记本科目(累计结转),贷记"财政拨款结余——结转转入"

科目。

四、本科目期末贷方余额,反映县级以上工会滚存的财政拨款结转资金数额。

第332号科目 财政拨款结余

一、本科目核算从同级政府财政部门取得财政拨款的县级以上工会财政拨款项目支出结余资金的调整、结转和滚存情况。

二、本科目应当设置以下明细科目:

33201 年初余额调整:核算工会因发生会计差错更正、以前年度支出收回等原因,需要调整财政拨款结余的金额。

33202 归集上缴:核算工会按规定上缴财政拨款结余资金时,实际核销的额度数额或上缴的资金数额。

33203 单位内部调剂:核算工会经财政部门批准对财政拨款结余资金改变用途,调整用于工会其他未完成项目等的金额。

33204 结转转入:核算工会按规定转入财政拨款结余的财政拨款结转资金。

33205 累计结余:核算工会滚存的财政拨款结余资金。

本科目还应当按照具体项目、《政府收支分类科目》中"支出功能分类科目"的项级科目进行明细核算。

三、结余资金的主要账务处理如下:

(一)因发生会计差错更正、以前年度支出收回的,按照调整或收回的金额,借记或贷记"零余额账户用款额度""财政应返还额度"等科目,贷记或借记本科目(年初余额调整)。

(二)按规定上缴财政拨款结余资金或注销财政拨款结余资金额度的,按照实际上缴资金数额或注销资金额度,借记本科目(归集上缴),贷记"零余额账户用款额度""财政应返还额度"等科目。

(三)经财政部门批准对财政拨款结余资金改变用途,调整用于工会其他未完成项目的,按照批准的金额,借记本科目(单位内部调剂),贷记"财政拨款结转——单位内部调剂"科目。

(四)年末,对财政拨款结转各项目执行情况进行分析,按照有关规定将符合结余资金性质的金额转入本科目。借记"财政拨款结转——累计结转"科目,贷记本科目(结转转入)。

(五)年末,冲销有关明细科目余额。将本科目(年初余额调整、归集上缴、单位内部调剂、结转转入)余额转入本科目(累计结余)。结转后,本科目除"累计结余"明细科目外,其他明细科目应无余额。

四、本科目期末贷方余额,反映县级以上工会滚存的财政拨款结余资金数额。

第341号科目 预算稳定调节基金

一、本科目核算县级以上工会按照工会预算管理规定设置的预算稳定调节基金的滚存情况。

二、预算稳定调节基金的主要账务处理如下：

（一）按规定使用超收的拨缴经费收入设置和补充预算稳定调节基金时，按照计提的金额，借记"安排预算稳定调节基金"科目，贷记本科目。

（二）按规定动用预算稳定调节基金用于弥补本年预算收入的不足时，按照动用的金额，借记本科目，贷记"动用预算稳定调节基金"科目。

三、本科目期末贷方余额，反映县级以上工会预算稳定调节基金的滚存金额。

四、收入类科目

第401号科目 会费收入

一、本科目核算基层工会会员依照规定向工会组织缴纳的会费。

二、会费收入的主要账务处理如下：

（一）取得会费时，按照实际收到的金额，借记"库存现金""银行存款"科目，贷记本科目。

（二）期末结转时，将本科目本年发生额转入工会资金结余，借记本科目，贷记"工会资金结余——本年收支结转"科目。

三、本科目期末结转后无余额。

第402号科目 拨缴经费收入

一、本科目核算基层单位行政拨缴、下级工会按规定上缴及上级工会按规定转拨的工会拨缴经费中归属于本级工会的经费。

二、工会可以根据需要在本科目下设置明细科目，进行明细核算。拨缴经费收入中如有专项资金收入，还应当按照具体项目进行明细核算。

三、拨缴经费收入的主要账务处理如下：

（一）采用自主拨缴方式收缴工会经费的：

收到工会经费，按照实际收到的总金额，借记"银行存款"科目，按规定属于本级工会的部分，贷记本科目，按规定应上缴上级工会的部分，贷记"应付上级经费"科目。

年末，存在应收未收的拨缴经费收入的，按照下级工会经费收缴报告表中的金额，借记"应收下级经费"科目，按规定属于本级工会的部分，贷记本科目，按规定应上缴上级工会的部分，贷记"应付上级经费"科目。

（二）采用税务代收、财政划拨方式收取工会经费的：

1. 本级工会通过税务部门代收、财政部门划拨的工会经费，按实际收到的总金额，借记"银行存款"科目，按规定属于本级工会的部分，贷记本科目，按规定应上缴上级工会的部分，贷记"应付上级经费"科目，按规定应转拨下级工会的部分，贷记"应付下级经费——应付下级转拨经费"科目。

2. 本级工会收到上级工会转拨的通过税务部门代收、财政部门划拨的工会经费,按照实际收到的总金额,借记"银行存款"科目,按规定属于本级工会的部分,贷记本科目,按规定属于下级工会的部分,贷记"应付下级经费——应付下级转拨经费"科目。

年末,存在应收未收的拨缴经费收入的,按照上级工会经费转拨通知中的金额,借记"应收上级经费——应收上级转拨经费"科目,按规定属于本级工会的部分,贷记本科目,按规定属于下级工会的部分,贷记"应付下级经费——应付下级转拨经费"科目。

(三)期末结转时,将本科目本期发生额中的专项资金收入转入工会资金结转,借记本科目各专项资金收入明细科目,贷记"工会资金结转——本年收支结转"科目;将本科目本期发生额中的非专项资金收入转入工会资金结余,借记本科目各非专项资金收入明细科目,贷记"工会资金结余——本年收支结转"科目。

四、本科目期末结转后无余额。

第 403 号科目　上级补助收入

一、本科目核算本级工会收到的上级工会补助的款项。

二、本科目应当设置以下明细科目:

40301　一般性转移支付补助:核算上级工会按照有关规定拨付给下级工会的未指定专门用途的补助。

40302　专项转移支付补助:核算上级工会拨付的指定专门用途的项目补助,包括帮扶困难职工的补助、用于开展向困难职工和家庭送温暖活动的补助、救灾补助等。

三、上级补助收入的主要账务处理如下:

(一)收到上级补助收入时,按照银行收款单的金额,借记"银行存款"科目,贷记本科目。

(二)年末清算时,存在上级应付未付补助款项的,借记"应收上级经费——应收上级补助"科目,贷记本科目。

(三)期末结转时,将本科目本期发生额中的专项资金收入转入工会资金结转,借记本科目(专项转移支付补助),贷记"工会资金结转——本年收支结转"科目;将本科目本期发生额中的非专项资金收入转入工会资金结余,借记本科目(一般性转移支付补助),贷记"工会资金结余——本年收支结转"科目。

四、本科目期末结转后无余额。

第 404 号科目　政府补助收入

一、本科目核算县级以上工会收到的各级人民政府按照工会法和国家的有关规定给予工会的补助款项,包括工会收到财政拨付的离退休人员离退休费和生活补贴、帮扶资金、送温暖经费、疗养事业补助、劳模补助、基建、维修及大型活动补助等。

二、本科目应当设置以下明细科目:

40401　财政拨款收入:核算县级以上工会从同级政府财政部门取得的财政拨款。

本明细科目下应当设置"基本支出"和"项目支出"两个明细科目,在"基本支出"明细科目下按照"人员经费"和"公用经费"进行明细核算,在"项目支出"明细科目下按照具体项目进行明细核算;同时,按照《政府收支分类科目》中"支出功能分类科目"的项级科目进行明细核算。

40402 非同级财政拨款收入:核算县级以上工会从非同级政府财政部门取得的政府补助收入。

本明细科目应当按照非同级财政拨款收入的类别、来源等进行明细核算。如有专项资金收入,还应按照具体项目进行明细核算。

三、政府补助收入的主要账务处理如下:

(一)财政拨款收入。

1. 财政直接支付方式下,根据收到的"财政直接支付入账通知书"及相关原始凭证,按照通知中直接支付的入账金额,借记有关支出科目,贷记本科目(财政拨款收入)。形成非货币性资产的,应当同时按照确定的资产成本,借记相关资产科目,贷记"资产基金"科目。

年末,根据本年度财政直接支付预算指标数与当年财政直接支付实际支出数的差额,借记"财政应返还额度"科目,贷记本科目(财政拨款收入)。

2. 财政授权支付方式下,根据收到的"授权支付到账通知书",按照通知书中的授权支付额度,借记"零余额账户用款额度"科目,贷记本科目(财政拨款收入)。

年末,工会本年度财政授权支付预算指标数大于零余额账户用款额度下达数的,按照两者差额,借记"财政应返还额度"科目,贷记本科目(财政拨款收入)。

3. 其他方式下,按照本期预算收到财政拨款收入时,按照实际收到的金额,借记"银行存款"科目,贷记本科目(财政拨款收入)。

4. 因差错更正、购货退回等发生国库直接支付款项退回的,属于本年度支付的款项,按照退回金额,借记本科目(财政拨款收入),贷记"维权支出""资本性支出"等科目。

(二)非同级财政拨款收入。

取得非同级财政拨款收入时,按照实际收到的金额,借记"银行存款"科目,贷记本科目(非同级财政拨款收入)。

(三)期末结转时,将本科目本期发生额中的财政拨款收入转入财政拨款结转,借记本科目(财政拨款收入),贷记"财政拨款结转——本年收支结转"科目;将本科目本期发生额中的非同级财政拨款专项资金收入转入工会资金结转,借记本科目(非同级财政拨款收入),贷记"工会资金结转——本年收支结转"科目;将本科目本期发生额中的非同级财政拨款非专项资金收入转入工会资金结余,借记本科目(非同级财政拨款收入),贷记"工会资金结余——本年收支结转"科目。

四、本科目期末结转后无余额。

第405号科目 行政补助收入

一、本科目核算基层工会取得的所在单位行政方面按照工会法和国家的有关规定给予工会的补助款项,包括工会收到行政拨付的劳动竞赛经费、工会开展活动的费用补助等,不包括行政方面按规定向工会拨缴的工会经费。

二、行政补助收入中如有专项资金收入,应当按照具体项目进行明细核算。

三、行政补助收入的主要账务处理如下:

(一)收到行政补助时,按照实际收到的金额,借记"银行存款"等科目,贷记本科目。

(二)期末结转时,将本科目本期发生额中的专项资金收入转入工会资金结转,借记本科目各专项资金收入明细科目,贷记"工会资金结转——本年收支结转"科目;将本科目本期发生额中的非专项资金收入转入工会资金结余,借记本科目各非专项资金收入明细科目,贷记"工会资金结余——本年收支结转"科目。

四、本科目期末结转后无余额。

第406号科目　附属单位上缴收入

一、本科目核算工会所属的企事业单位按规定上缴的收入。

二、本科目应当按照缴款项目或缴款单位名称设明细账。

所属单位上缴收入中如有专项资金收入,还应当按照具体项目进行明细核算。

三、附属单位上缴收入的主要账务处理如下:

(一)收到相关收入时,按照实际收到的金额,借记"银行存款"等科目,贷记本科目。

(二)期末结转时,将本科目本期发生额中的专项资金收入转入工会资金结转,借记本科目各专项资金收入明细科目,贷记"工会资金结转——本年收支结转"科目;将本科目本期发生额中的非专项资金收入转入工会资金结余,借记本科目各非专项资金收入明细科目,贷记"工会资金结余——本年收支结转"科目。

四、本科目期末结转后无余额。

第407号科目　投资收益

一、本科目核算工会对外投资发生的损益。

二、投资收益中如有专项资金收入,应当按照具体项目进行明细核算。

三、投资收益的主要账务处理如下:

(一)投资持有期间,收到利息、股利等投资收益时,按照实际收到的金额,借记"银行存款"科目,贷记本科目。

(二)对外转让或到期收回债券投资本息,按照实际收到的金额,借记"银行存款"科目,按照收回投资的账面余额,贷记"工会资金结余"科目,按照其差额,贷记或借记本科目;同时,按照收回投资的账面余额,借记"资产基金——投资"科目,贷记"投资"科目。

(三)期末结转时,将本科目本期发生额中的专项资金收入转入工会资金结转,借记本科目各专项资金收入明细科目,贷记"工会资金结转——本年收支结转"科目;将本科目本期发生额中的非专项资金收入转入工会资金结余,借记本科目各非专项资金收入明细科目,贷记"工会资金结余——本年收支结转"科目。

四、本科目期末结转后无余额。

第408号科目 其他收入

一、本科目核算除上述收入以外的各项收入,如资产盘盈、固定资产处置净收入、接受捐赠收入、银行存款利息收入等。

二、其他收入中如有专项资金收入,应当按照具体项目进行明细核算。

三、其他收入的主要账务处理如下:

(一)取得银行存款利息收入,借记"银行存款"等科目,贷记本科目。

(二)接受捐赠的款项,借记"银行存款"等科目,贷记本科目。

(三)每日现金账款核对中如发现现金溢余,属于无法查明原因的,报经批准后处理时,借记"待处理财产损溢"科目,贷记本科目。

(四)已核销其他应收款在以后期间收回的,按照实际收回的金额,借记"银行存款"等科目,贷记本科目。

(五)盘亏或者毁损、报废的各类资产,报经批准处理后收支结清时,如果处理收入大于相关费用的,按照处理收入减去相关费用后的净收入,借记"待处理财产损溢"科目,贷记本科目,需按规定上缴同级政府财政的,贷记"其他应付款"科目。

(六)有偿调出、出售的固定资产和无形资产,按照有偿调出、出售过程中取得的价款,借记"银行存款"等科目,贷记本科目,按规定应上缴同级财政的,贷记"其他应付款"科目;同时,按照有偿调出、出售资产的账面价值,借记"资产基金"科目,按照已计提折旧或摊销,借记"累计折旧""累计摊销"科目,按照资产的账面余额,贷记"固定资产""无形资产"科目。

(七)期末结转时,将本科目本期发生额中的专项资金收入转入工会资金结转,借记本科目各专项资金收入明细科目,贷记"工会资金结转——本年收支结转"科目;将本科目本期发生额中的非专项资金收入转入工会资金结余,借记本科目各非专项资金收入明细科目,贷记"工会资金结余——本年收支结转"科目。

四、本科目期末结转后无余额。

第411号科目 动用预算稳定调节基金

一、本科目核算县级以上工会按照工会预算管理规定动用的预算稳定调节基金。

二、动用预算稳定调节基金的主要账务处理如下:

(一)按规定动用预算稳定调节基金时,按照动用的金额,借记"预算稳定调节基金"科目,贷记本科目。

(二)期末结转时,将本科目本期发生额转入工会资金结余科目,借记本科目,贷记"工会资金结余——本年收支结转"科目。

三、本科目期末结转后无余额。

五、支出类科目

第 501 号科目 职工活动支出

一、本科目核算基层工会开展职工教育活动、文体活动、宣传活动、劳模疗休养活动、会员活动等发生的支出。

二、本科目应当设置以下明细科目：

50101 职工教育支出：核算基层工会用于开展政治、法律、科技、业务等专题培训和职工技能培训所需的教材资料、教学用品、场地租金等方面的支出，用于支付职工教育活动聘请授课人员的酬金，用于基层工会开展的职工素质提升补助和职工教育培训优秀学员的奖励。

50102 文体活动支出：核算基层工会用于开展或参加上级工会组织的职工业余文体活动所需器材、服装、用品等购置、租赁与维修方面的支出以及活动场地、交通工具的租金支出等，用于文体活动优胜者的奖励支出，用于文体活动中必要的伙食补助费。

50103 宣传活动支出：核算基层工会用于开展重点工作、重大主题和重大节日宣传活动所需的材料消耗、场地租金、购买服务等方面的支出，用于培育和践行社会主义核心价值观，弘扬劳模精神、劳动精神、工匠精神等经常性宣传活动方面的支出，用于基层工会开展或参加上级工会举办的知识竞赛、宣讲、演讲比赛、展览等宣传活动的支出。

50104 劳模职工疗休养支出：核算基层工会用于组织和开展的劳动模范和先进职工疗休养活动的公杂费等补助。

50105 会员活动支出：核算基层工会用于组织会员观看电影、文艺演出、开展春游秋游，为会员购买当地公园年票等的支出；用于基层工会在重大节日（传统节日）和会员生日、婚丧嫁娶、退休离岗的慰问支出。

50106 其他活动支出：核算基层工会用于开展其他活动的各项职工活动支出。

三、职工活动支出的主要账务处理如下：

（一）发生职工活动支出时，按照实际支付的金额，借记本科目，贷记"库存现金""银行存款"等科目。支出的款项中有形成库存物品等资产的，应当同时按照确定的成本借记"库存物品"等科目，贷记"资产基金"科目。

（二）期末结转时，将本科目本期发生额中的工会资金专项资金支出转入工会资金结转，借记"工会资金结转——本年收支结转"科目，贷记本科目；将本科目本期发生额中的工会资金非专项资金支出转入工会资金结余，借记"工会资金结余——本年收支结转"科目，贷记本科目。

四、本科目期末结转后无余额。

第 502 号科目 职工活动组织支出

一、本科目核算县级以上工会组织开展职工教育活动、文体活动、宣传活动、劳模疗休养活动等发生的支出。

二、本科目应当按照工会预算管理等规定,参照"职工活动支出"科目设置明细科目。

三、职工活动组织支出的主要账务处理如下:

(一)发生职工活动组织支出时,按照实际支付的金额,借记本科目,贷记"库存现金""银行存款""零余额账户用款额度"等科目。支出的款项中有形成库存物品等资产的,应当同时按照确定的成本借记"库存物品"等科目,贷记"资产基金"科目。

(二)期末结转时,将本科目本期发生额中的财政拨款支出转入财政拨款结转,借记"财政拨款结转——本年收支结转"科目,贷记本科目;将本科目本期发生额中的工会资金专项资金支出转入工会资金结转,借记"工会资金结转——本年收支结转"科目,贷记本科目;将本科目本期发生额中的工会资金非专项资金支出转入工会资金结余,借记"工会资金结余——本年收支结转"科目,贷记本科目。

四、本科目期末结转后无余额。

第503号科目 职工服务支出

一、本科目核算工会开展职工劳动和技能竞赛活动、职工创新活动、建家活动、职工书屋、职工互助保障、心理咨询等工作发生的支出。

二、本科目应当设置以下明细科目:

50301 劳动和技能竞赛活动支出:核算工会组织开展合理化建议、技术革新、发明创造、岗位练兵、技术比武、技术培训等劳动和技能竞赛活动支出及其奖励支出。

50302 建家活动支出:核算工会组织建设、建家活动方面的支出。

50303 职工创新活动支出:核算工会开展的劳模和工匠人才创新工作、职工创新工作活动发生的支出。

50304 职工书屋活动支出:核算工会为建设职工书屋而发生的图书购置以及维护的支出。

50305 其他服务支出:核算工会组织和开展会员和职工普惠制服务、心理咨询、互助保障等其他方面的职工服务支出。

三、职工服务支出主要账务处理如下:

(一)发生职工服务支出时,按照实际支付的金额,借记本科目,贷记"库存现金""银行存款""零余额账户用款额度"等科目。支出的款项中有形成库存物品等资产的,应当同时按照确定的成本借记"库存物品"等科目,贷记"资产基金"科目。

(二)期末结转时,将本科目本期发生额中的财政拨款支出转入财政拨款结转,借记"财政拨款结转——本年收支结转"科目,贷记本科目;将本科目本期发生额中的工会资金专项资金支出转入工会资金结转,借记"工会资金结转——本年收支结转"科目,贷记本科目;将本科目本期发生额中的工会资金非专项资金支出转入工会资金结余,借记"工会资金结余——本年收支结转"科目,贷记本科目。

四、本科目期末结转后无余额。

第504号科目 维权支出

一、本科目核算工会用于维护职工权益的支出,包括劳动关系协调、劳动保护、法律援助、困难职工帮扶、送温暖和其他维权支出。

二、本科目应当设置以下明细科目:

50401 劳动关系协调支出:核算工会用于推进创建劳动关系和谐企业活动、加强劳动争议调解和队伍建设、开展劳动合同咨询活动、集体合同示范文本印制与推广等方面的支出。

50402 劳动保护支出:核算工会用于开展群众性安全生产和职业病防治活动、加强群众安全监督检查员队伍建设、开展职工心理健康维护等以促进安全健康生产、保护职工生命安全为宗旨开展的职工劳动保护发生的支出。

50403 法律援助支出:核算工会用于向职工群众提供法律咨询、法律服务等发生的支出。

50404 困难职工帮扶支出:核算工会用于对困难职工提供资金和物质帮助等发生的支出。

50405 送温暖支出:核算工会用于开展春送岗位、夏送清凉、金秋助学和送温暖等活动发生的支出。

50406 其他维权支出:核算工会用于补助职工等其他方面的维权支出。

三、维权支出的主要账务处理如下:

(一)发生维权支出时,按照实际支付的金额,借记本科目,贷记"库存现金""银行存款""零余额账户用款额度"等科目。支出的款项中有形成库存物品等资产的,应当同时按照确定的成本借记"库存物品"等科目,贷记"资产基金"科目。

(二)县级以上工会提取工会干部权益保障金时,按照提取的金额,借记本科目,贷记"专用基金"科目。

(三)期末结转时,将本科目本期发生额中的财政拨款支出转入财政拨款结转,借记"财政拨款结转——本年收支结转"科目,贷记本科目;将本科目本期发生额中的工会资金专项资金支出转入工会资金结转,借记"工会资金结转——本年收支结转"科目,贷记本科目;将本科目本期发生额中的工会资金非专项资金支出转入工会资金结余,借记"工会资金结余——本年收支结转"科目,贷记本科目。

四、本科目期末结转后无余额。

第505号科目 业务支出

一、本科目核算工会培训工会干部、加强自身建设及开展业务工作发生的各项支出。

二、本科目应当设置以下明细科目:

50501 培训支出:核算工会用于开展工会干部和积极分子培训发生的支出。

50502 会议支出:核算工会用于工会会员大会或会员代表大会、委员会、常委会、经费审查委员会以及其他专业工作会议的各项支出。

50503 专项业务支出:核算工会用于开展组织建设、专题调研、专项工作、劳模津贴、劳模专项补助、扶贫活动及外事活动的支出。

50504 其他业务支出:核算工会发生的不属于以上业务开支的其他业务支出,如工会用于发放兼职工会干部和专职社会化工会工作者补贴的支出等。

三、业务支出主要账务处理如下:

(一)发生业务支出时,按照实际支付的金额,借记本科目,贷记"库存现金""银行存款""零余额账户用款额度"等科目。支出的款项中有形成库存物品等资产的,应当同时按照确定的成本借记"库存物品"等科目,贷记"资产基金"科目。

(二)期末结转时,将本科目本期发生额中的财政拨款支出转入财政拨款结转,借记"财政拨款结转——本年收支转转"科目,贷记本科目;将本科目本期发生额中的工会资金专项资金支出转入工会资金结转,借记"工会资金结转——本年收支转转"科目,贷记本科目;将本科目本期发生额中的工会资金非专项资金支出转入工会资金结余,借记"工会资金结余——本年收支转转"科目,贷记本科目。

四、本科目期末结转后无余额。

第506号科目 行政支出

一、本科目核算县级以上工会为行政管理、后勤保障等发生的各项日常支出。

二、本科目应当设置以下明细科目:

50601 工资福利支出:核算工会开支的专职工作人员和长期聘用人员的各类劳动报酬,以及为上述人员缴纳的各项社会保险费等。包括:基本工资、津贴补贴、奖金、社会保障缴费、伙食补助费、住房公积金等。

50602 商品和服务支出:核算工会购买商品和服务的支出(不包括用于购置固定资产、无形资产的支出)。包括:办公费、印刷费、咨询费、手续费、水费、电费、邮电费、物业管理费、公务用车运行维护费(燃料费、维修费、过桥过路费、保险费、安全奖励费用等)、其他交通费用、差旅费(住宿费、城市间交通费、市内交通费、伙食补助费、杂费)、维修(护)费、租赁费、公务接待费、专用材料费、劳务费、委托业务费、工会经费、福利费等。

50603 对个人和家庭的补助支出:核算工会用于对个人和家庭的补助支出。包括:离休费、退休费、退职费、抚恤金、生活补助、医疗费补助等。

50604 其他行政支出:核算不能划分到上述明细科目的其他行政支出。

三、行政支出的主要账务处理如下:

(一)计算确认当期人员经费时,按照计算确定的金额,借记本科目,贷记"应付职工薪酬"科目。

(二)支出公用经费时,按照实际支付的金额,借记本科目,贷记"库存现金""银行存款""零余额账户用款额度"等科目。支出的款项中有购入库存物品的,应当同时按照确定的成本借记"库存物品"科目,贷记"资产基金"科目。

(三)期末结转时,将本科目本期发生额中的财政拨款支出转入财政拨款结转,借记

"财政拨款结转——本年收支结转"科目,贷记本科目;将本科目本期发生额中的工会资金专项资金支出转入工会资金结转,借记"工会资金结转——本年收支结转"科目,贷记本科目;将本科目本期发生额中的工会资金非专项资金支出转入工会资金结余,借记"工会资金结余——本年收支结转"科目,贷记本科目。

四、本科目期末结转后无余额。

第507号科目 资本性支出

一、本科目核算工会从事建设工程、设备工具购置、大型修缮和信息网络购建而发生的实际支出。

二、本科目应当设置以下明细科目:

50701 房屋建筑物购建:核算工会用于购买、自行建造办公用房、仓库、食堂等建筑物(含附属设施,如电梯、通信线路、电缆、水气管道等)的支出。

50702 办公设备购置:核算工会购置纳入固定资产核算范围的办公家具和办公设备的支出。

50703 专用设备购置:核算工会购置具有专门用途、纳入固定资产核算范围的各类专用设备的支出。

50704 交通工具购置:核算工会用于购置各类交通工具的支出(含车辆购置税)。

50705 大型修缮:核算工会各类设备、建筑物等的大型修缮支出。

50706 信息网络购建:核算工会用于信息网络方面的支出。如计算机硬件、软件购置、开发、应用支出等。购建的计算机硬件、软件等不符合固定资产、无形资产确认标准的,不在此科目核算。

50707 其他资本性支出:核算工会其他上述科目中未包括的资本性支出。

三、资本性支出的主要账务处理如下:

(一)购置、有偿调入固定资产、无形资产等时,按照实际支出的金额,借记本科目,贷记"银行存款""零余额账户用款额度""政府补助收入"等科目;同时,按照确定的资产成本,借记"固定资产""无形资产"科目,贷记"资产基金"科目。

(二)自行建造房屋建筑物等固定资产、对固定资产进行大型修缮等时,按照自行建造过程中发生的实际支出,借记本科目,贷记"银行存款""零余额账户用款额度""政府补助收入"等科目;同时,借记"在建工程"科目,贷记"资产基金——在建工程"科目。

(三)发生长期待摊费用时,按照实际支出的金额,借记本科目,贷记"银行存款""零余额账户用款额度""政府补助收入"等科目;同时,借记"长期待摊费用"科目,贷记"资产基金——长期待摊费用"科目。

(四)期末结转时,将本科目本期发生额中的财政拨款支出转入财政拨款结转,借记"财政拨款结转——本年收支结转"科目,贷记本科目;将本科目本期发生额中的工会资金专项资金支出转入工会资金结转,借记"工会资金结转——本年收支结转"科目,贷记本科目;将本科目本期发生额中的工会资金非专项资金支出转入工会资金结余,借记"工会资金结余——本年收支结转"科目,贷记本科目。

四、本科目期末结转后无余额。

第508号科目 补助下级支出

一、本科目核算县级以上工会为解决下级工会经费不足或根据有关规定给予下级工会的各类补助款项。

二、本科目应当设置以下明细科目:

50801 一般性转移支付补助:核算工会按有关规定对下级未指定用途的补助。

50802 专项转移支付补助:核算工会按有关规定对下级指定专门用途的项目补助,包括对下级的帮扶困难职工的补助、用于开展向困难职工和家庭送温暖活动的补助、救灾补助等。

三、补助下级支出的主要账务处理如下:

(一)发生补助下级支出时,按照实际支付的金额,借记本科目,贷记"银行存款""零余额账户用款额度"等科目。

(二)年末清算时,存在应付未付下级补助款项的,借记本科目,贷记"应付下级经费——应付下级补助"科目。

(三)期末结转时,将本科目本期发生额中的财政拨款支出转入财政拨款结转,借记"财政拨款结转——本年收支结转"科目,贷记本科目;将本科目本期发生额中的工会资金专项资金支出转入工会资金结转,借记"工会资金结转——本年收支结转"科目,贷记本科目;将本科目本期发生额中的工会资金非专项资金支出转入工会资金结余,借记"工会资金结余——本年收支结转"科目,贷记本科目。

四、本科目期末结转后无余额。

第509号科目 对附属单位的支出

一、本科目核算工会按规定对所属企事业单位的补助。

二、本科目应当按照单位设置明细科目。

三、对附属单位的支出的主要账务处理如下:

(一)发生相关支出时,按照实际支付的金额,借记本科目,贷记"银行存款""零余额账户用款额度"等科目。

(二)期末结转时,将本科目本期发生额中的财政拨款支出转入财政拨款结转,借记"财政拨款结转——本年收支结转"科目,贷记本科目;将本科目本期发生额中的工会资金专项资金支出转入工会资金结转,借记"工会资金结转——本年收支结转"科目,贷记本科目;将本科目本期发生额中的工会资金非专项资金支出转入工会资金结余,借记"工会资金结余——本年收支结转"科目,贷记本科目。

四、本科目期末结转后无余额。

第510号科目　其他支出

一、本科目核算工会除上述支出以外的各项支出,如资产盘亏、资产处置净损失、捐赠支出、汇兑损益以及按规定计提有关专用基金等。

二、其他支出的主要账务处理如下:

(一)每日现金账款核对中如发现现金短缺,属于无法查明原因的部分,报经批准后,借记本科目,贷记"待处理财产损溢"科目。

(二)核销预计无法收回的其他应收款时,报经批准后,借记本科目,贷记"待处理财产损溢"科目。

(三)接受捐赠、无偿调入或对外捐赠、无偿调出实物资产、无形资产时,发生应由本级工会承担的相关税费、运输费等的,借记本科目,贷记"银行存款""零余额账户用款额度"等科目。

(四)报废、毁损的实物资产,处理收支结清时,如果处理收入小于相关费用的,按照相关费用减去处理收入后的净支出,借记本科目,贷记"待处理财产损溢"科目。

(五)对外捐赠支出,借记本科目,贷记"库存现金""银行存款"等科目。

(六)提取权益保障金以外的专用基金时,借记本科目,贷记"专用基金"科目。

(七)期末确认外币汇兑损益时,借记或贷记本科目,贷记或借记"银行存款"等科目。

(八)期末结转时,将本科目本期发生额中的财政拨款支出转入财政拨款结转,借记"财政拨款结转——本年收支结转"科目,贷记本科目;将本科目本期发生额中的工会资金专项资金支出转入工会资金结转,借记"工会资金结转——本年收支结转"科目,贷记本科目;将本科目本期发生额中的工会资金非专项资金支出转入工会资金结余,借记"工会资金结余——本年收支结转"科目,贷记本科目。

三、本科目期末结转后无余额。

第521号科目　安排预算稳定调节基金

一、本科目核算县级以上工会按照工会预算管理规定使用超收的拨缴经费收入安排的预算稳定调节基金。

二、安排预算稳定调节基金的主要账务处理如下:

(一)按规定安排预算稳定调节基金时,按照计提的金额,借记本科目,贷记"预算稳定调节基金"科目。

(二)期末,将本科目本期发生额转入工会资金结余科目,借记"工会资金结余——本年收支结转"科目,贷记本科目。

三、本科目期末结转后无余额。

第四部分 会计报表格式

编号	会计报表名称	编制期	编制主体
工会 01 表	资产负债表	月度、年度	各级工会
工会 02 表	收入支出表	月度、年度	各级工会
工会附 01 表	财政拨款收入支出表	年度	县级以上工会
工会附 02 表	国有资产情况表	年度	县级以上工会
工会附 03 表	成本费用表	月度、年度	县级以上工会

资产负债表

工会 01 表

编制单位：　　　　　　　　　　__年__月__日　　　　　　　　　　单位：元

资产	年初余额	期末余额	负债与净资产	年初余额	期末余额
一、资产			二、负债		
流动资产：			应付职工薪酬		
货币资金			应付上级经费		
零余额账户用款额度*			应付下级经费		
财政应返还额度			其他应付款		
应收上级经费			代管经费		
应收下级经费			**负债合计**		
其他应收款					
库存物品			三、净资产		
流动资产合计			资产基金		
投资			专用基金		
在建工程			工会资金结转		
固定资产原值			工会资金结余		
减：累计折旧			财政拨款结转		
固定资产净值			财政拨款结余		
无形资产原值			预算稳定调节基金		
减：累计摊销			**净资产合计**		
无形资产净值					
长期待摊费用					
待处理财产损溢					
资产总计			**负债与净资产总计**		

注："*"标识项目为中期报表项目，年报中不需列示。

收入支出表

工会 02 表

编制单位：　　　　　　　　　__年__月__日　　　　　　　　　单位：元

项目	本月数	本年累计数
一、年初资金结转结余		
（一）年初资金结转		
（二）年初资金结余		
二、资金结转结余调整及变动		
三、收入合计		
（一）会费收入		
（二）拨缴经费收入		
（三）上级补助收入		
（四）政府补助收入		
（五）行政补助收入		
（六）附属单位上缴收入		
（七）投资收益		
（八）其他收入		
（九）动用预算稳定调节基金		
四、支出合计		
（一）职工活动支出		
（二）职工活动组织支出		
（三）职工服务支出		
（四）维权支出		
（五）业务支出		
（六）行政支出		
（七）资本性支出		
（八）补助下级支出		
（九）对附属单位的支出		

(续表)

项目	本月数	本年累计数
(十) 其他支出		
(十一) 安排预算稳定调节基金		
五、本期收支差额		
六、年末资金结转结余		
(一) 年末资金结转		
(二) 年末资金结余		

财政拨款收入支出表

工会附01表

编制单位：　　　　　　　　　　　　　　　　　　年　　　　　　　　　　　　　　　　单位：元

项目	年初财政拨款结转结余		调整年初财政拨款结转结余	本年归集上缴	单位内部调剂		本年财政拨款收入	本年财政拨款支出	年末财政拨款结转结余	
	结转	结余			结转	结余			结转	结余
基本支出：										
1. 人员经费										
2. 公用经费										
项目支出：										
1. XX 项目										
2. XX 项目										
……										
总计										

国有资产情况表

工会附 02 表

编制单位：　　　　　　　　　　____年　　　　　　　　　　单位：元

项目	年初余额	年末余额
流动资产：		
货币资金		
财政应返还额度		
库存物品		
流动资产合计		
非流动资产：		
在建工程		
固定资产原值		
减：累计折旧		
固定资产净值		
无形资产原值		
减：累计摊销		
无形资产净值		
长期待摊费用		
非流动资产合计		
资产总计		

成本费用表

工会附 03 表

编制单位：　　　　　　　　　　　__年__月　　　　　　　　　　　单位:元

项目	本月数	本月数
职工活动组织费用		
职工服务费用		
维权费用		
业务费用		
行政费用		
补助下级费用		
对附属单位的费用		
折旧及摊销费用		
其他费用		
调整事项		
费用总计		

第五部分　会计报表编制说明

一、资产负债表编制说明

（一）本表反映工会某一特定日期全部资产、负债和净资产的情况。工会至少应当编制月度、年度资产负债表，可以根据需要编制季度、半年度资产负债表。

（二）编制年度资产负债表时，将"期末余额"栏改为"年末余额"栏。

（三）本表"年初余额"栏内各项目，应当根据上年度资产负债表"年末余额"栏内各对应项目数字填列。

（四）本表"期末余额"栏各项目的内容和填列方法。

1. 资产类项目。

（1）"货币资金"项目，反映工会期末库存现金、银行存款的合计数。本项目应当根据"库存现金""银行存款"科目的期末余额的合计数填列。

（2）"零余额账户用款额度"项目，反映县级以上工会期末尚未支用的零余额账户用款额度金额。本项目仅在中期报表中列示，年度报表中不列示。本项目应当根据"零余额账户用款额度"科目的期末余额填列。

（3）"财政应返还额度"项目，反映县级以上工会期末财政应返还额度的金额。本项目应当根据"财政应返还额度"科目的期末余额填列。

（4）"应收上级经费"项目，反映工会期末应收未收的上级工会应转拨（或拨付）的工会拨缴经费及补助金额。本项目应当根据"应收上级经费"科目的期末余额填列。

（5）"应收下级经费"项目，反映县级以上工会期末应收未收的下级工会应上缴的工会拨缴经费金额。本项目应当根据"应收下级经费"科目的期末余额填列。

（6）"其他应收款"项目，反映工会期末尚未收回的其他应收款金额。本项目应当根据"其他应收款"科目的期末余额填列。

（7）"库存物品"项目，反映工会期末存储的库存物品的实际成本。本项目应当根据"库存物品"科目的期末余额填列。

（8）"流动资产合计"项目，反映工会期末流动资产的合计数。本项目应当根据本表中"货币资金""零余额账户用款额度"［中期报表］、"财政应返还额度""应收上级经费""应收下级经费""其他应收款"和"库存物品"项目金额的合计数填列。

（9）"投资"项目，反映工会期末持有的投资账面余额。本项目应当根据"投资"科目的期末余额填列。

（10）"在建工程"项目，反映工会期末所有的建设项目工程的实际成本。本项目应当根据"在建工程"科目的期末余额填列。

（11）"固定资产原值"项目，反映工会期末固定资产的原值。本项目应当根据"固资产"科目的期末余额填列。

"累计折旧"项目,反映工会期末固定资产已计提的累计折旧金额。本项目应当根据"累计折旧"科目的期末余额填列。

"固定资产净值"项目,反映工会期末固定资产的账面价值。本项目应当根据"固定资产"科目期末余额减去"累计折旧"科目期末余额后的金额填列。

(12)"无形资产原值"项目,反映工会期末无形资产的原值。本项目应当根据"无形资产"科目的期末余额填列。

"累计摊销"项目,反映工会期末无形资产已计提的累计摊销金额。本项目应当根据"累计摊销"科目的期末余额填列。

"无形资产净值"项目,反映工会期末无形资产的账面价值。本项目应当根据"无形资产"科目期末余额减去"累计摊销"科目期末余额后的金额填列。

(13)"长期待摊费用"项目,反映工会期末已经支出,但应由本期和以后各期负担的分摊期限在1年以上(不含1年)的各项支出金额。本项目应当根据"长期待摊费用"科目的期末余额填列。

(14)"待处理财产损溢"项目,反映工会期末尚未处理完毕的各种资产的净损失或净溢余。本项目应当根据"待处理财产损溢"科目的期末借方余额填列;如"待处理财产损溢"科目期末为贷方余额,以"—"号填列。

(15)"资产总计"项目,反映工会期末资产的合计数。本项目应当根据本表中"流动资产合计""投资""在建工程""固定资产净值""无形资产净值""长期待摊费用"和"待处理财产损溢"项目金额的合计数填列。

2. 负债类项目。

(1)"应付职工薪酬"项目,反映县级以上工会期末按有关规定应付给职工及为职工支付的各种薪酬金额。本项目应当根据"应付职工薪酬"科目的期末余额填列。

(2)"应付上级经费"项目,反映工会期末应缴未缴上级的工会拨缴经费金额。本项目应当根据"应付上级经费"科目的期末余额填列。

(3)"应付下级经费"项目,反映县级以上工会期末应付未付下级的转拨(或拨付)工会拨缴经费及补助金额。本项目应当根据"应付下级经费"科目的期末余额填列。

(4)"其他应付款"项目,反映工会期末尚未支付的其他应付及暂收款项金额。本项目应当根据"其他应付款"科目的期末余额填列。

(5)"代管经费"项目,反映工会期末受托代管的其他组织的资金金额。本项目应当根据"代管经费"科目的期末余额填列。

(6)"负债合计"项目,反映工会期末负债的合计数。本项目应当根据本表中"应付职工薪酬""应付上级经费""应付下级经费""其他应付款"和"代管经费"项目金额的合计数填列。

3. 净资产类项目。

(1)"资产基金"项目,反映工会期末库存物品、投资、在建工程、固定资产、无形资产、长期待摊费用等非货币性资产在净资产中占用的金额。本项目应当根据"资产基金"科目的期末余额填列。

（2）"专用基金"项目，反映县级以上工会期末累计提取但尚未使用的专用基金余额。本项目应当根据"专用基金"科目的期末余额填列。

（3）"工会资金结转"项目，反映工会累计滚存的除财政拨款外的工会经费结转金额。本项目应当根据"工会资金结转"科目的期末余额填列。

（4）"工会资金结余"项目，反映工会累计滚存的除财政拨款外的工会经费结余金额。本项目应当根据"工会资金结余"科目的期末余额填列。

（5）"财政拨款结转"项目，反映县级以上工会累计滚存的财政拨款结转金额。本项目应当根据"财政拨款结转"科目的期末余额填列。

（6）"财政拨款结余"项目，反映县级以上工会累计滚存的财政拨款结余金额。本项目应当根据"财政拨款结余"科目的期末余额填列。

（7）"预算稳定调节基金"项目，反映县级以上工会累计滚存的预算稳定调节基金金额。本项目应当根据"预算稳定调节基金"科目的期末余额填列。

（8）"净资产合计"项目，反映工会期末净资产合计数。本项目应当根据本表中"资产基金""专用基金""工会资金结转""工会资金结余""财政拨款结转""财政拨款结余"和"预算稳定调节基金"项目金额的合计数填列。

（9）"负债与净资产总计"项目，应当根据本表中"负债合计"和"净资产合计"项目金额的合计数填列。

二、收入支出表编制说明

（一）本表反映工会某一会计期间全部收入、支出和结转结余的情况。工会至少应当编制月度、年度收入支出表，可以根据需要编制季度、半年度收入支出表。

（二）编制年度收入支出表时，将"本月数"栏改为"本年数"栏，将"本年累计数"栏改为"上年数"栏。

（三）本表"本月数"栏内各项目，根据本月各项目的实际发生额填列。年度收入支出表"本年数"栏内各项目，根据本年度各项目的实际发生额填列。

本表"本年累计数"栏内各项目，根据自年初至本期期末各项目的累计实际发生额填列，也可以根据上月收入支出表"本年累计数"加上本月收入支出表"本月数"后的金额填列。

年度收入支出表"上年数"栏内各项目，根据上年度收入支出表"本年数"栏内各对应项目数字填列。

（四）本表"本月数"栏各项目的内容和填列方法。

1."年初资金结转结余"项目及其所属各明细项目，反映工会本年初所有资金结转结余的金额。本项目及其所属各明细项目，仅在编制年度收入支出表时填列。"年初资金结转结余"项目根据各明细项目的合计数填列。"年初资金结转"项目根据"工会资金结转""财政拨款结转"科目年初余额的合计数填列。"年初资金结余"项目根据"工会资金结余"

"财政拨款结余"科目年初余额的合计数填列。

本项目及其所属各明细项目的数额,应当与上年年度收入支出表中"年末资金结转结余"

2."资金结转结余调整及变动"项目,反映工会因发生需要调整以前年度各项资金结转结余的事项导致各项资金结转结余发生变动的金额。本项目根据"工会资金结转""工会资金结余""财政拨款结转""财政拨款结余"科目下"年初余额调整""归集上缴"科目本期发生额的合计数填列。若为负数,以"一"号填列。

3. 收入类项目。

(1)"收入合计"项目,反映工会本期收入总额。本项目应当根据本表中"会费收入""拨缴经费收入""上级补助收入""政府补助收入""行政补助收入""附属单位上缴收入""投资收益""其他收入"和"动用预算稳定调节基金"项目金额的合计数填列。

(2)"会费收入"项目,反映基层工会收到的工会会员会费的金额。本项目应当根据"会费收入"科目的本期发生额填列。

(3)"拨缴经费收入"项目,反映工会收到的基层单位行政拨缴、下级工会按规定上缴及上级工会按规定转拨的工会拨缴经费中归属于本级工会的经费金额。本项目应当根据"拨缴经费收入"科目的本期发生额填列。

(4)"上级补助收入"项目,反映工会收到的上级工会给予的补助金额。本项目应当根据"上级补助收入"科目的本期发生额填列。

(5)"政府补助收入"项目,反映县级以上工会收到的各级人民政府按照工会法和国家的有关规定给予工会的补助金额。本项目应当根据"政府补助收入"科目的本期发生额填列。

(6)"行政补助收入"项目,反映基层工会收到的所在单位行政方面按照工会法和国家的有关规定给予工会的补助金额。本项目应当根据"行政补助收入"科目的本期发生额填列。

(7)"附属单位上缴收入"项目,反映工会收到的所属企事业单位按规定上缴的金额。本项目应当根据"附属单位上缴收入"科目的本期发生额填列。

(8)"投资收益"项目,反映工会收到的对外投资发生的损益金额。本项目应当根据"投资收益"科目的本期发生额填列;如为投资净损失,以"一"号填列。

(9)"其他收入"项目,反映工会收到的各类其他收入的金额。本项目应当根据"其他收入"科目的本期发生额填列。

(10)"动用预算稳定调节基金"项目,反映县级以上工会按照工会预算管理规定动用的预算稳定调节基金金额。本项目应当根据"动用预算稳定调节基金"科目的本期发生额填列。

4. 支出类项目。

(1)"支出合计"项目,反映工会本期支出总额。本项目应当根据本表中"职工活动支出""职工活动组织支出""职工服务支出""维权支出""业务支出""行政支出""资本性支出""补助下级支出""对附属单位的支出""其他支出"和"安排预算稳定调节基金"项目金额的合计数填列。

(2)"职工活动支出"项目,反映基层工会开展职工教育活动、文体活动、宣传活动、劳模疗休养活动、会员活动等发生的支出金额。本项目应当根据"职工活动支出"科目的本期发生额填列。

(3)"职工活动组织支出"项目,反映县级以上工会组织开展职工教育活动、文体活动、宣传活动、劳模疗休养活动等发生的支出金额。本项目应当根据"职工活动组织支出"科目的本期发生额填列。

(4)"职工服务支出"项目,反映工会开展职工劳动和技能竞赛活动、职工创新活动、建家活动、职工书屋、职工互助保障、心理咨询等工作发生的支出金额。本项目应当根据"职工服务支出"科目的本期发生额填列。

(5)"维权支出"项目,反映工会用于维护职工权益的支出金额。本项目应当根据"维权支出"科目的本期发生额填列。

(6)"业务支出"项目,反映工会培训工会干部、加强自身建设及开展业务工作发生的支出金额。本项目应当根据"业务支出"科目的本期发生额填列。

(7)"行政支出"项目,反映县级以上工会为行政管理、后勤保障等发生的各项日常支出金额。本项目应当根据"行政支出"科目的本期发生额填列。

(8)"资本性支出"项目,反映工会从事建设工程、设备工具购置、大型修缮和信息网络购建而发生的实际支出金额。本项目应当根据"资本性支出"科目的本期发生额填列。

(9)"补助下级支出"项目,反映县级以上工会为解决下级工会经费不足或根据有关规定给予下级工会的各类补助金额。本项目应当根据"补助下级支出"科目的本期发生额填列。

(10)"对附属单位的支出"项目,反映工会按规定对所属企事业单位的补助金额。本项目应当根据"对附属单位的支出"科目的本期发生额填列。

(11)"其他支出"项目,反映工会发生的各项其他支出的金额。本项目应当根据"其他支出"科目的本期发生额填列;如为贷方发生额,以"一"号填列。

(12)"安排预算稳定调节基金"项目,反映县级以上工会按照有关规定使用超收的拨缴经费收入安排的预算稳定调节基金金额。本项目应当根据"安排预算稳定调节基金"科目的本期发生额填列。

5."本期收支差额"项目,反映工会本期发生的各项资金收入和支出相抵后的余额。本项目应当根据本表中"收入合计"项目金额减去"支出合计"项目金额后的余额填列。如为负数,以"一"号填列。

6."年末资金结转结余"项目及其所属各明细项目,反映工会本年各项资金结转结余的年末余额。本项目及其所属各明细项目,仅在编制年度收入支出表时填列。

"年末资金结转结余"项目根据各明细项目的合计数填列。"年末资金结转"项目根据"工会资金结转""财政拨款结转"科目年末余额的合计数填列。"年末资金结余"项目根据

"工会资金结余""财政拨款结余"科目年末余额的合计数填列。

三、财政拨款收入支出表编制说明

(一)本表反映县级以上工会本年财政拨款的收入、支出和结转结余的情况。县级以上工会应当按年度编制财政拨款收入支出表。不从同级政府财政部门取得财政拨款的县级以上工会,不填列本表。

(二)本表"项目"栏内各项目,应当根据县级以上工会取得的财政拨款分项设置。其中"项目支出"项目下,根据每个项目设置。

(三)本表各栏及其对应项目的内容和填列方法。

1."年初财政拨款结转结余"栏中各项目,反映县级以上工会年初各项财政拨款结转结余的金额。各项目应当根据"财政拨款结转""财政拨款结余"科目及其明细科目的年初余额填列。本栏中各项目的数额应当与上年度财政拨款收入支出表中"年末财政拨款结转结余"栏中各项目的数额相等。

2."调整年初财政拨款结转结余"栏中各项目,反映县级以上工会对年初财政拨款结转结余的调整金额。各项目应当根据"财政拨款结转""财政拨款结余"科目下"年初余额调整"明细科目及其所属明细科目的本年发生额填列;如调整减少年初财政拨款结转结余,以"-"号填列。

3."本年归集上缴"栏中各项目,反映县级以上工会本年按规定实际上缴的财政拨款结余资金金额。各项目应当根据"财政拨款结余"科目下"归集上缴"科目及其所属明细科目的本年发生额,以"-"号填列。

4."单位内部调剂"栏中各项目,反映县级以上工会本年财政拨款结转结余资金在工会内部不同项目等之间的调剂金额。各项目应当根据"财政拨款结转"和"财政拨款结余"科目下的"单位内部调剂"明细科目及其所属明细科目的本年发生额填列;对工会内部调剂减少的财政拨款结余金额,以"-"号填列。

5."本年财政拨款收入"栏中各项目,反映县级以上工会本年从同级政府部门取得的财政预算拨款金额。各项目应当根据"政府补助收入"科目下"财政拨款收入"明细科目及其所属明细科目的本年发生额填列。

6."本年财政拨款支出"栏中各项目,反映县级以上工会本年发生的财政拨款支出金额。各项目应当根据除"安排预算稳定调节基金"科目以外的各支出类科目下"财政拨款"明细科目及其所属明细科目的本年发生额填列。

7."年末财政拨款结转结余"栏中各项目,反映县级以上工会年末财政拨款结转结余的金额。各项目应当根据"财政拨款结转""财政拨款结余"科目及其所属明细科目的年末余额填列。

四、国有资产情况表编制说明

(一)本表反映县级以上工会年末持有的国有资产情况。县级以上工会应当按年度编制国有资产情况表。

(二)本表"年初余额"栏各项目金额,应当根据上年度国有资产情况表"年末余额"栏内各对应项目数字填列。

（三）本表"年末余额"栏各项目的内容和填列方法。

1."货币资金"项目，反映县级以上工会年末库存现金及银行存款中财政拨款的合计数。本项目应当根据"库存现金""银行存款"科目下"国有资产"明细科目年末余额的合计数填列。

2."财政应返还额度"项目，反映县级以上工会年末财政应返还额度的金额。本项目应当根据"财政应返还额度"科目的年末余额填列。

3."库存物品"项目，反映县级以上工会年末存储的财政拨款形成的库存物品的实际成本。本项目应当根据"库存物品"科目下"国有资产"明细科目的年末余额填列。

4."流动资产合计"项目，反映工会期末流动资产中国有资产的合计数。本项目应当根据本表中"货币资金""财政应返还额度""库存物品"项目金额的合计数填列。

5."在建工程"项目，反映县级以上工会年末所有的建设项目工程中国有资产部分的实际成本。本项目应当根据"在建工程"科目下"国有资产"明细科目的年末余额填列。

6."固定资产原值"项目，反映县级以上工会年末固定资产中国有资产部分的原值。本项目应当根据"固定资产"科目下"国有资产"明细科目的年末余额填列。"累计折旧"项目，反映县级以上工会年末固定资产中国有资产部分已计提的累计折旧金额。本项目应当根据"累计折旧"科目下"国有资产"明细科目的年末余额填列。

"固定资产净值"项目，反映县级以上工会年末固定资产中国有资产部分的账面价值。本项目应当根据"固定资产原值"项目减去"累计折旧"项目后的金额填列。

7."无形资产原值"项目，反映县级以上工会年末无形资产中国有资产部分的原值。本项目应当根据"无形资产"科目下"国有资产"明细科目的年末余额填列。

"累计摊销"项目，反映县级以上工会年末无形资产中国有资产部分已计提的累计摊销金额。本项目应当根据"累计摊销"科目下"国有资产"明细科目的年末余额填列。

"无形资产净值"项目，反映县级以上工会年末无形资产中国有资产部分的账面价值。本项目应当根据"无形资产原值"项目减去"累计摊销"项目后的金额填列。

8."长期待摊费用"项目，反映县级以上工会年末已经支出的，应由本期和以后各期负担的分摊期限在1年以上（不含1年）的财政拨款支出。本项目应当根据"长期待摊费用"科目下"国有资产"明细科目的年末余额填列。

9."非流动资产合计"项目，反映县级以上工会年末非流动资产中国有资产的合计数。本项目应当根据本表中"在建工程""固定资产净值""无形资产净值""长期待摊费用"项目金额的合计数填列。

10."资产总计"项目，反映县级以上工会年末国有资产的合计数。本项目应当根据"流动资产合计"项目与"非流动资产合计"项目金额的合计数填列。

五、成本费用表编制说明

（一）本表反映县级以上工会某一会计期间内的成本费用情况。县级以上工会至少应当编制月度、年度成本费用表,可以根据需要编制季度、半年度成本费用表。

(二)编制年度成本费用表时,将"本月数"栏改为"本年数"栏,将"本年累计数"栏改为"上年数"栏。

(三)本表"本月数"栏内各项目,根据本月各项目的实际发生额填列。年度成本费用表"本年数"栏内各项目,根据本年度各项目的实际发生额填列。

本表"本年累计数"栏内各项目,根据自年初至本期期末各项目的累计实际发生额填列,也可以根据上月成本费用表"本年累计数"加上本月成本费用表"本月数"后的金额填列。

年度成本费用表"上年数"栏内各项目,根据上年度成本费用表"本年数"栏内各对应项目数字填列。

(四)本表"本月数"栏各项目的内容和填列方法。

1."职工活动组织费用"项目,反映县级以上工会组织开展职工教育活动、文体活动、宣传活动、劳模疗休养活动等所发生的费用。本项目根据"职工活动组织支出"科目的本期发生额填列。

2."职工服务费用"项目,反映县级以上工会开展职工劳动和技能竞赛活动、职工创新活动、建家活动、职工书屋、职工互助保障、心理咨询等工作发生的费用。本项目根据"职工服务支出"科目的本期发生额填列。

3."维权费用"项目,反映县级以上工会用于维护职工权益的费用。本项目根据"维权支出"科目的本期发生额填列。

4."业务费用"项目,反映县级以上工会培训工会干部、加强自身建设及开展业务工作发生的费用。本项目根据"业务支出"科目的本期发生额填列。

5."行政费用"项目,反映县级以上工会为行政管理、后勤保障等发生的各项费用。本项目根据"行政支出"科目的本期发生额填列。

6."补助下级费用"项目,反映县级以上工会补助下级发生的费用。本项目根据"补助下级支出"科目的本期发生额填列。

7."对附属单位的费用"项目,反映县级以上工会按规定对附属企事业单位补助发生的费用。本项目根据"对附属单位的支出"科目的本期发生额填列。

8."折旧及摊销费用"项目,反映县级以上工会应承担的折旧、摊销及待摊费用。本项目根据"累计折旧""累计摊销""长期待摊费用"科目本期贷方发生额的合计数填列。

9."其他费用"项目,反映县级以上工会发生的除以上费用项目外的其他费用。本项目根据"其他支出"科目的本期发生额填列。

10."调整事项"项目,反映由于会计核算基础差异导致的费用调整金额。本项目根据本期调整事项的实际发生额填列,若为调减事项,以"—"号填列。

11."费用总计"项目,反映县级以上工会发生的成本费用合计数。本项目根据本表中"职工活动组织费用""职工服务费用""维权费用""业务费用""行政费用""补助下级费用""对附属单位的费用""折旧及摊销费用""其他费用"和"调整事项"项目金额的合计数填列。

（五）调整事项。

1. 调整库存物品对当期费用的影响。

当期购入库存物品的支出,不作为当期费用;当期领用、发出库存物品对应的支出,作为当期费用。县级以上工会应当将"库存物品"科目期初余额减去期末余额后的差额,作为当期费用的调增金额。

2. 调整在建工程对当期费用的影响。

建设项目竣工验收并交付使用时,县级以上工会应当将在建工程中"待核销基建支出"明细科目的本期发生额计入当期费用,作为当期费用的调增金额。

3. 调整其他事项对当期费用的影响。

存在其他事项因核算基础不同导致当期费用与支出存在差异的,比照上述原则进行处理。

第六部分 会计报表附注

一、工会的年度会计报表附注至少应当披露下列内容:
(一)遵循《工会会计制度》的声明;
(二)整体财务状况、预算执行情况的说明;
(三)重要会计政策、会计估计及其变更情况的说明;
(四)会计报表重要项目的进一步说明,包括其主要构成、增减变动情况等;
(五)重要资产处置、资产重大损失情况的说明;
(六)以名义金额计量的资产名称、数量等情况,以及以名义金额计量理由的说明;
(七)以前年度结转结余调整情况的说明;
(八)有助于理解和分析会计报表需要说明的其他事项。
二、法律、行政法规和国家统一的会计制度另有规定的,从其规定。

附录2

工会固定资产折旧年限表

固定资产类别	内容		折旧年限(年)
房屋及构筑物	业务及管理用房	钢结构	不低于50
		钢筋混凝土结构	不低于50
		砖混结构	不低于30
		砖木结构	不低于30
	简易房		不低于8
	房屋附属设施		不低于8
	构筑物		不低于8
通用设备	计算机设备		不低于6
	办公设备		不低于6
	车辆		不低于8
	图书档案设备		不低于5
	机械设备		不低于10
	电气设备		不低于5
	雷达、无线电和卫星导航设备		不低于10
	通信设备		不低于5
	广播、电视、电影设备		不低于5
	仪器仪表		不低于5
	电子和通信测量设备		不低于5
	计量标准器具及量具、衡器		不低于5
专用设备	食品加工专用设备		10~15
	纺织设备		10~15
	缝纫、服饰、制革和毛皮加工设备		10~15
	医疗设备		5~10
	安全生产设备		10~20

(续表)

固定资产类别	内容	折旧年限(年)
专用设备	环境污染防治设备	10~20
	文艺设备	5~15
	体育设备	5~15
	娱乐设备	5~15
家具、用具及装具	家具	不低于15
	用具、装具	不低于5